女性と労働

貧困を克服し男女ともに人間らしく豊かに生活するために

日本弁護士連合会
第58回
人権擁護大会シンポジウム
第1分科会実行委員会

旬報社

序　章 ～社会を変える力

1　顕在化する女性の貧困

　日弁連は、2008年10月に富山で開催された第51回人権擁護大会において「労働と貧困─拡大するワーキングプア」をテーマとしてシンポジウムを開催し、それを受けて「貧困の連鎖を断ち切り、すべての人が人間らしく働き生活する権利の確立を求める決議」を採択した。しかし、2008年のシンポジウムの開催および決議の採択後も、わが国の非正規雇用はさらに増大し、経済格差はさらに拡大し、貧困はさらに増大している。そして、女性の貧困化が深刻な社会問題として顕在化している。

　2015年は、わが国が女性差別撤廃条約を批准してから30年の節目の年であった。男女雇用機会均等法を制定してから30年目の年でもあった。この30年間でわが国の女性の地位は向上したのだろうか。男女格差は解消に向けて前進したのだろうか。労働分野での男女差別は是正の方向に向かっているのだろうか。残念ながら素直に肯定できない状況である。

　30年前に1509万人であった女性労働者は、2436万人にまで増加した。しかし、増加した労働者の圧倒的多数は、パート・派遣・契約社員等の非正規労働者であって、正規労働者は微増にとどまる。30年前は3分の1であった女性労働者に占める非正規労働者の割合が現在では5割を超え、経済的自立が困難な年収200万円以下で働く女性労働者は4割を超えている。女性就業者の過半数を占める女性非正規労働者は、性別による差別に加え、雇用形態の違いによる差別も重なり二重の差別を受けている。

　男性の非正規労働者の割合が男性労働者全体の2割程度であるのに、なぜ女性だけ非正規労働者が急増しているのか。その原因の一つが性別役割分担の問題である。「男は外で働き、女は家庭を守る。」といった性別役割分担の意識が現在でも社会的に強い影響力を持ち、多くの家庭で女性が家事・育児・介護等の家庭内労働を担っているという現実がある。家庭内労働の時間を確

保するため、時間外労働が当然視される正規労働者として働くことが難しい女性は、結婚や出産、育児を契機に離職せざるをえず、その後、再就職をするにしても、身分が不安定な上に低賃金である非正規労働者として働くしかない状況におかれている。また、主たる男性稼ぎ手とその妻子で構成された世帯をモデルとする税・社会保障制度は、性別役割分担の固定化を招き、しかも、モデル世帯を構成しない個人に対しては不利に働き、単身女性や母子世帯を経済的に困窮させる要因になっている。

　日弁連は、2006年、2008年、2010年、2013年の各人権擁護大会において、生活保護、労働（ワーキングプア）、子どもの貧困、税制・財政（所得再分配）を取り上げてシンポジウムを開催し、貧困問題の背景・要因について検証し、貧困問題解決に向けた提言を行なってきた。

　そして、2015年10月1日千葉で開催された第58回人権擁護大会において「女性と労働―貧困を克服し男女ともに人間らしく豊かに生活するために―」をテーマとしてシンポジウムを開催した。

　同シンポジウムの報告書を要約・加筆した本書が、深刻化している女性の貧困問題とりわけ女性労働の問題を取り上げ、どのような法改正が必要なのか、どのような施策が有効なのか、わたしたちは何をすべきなのか、について考えていく契機としての役割を果たすことを期待している。

2　女性の活躍を求める最近の動きとその狙い

　2012年に発足した第二次安倍内閣は、女性の活躍を成長戦略の中核に位置づけ、「すべての女性が輝く社会」を実現するとした。「我が国最大の潜在力である『女性の力』を最大限発揮できるようにするすることが不可欠」として「指導的な役割を占める女性の割合を3割に」「女性の就業率は5％アップ」などの成果指標を示した。2015年通常国会で成立した「女性活躍推進法」は、国、地方自治体、企業などに、女性の採用比率や女性の管理職比率のいずれかについて目標設定を義務づけ、情報公開などを含む行動計画の作成などを内容としている。

　しかし、女性の社会進出を阻んでいる「男女賃金格差」「身分が不安定で低

賃金の非正規雇用」「長時間労働」「仕事と子育てとの両立の困難」などの要因を解決する実効的な具体的政策が伴っておらず、これでは女性の活躍は絵に描いた餅になりかねない。「保育所落ちた日本死ね！」の匿名ブログが大反響をもたらし、電通の高橋まつりさんの事件に象徴される長時間労働による犠牲も後を絶たない。

　こうしたなかで、2016年5月、安倍政権は「ニッポン一億総活躍プラン」を発表し、これからめざす「一億総活躍社会は、女性も男性も、お年寄りも若者も、一度失敗を経験した方も、障害や難病のある方も、家庭で、職場で、地域で、誰もが活躍できる全員参加型の社会である。」として、担当大臣を置き、実現本部を設置した。ニッポン一億総活躍プランでは、「働き方改革」の方向として、①同一労働同一賃金の実現、②最低賃金の引き上げ、③長時間労働の是正、④高齢者の就労促進が掲げられている。はたして、これらの課題をきちんとした形で政策実現できるのか否かが問われている。

3　女性も男性もともに活躍できる社会への処方箋

　女性差別撤廃条約は、その名称からもわかるとおり、女性に対するあらゆる形態の差別を禁止し、撤廃するための国際条約である。

　条約前文では、女性に対する差別は、平等原則、人間の尊厳の尊重に反し、女性が男性と同等の条件で自国の様々な活動に参加する障害となることを指摘している。また、出産における女性の役割が差別の根拠となるべきではなく、子の養育には男女および社会全体がともに責任を負うことが必要であること、社会および家庭における男女の伝統的役割を変更することが、男女の完全な平等の達成に必要であることなどを指摘したうえで、女性に対するあらゆる形態の差別を撤廃するための必要な措置をとるとしている。

　条約の各条文では、差別の定義（1条）、締約国の差別撤廃義務（2条）、暫定的特別措置（4条）、固定的役割分担観念等の撤廃（5条）などを規定し、また公的生活に関する権利（7条～9条）、社会生活に関する権利（10条～14条）、私的生活に関する権利（15条～16条）などの具体的規定を設けている。

　締約国が女性差別撤廃条約に定められた締約国の義務を誠実に履行すれ

ば、締約国における女性差別もいずれは撤廃されるはずであるが、残念ながら、完全に男女平等が実現している国はない。また多くの締約国においても今なお、様々な形態での女性に対する差別が存在している。

　そこで、条約の履行を確保するためのメカニズムの一つとして、報告制度が設けられている。締約国は、4年に1回、女性差別撤廃条約の実施状況について報告書を提出しなければならず（条約18条）、委員会は、提出された報告書にもとづいて、締約国の実施状況に関する審査を行なう。審査は、締約国と委員との間の対話形式（建設的対話）で行なわれ、委員会は、審査の結果、女性差別撤廃条約の実現に向け締約国の取り組むべき課題などを明記した総括所見を公表する。

　日本は、女性差別撤廃条約を1985年に批准し、現在までに8回報告書（ただし、7回と8回については、合わせて一つの報告書が作成された）を提出し、提出した報告書をもとに4回審査が行なわれた。直近では、2014年に提出した第7、8回報告を対象とする第5回審査が2016年2月に行なわれた。

　上記審査の結果公表された総括所見には、日本における様々な形態での女性に対する差別に起因する問題について指摘があり、これらの問題を解決するための具体的取り組みが求められている。

　雇用の分野では、2015年に「女性の職業生活における活躍の推進に関する法律」が制定されたことにつき一定の評価をしつつも、日本の女性が直面している厳しい雇用環境について、適切な現状分析とともに、解決のための具体的な取り組みが指摘された。

　まず、賃金のジェンダー格差の拡大や労働市場の水平および垂直の職業分離が継続していることにつき懸念が示され、職務分離を撤廃することや同一価値労働同一賃金原則の実施により賃金のジェンダー格差を縮小すること求められている。

　また家族的責任があるために女性のパートタイム労働への集中が継続していることや妊娠・出産に関連するハラスメントについても懸念が示され、柔軟な働き方の活用推進、男性の育児責任への平等な参加促進のため両親休暇の導入、適切な保育施設の提供などが勧告された。

セクシュアル・ハラスメントに関しては、適切な禁止や制裁がないこと、ＩＬＯ111号条約（雇用および職業についての差別待遇に関する条約）を批准していないことに懸念が示され、職場におけるセクシュアル・ハラスメントを抑止するために、禁止と適切な制裁を定める法規定を設けること、雇用差別があった場合に女性が司法へアクセスすることを確保すること、労働法およびセクシュアル・ハラスメントに関する行動規範の遵守を確保することを目的とした労働監査を定期的に行なうこと、等が勧告された。
　このほか、民間企業における意思決定の場に女性の代表が少ないにもかかわらず、クオータ制を含む制定法による暫定的特別措置がなく、効果が少ない自発的な取り組み等が用いられていることに懸念が示され、女性と男性の実質的な平等実現のため、クオータ制を含む制定法による暫定的特別措置の利用を検討することが勧告された。

　日本は女性差別撤廃条約の締約国ではあるものの、国内では条約が求める締約国の義務が十分に履行されておらず、今なお、様々な形での女性差別が根強く残っているため、今回の勧告でも、上記のとおり、様々な問題点が指摘された。
　2016年6月2日に閣議決定された「ニッポン一億総活躍プラン」は、「女性の活躍は、一億総活躍の中核である」として、「一人ひとりの女性が自らの希望に応じて活躍できる社会づくりを加速することが重要である」と述べている。
　成長戦略の一環に女性活躍を位置づけることの是非は別としても、「一人ひとりの女性が自らの希望に応じて活躍できる社会」を真に実現するためには、今回女性差別撤廃委員会で指摘された勧告内容を真摯に受け止め、これらの項目を一つひとつ実行していくことが不可欠である。

目 次

序　章　～社会を変える力　3

1　顕在化する女性の貧困　3

2　女性の活躍を求める最近の動きとその狙い　4

3　女性も男性もともに活躍できる社会への処方箋　5

第1章　女性がおかれている労働現場の実態

1　女性の貧困の実情　18

　（1）　はじめに　18
　（2）　貧困が引き起こす事件　19
　（3）　女性の貧困の実情　20
　　1）　日本の相対的貧困率　20
　　2）　女性の貧困　21
　　3）　諸外国との比較　22
　（4）　女性労働者の貧困　24
　　1）　日本の女性労働者の収入　24
　　2）　女性労働の非正規化　24

2　女性労働者の就労実態　27

　（1）　シングルマザーの就労実態　27
　　1）　はじめに　27
　　2）　シングルマザーに関する経済状況の概観　27
　　3）　シングルマザー世帯間における格差　29
　　4）　シングルマザー自身の意識　30

5）まとめ　31
　(2) 福祉職（介護・保育）　31
　　1）介護労働者　32
　　2）保育士　34
　(3) 教員（小・中学校）　35
　(4) 婦人相談員　36
　(5) 看護職員（保健師・助産師・看護師・准看護師）　37
　(6) サービス業について　38
　　1）サービス業の概況　38
　　2）サービス業従事者における女性の数、割合　40
　　3）サービス業に関する賃金格差について　40
　　4）サービス業に就業する女性の状況　41
　(7) 性産業　41
　　1）性産業とは　41
　　2）性産業に従事している労働者　42
　　3）売春防止法の問題点　45
　　4）まとめ　46

3　非正規雇用に追い込まれる女性たち　47

　(1) 女性と非正規雇用　47
　　1）はじめに　47
　　2）コース別雇用管理制度　48
　　3）狭い再就職市場　49
　(2) 非正規であることによる格差　51
　　1）正規雇用と非正規雇用　51
　　2）統計数値に表れる女性の非正規雇用の現状　51
　　3）法的観点からみた非正規雇用の地位の不安定　52
　　4）法的観点から見た非正規雇用の差別的待遇　56
　　5）まとめ　57
　(3) 待遇面での男女間格差　58
　　1）女性の待遇の実態　58
　　2）賃金　59

    3) 均等待遇　64
    4) 「マミートラック」の問題　68
  (4) **長時間労働の問題**　70
    1) はじめに　70
    2) 依然として多い長時間労働　71
    3) 事実上、無制限な時間外労働限度基準　72
    4) 長時間労働と低い年次有給休暇の取得率　73
    5) 過労死の実態　74
    6) 女性労働者の長時間労働　74
    7) 男女共通の労働時間規制が必要　75
  (5) **ハラスメント**　76
    1) ハラスメント総論　76
    2) セクシュアル・ハラスメント　79
    3) マタニティ・ハラスメント　85

第2章　労働現場での女性差別はなぜなくならないのか

1　女性労働をめぐる政策の変遷　102

  (1) **憲法の労働に関する規定**　102
    1) 憲法で勤労権等を規定　102
    2) 労働基準法の女性の労働基準に関する規定　102
  (2) **高度経済成長を支えた女性労働者**　104
    1) 女性労働者の増大　104
    2) 男女差別の是正を求める裁判と「男女平等法」の制定を求める運動　104
  (3) **女性差別撤廃条約の批准および男女雇用機会均等法の制定と改正**　106
    1) 女性差別撤廃条約の採択　106
    2) 条約の基本的な考え方・理念　106
    3) 条約の批准と「男女平等法」の制定を求める国民の声　107
    4) 「小さく産んで大きく育てよう」といわれた男女雇用機会均等法の成立　107
    5) 男女雇用機会均等法の改正　107
    6) 現行の男女雇用機会均等法の内容　108

(4)　男女雇用機会均等法制定後の職場での女性の働かせ方　109
　　(5)　女性非正規労働者の急増　112
　　　1)　主婦パートの急増——専業主婦から兼業主婦へ　112
　　　2)　総人件費の抑制と非正規労働者の拡大　113
　　　3)　不安定で低賃金の非正規拡大とそれを支えた規制緩和路線　114
　　　4)　女性の貧困化のもとで必要な施策　118
　　(6)　少子高齢化・人口減少社会を迎えて　119
　　　1)　崩壊しつつある標準世帯モデル　119
　　　2)　人口減少社会　119
　　　3)　真のワークライフバランスの確立を　120
　　(7)　政府の女性労働力政策　121
　　　1)　安倍内閣の成長戦略での女性の位置づけ　121
　　　2)　成長戦略で女性は「輝く」か？　122

2　**性別役割分担（意識）の問題**　123

　　(1)　性別役割分担とは　123
　　(2)　性別役割分担がもたらすもの　123
　　(3)　性別役割分担の歴史的背景　124
　　　1)　性別役割分担が生まれた背景　124
　　　2)　日本における性別役割分担　124
　　(4)　家事労働負担の実態や人々の意識
　　　　——内閣府「平成25年版男女共同参画白書」から　125
　　　1)　家事の分担の実態　125
　　　2)　性別役割分担に関する人々の意識　126
　　(5)　性別役割分担からの脱却をめざして　127

3　**無償労働と女性の地位**　128

　　(1)　無償労働の評価の目的　128
　　(2)　日本における初めての「無償労働の貨幣評価」の発表　129
　　　1)　「無償労働の貨幣評価」の発表　129
　　　2)　「無償労働の貨幣評価」の方法　130
　　　3)　「無償労働の貨幣評価」の結果　130

4）「専業主婦の家庭内労働の評価」と問題点　131
　(3)　「無償労働の貨幣評価」の前進　132
　(4)　専業主婦優遇政策による無償労働への女性の囲い込み　135
　(5)　今後の課題　136

4　有償労働における男女格差　137

　(1)　男女の賃金格差の存在　137
　　1）正社員・正職員の男女格差　137
　　2）雇用形態別の男女格差　137
　(2)　賃金格差の要因　138
　(3)　賃金格差の国際比較　138

第3章　問題の解消に向けた制度改革

1　はじめに　140

2　新たな法制度の構築　141

　(1)　はじめに　141
　(2)　正規雇用原則の重要性　142
　(3)　同一価値労働同一賃金の原則　142
　　1）はじめに　142
　　2）職務分析・職務評価の制度確立の必要性　144
　(4)　男女雇用機会均等法の改正の必要性　146
　(5)　長時間労働の規制　147
　　1）諸外国の規制　147
　　2）労働基準法改正法案について　150
　　3）あるべき労働時間規制　150
　(6)　最低賃金・公契約条例　151
　　1）最低賃金引上げの重要性　151
　　2）公契約条例による最低賃金規定の意義　152
　(7)　労働者派遣法の改正　153

- (8) 有期労働契約の規制　154
  - 1) 有期労働契約が増大した背景　154
  - 2) 有期労働契約の規制について　154

3　ポジティブアクション（積極的差別是正措置）の創設　155

- (1) はじめに　155
  - 1) 女性の活躍推進に関する政策　155
  - 2) 政策に対する疑念の声　156
- (2) ポジティブアクションとは　156
  - 1) ポジティブアクションの定義　156
  - 2) ポジティブアクションに関する条約・法律　157
- (3) ポジティブアクションの必要性　158
  - 1) 実質的な機会の平等の確保　158
  - 2) 民主主義の要請　158
  - 3) 国際指標における著しい低位　158
  - 4) 女性差別撤廃委員会による度重なる勧告　159
  - 5) まとめ　162
- (4) ポジティブアクションと能力主義との関係　162
  - 1) 能力主義に反するという意見　162
  - 2) 能力主義の限界　162
- (5) 諸外国の雇用に関するポジティブアクションに関する取り組み　163
  - 1) 諸外国におけるポジティブアクション　163
  - 2) 女性管理職に関する諸外国の取り組み　165
- (6) 日本の現状　167
  - 1) 民間企業　167
  - 2) 行政分野　171
  - 3) 労働組合　173
  - 4) ポジティブアクションは女性の貧困の解決策となりうるか　176

4　社会保障制度の構築　177

- (1) 「標準モデル世帯」の見直しと所得再分配機能の強化　177
  - 1) はじめに　177

2）女性と税制　178

　　3）女性と年金　179

　　4）現金給付　183

　　5）女性にとっての健康保証と人権としてのリプロダクティブライツの保障　186

　　6）住宅政策　186

　(2) **育児・介護・教育の支援**　187

　　1）保育制度の充実　187

　　2）介護の支援　193

　　3）教育費の負担の軽減　195

5　税と社会保険料についての問題　199

　(1) 所得再分配機能の回復　199

　(2) 財政の憲法原理　199

　(3) 応能負担に反する税制　200

　(4) 不公正税制による影響　200

　(5) あるべき税制　201

　　1）所得税　201

　　2）住民税　202

　　3）相続税　202

　　4）消費税　202

　　5）法人税　202

　　6）基礎控除　203

　　7）負担軽減の手法　203

　(6) 所得の海外移転への対策　204

　(7) 税財政における民主主義の回復　204

終　章　〜もう一歩先へ進むために大切なこと　206

資　料①　全ての女性が貧困から解放され、性別により不利益を受けることなく働き生活できる労働条件、労働環境の整備を求める決議　208

資　料②　オランダ調査の報告〜法制度の光と影　213
- 調査報告①　アムステルダム大学ヒューゴ・ジンツハイマー研究所（1）　214
- 調査報告②　アムステルダム高等裁判所　218
- 調査報告③　人権研究所　223
- 調査報告④　クララ・ウィッチマン研究所　227
- 調査報告⑤　ウイレム・フィッサート・ホーフト博士のレクチャー　230
- 調査報告⑥　オランダ労働組合連盟　234
- 調査報告⑦　社会経済評議会　237
- 調査報告⑧　オランダ全国使用者連合　240
- 調査報告⑨　アムステルダム大学ヒューゴ・ジンツハイマー研究所（2）　244
- 調査報告⑩　ハウストフ・ブルマ法律事務所　249
- 調査報告⑪　子どもオンブズマン　253
- 調査報告⑫　リヒテルズ直子さんによるレクチャー　255
- 調査報告⑬　アトリア　257
- 調査報告⑭　ストリートコーナーワーク　263
- 調査報告⑮　保険医へのインタビュー　266
- 調査報告⑯　リーヒュンボーヒ小学校　269
- 調査報告⑰　ダク保育園　271
- 調査報告⑱　ゼブラ福祉財団　274
- 調査報告⑲　児童虐待防止センター　280
- 調査報告⑳　元ホームレスのガイドによるアムステルダムツアー　284
- 調査報告㉑　ボランティア・アカデミー　285
- 調査報告㉒　社会文化局　286
- 調査報告㉓　P&G 292　290

略語一覧

- 日弁連　日本弁護士連合会
- 厚労省　厚生労働省
- 日経連　日本経営者団体連盟
- 連合　日本労働組合総連合会
- 全労連　全国労働組合総連合
- 労災法　労働者災害補償保険法
- 男女雇用機会均等法　雇用の分野における男女の均等な機会及び待遇の確保等に関する法律
- 育児・介護休業法　育児休業、介護休業等育児又は家族介護を行う労働者の福祉に関する法律
- 労働者派遣法　労働者派遣事業の適正な運営の確保及び派遣労働者の保護等に関する法律
- 女性活躍推進法　女性の職業生活における活躍の推進に関する法律
- 女性差別撤廃条約　女性に対するあらゆる形態の差別の撤廃に関する条約
- ＤＶ法　配偶者からの暴力の防止及び被害者の保護等に関する法律
- 風営法　風俗業の規制及び業務の適正化等に関する法律
- 年金機能強化法　公的年金制度の財政基盤及び最低保障機能の強化等のための国民年金法等の一部を改正する法律
- 労判　労働判例

第1章
女性がおかれている労働現場の実態

1　女性の貧困の実情

(1)　はじめに

　日本国憲法では、前文において「われらは、全世界の国民が、ひとしく恐怖と欠乏から免れ、平和のうちに生存する権利を有することを確認する」と欠乏からの自由をうたい、25条では「すべて国民は、健康で文化的な最低限度の生活を営む権利を有する。」「国は、すべての生活部面について、社会福祉、社会保障及び公衆衛生の向上及び増進に努めなければならない。」とすべての人に生存権を一般的に保障し、27条は「すべて国民は、勤労の権利を有し、義務を負う。」「賃金、就業時間、休息その他の勤労条件に関する基準は、法律でこれを定める。」「児童は、これを酷使してはならない。」と定める。つまり、憲法は、勤労は権利であることを明言したうえ、法律によって労働者が人たるに値する生活を営むために必要十分な賃金等を保障する勤労条件についての基準を作らなければならないと定め、もって、労働者らの健康で文化的な生活を保障している。このような、素晴らしい日本国憲法は、言うまでもなく、政府が守り実施するためのものである。しかしながら、労働法制は、規制緩和の名のもと、労働者に厳しい方向へ変えられつつある。この流れが変わらなければ、行きつく先は社会全体の労働条件の悪化、そして、経済格差の拡大であろう。このような労働条件の悪化の背景には、多くの女性を低賃金の非正規労働者として、言わば雇用の調整弁として利用することを許容し続けたことにより、労働者全体の待遇引下げにつながってしまったことなどが挙げられる。そこで、今、労働と貧困の問題が集約しているといっても過言ではない女性の労働問題をとおして、その解決に向けて必要な取り組みを考えることは、社会全体の労働問題を解決するためにも大きな意義がある。

　以下、貧困を克服し、男女ともに人間らしく豊かに生活するために、女性と労働についてくわしい報告をする。

(2) 貧困が引き起こす事件

　最初に、労働と貧困が引き起こした、一つの悲しい事件を紹介したい。これは、千葉県で起きた、2014年9月当時、広く報道された事件である。

　A子さんは、中学生のBさんと二人で県営住宅に暮らしていた。A子さんの元夫には結婚前から借金があり、A子さんはその返済と生活のため、消費者金融（いわゆるサラ金）からお金を借りるようになった。やがてA子さんは離婚し、時給850円のパートでの収入（月収4万円から8万円）と児童扶養手当等で家計を遣り繰りしていた。A子さんの勤務先では時期によっては仕事がないこともあり、極端に減収となる月もあった。そのため、A子さんは比較的低額だった県営住宅の月額1万2800円の家賃すら支払えないことがあり、数か月分を滞納してしまった。このころになると、A子さんはBさんの制服や体操着等を買うためにヤミ金融からお金を借りなければならないほどに困窮し、国民健康保険料も支払えなくなっていた。A子さんが保険料の滞納により失効してしまった保険証の再発行について役所に相談に行くと、窓口の職員は生活保護の相談をするよう勧めた。しかし、A子さんは社会福祉課で「仕事をしているなどという理由で断られ、頼ることができなかった」ため、生活保護の申請はしなかった。社会福祉課は、メディアの取材に「制度の説明を聞きに来ただけだったので、詳しい事情の聞き取りはしなかった」と述べている。千葉県は、事情によっては県営住宅の家賃の減免、徴収の猶予ができると条例で定めているが、A子さんはどちらの適用も受けていなかった。

　家賃の滞納が続くうち、県は、A子さんに対し、住宅の明渡請求訴訟を提起し、裁判所はA子さんに明渡しを命じた。次に、県は、不動産の明渡しの強制執行を申し立てた。引っ越すだけの経済的余裕などないA子さんは、もはやどうすることもできなかった。強制執行の日、執行官が部屋に入るとA子さんは座り込んでBさんの体育祭のビデオを見ており、執行官に「ビデオを見終わったら自分も死ぬ。」と話したそうである。このとき、A子さんはすでにBさんを殺してしまっていた。

　刑事裁判の公判で、A子さんは、「お金がなく相談する人もいない。（自分

も）死ぬことが一番いいと思った。」と述べたという。A子さんの刑事責任を軽視する訳ではない。

　しかし、A子さんに少しでも支援の手が伸びていればこの悲しい事件を防ぐことができたのではないか、事件の責任はA子さんを孤立させた社会にもあるのではないか、と考えずにはいられない。

　離婚後に養育費が受けられないこと、パート労働者が社会保険の適用を受けられていないこと、政府による住宅供給が進んでいないこと、無償で受けられるはずの義務教育を受けるためにですら保護者に相当額の費用負担が当然とされていること、違法な高金利業者が平然と活動していること、経済的困窮者が生活保護を受けることができないこと、公営住宅の家賃の減免や徴収猶予の制度が必要のある人に適用されていないこと、行政が経済的困窮者の情報を共有して支援につなげる仕組のないことなど、この事件からは多くの社会問題が見えてくる。これらの問題が一つでも解決していればA子さんは違う選択をできたかもしれない。また、この事件の背景には、社会保障の問題だけでなく、女性の労働の問題も見えてくる。離婚後、収入が不安定なパートではなく、母子二人が安定して生活できる収入が得られる仕事があれば、A子さんは追い詰められなかったのではないだろうか。これはA子さんだけの問題ではない。婚姻や出産をきっかけに離職する女性は多いが、その後、再就職しようとしてもパートや短期雇用あるいは派遣労働といった形態でしか就職できないという事例は多く、女性全体の問題といえよう。

　一人の働く女性が追い詰められていった末に引き起こした痛ましい事件の背景には、社会全体の問題ともいえる女性の労働問題、貧困問題がある。私たちはこの問題を直視し、その解決に全力を尽くして取り組んでいかなければならない。

(3) 女性の貧困の実情

1) 日本の相対的貧困率

　日本における相対的貧困率（国民の所得を順番に並べて、中位数の人の半分に満たない所得しかない人の割合）は上昇傾向にあり、2012年の相対的貧困率は16.1％であった。同年の子どもの相対的貧困率はこれを上回り、16.3％

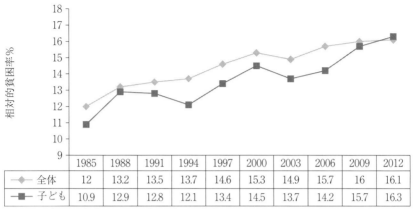

図表1−1　相対的貧困率

	1985	1988	1991	1994	1997	2000	2003	2006	2009	2012
全体	12	13.2	13.5	13.7	14.6	15.3	14.9	15.7	16	16.1
子ども	10.9	12.9	12.8	12.1	13.4	14.5	13.7	14.2	15.7	16.3

出典：厚生労働省「国民生活基礎調査」より作成

であった。

2)　**女性の貧困**

　これまで女性の貧困問題は「母子世帯の問題」として取り上げられることが多かった。しかし、実際には、母子世帯に限らず、多くの女性が貧困問題に苦しんでいることが明らかになってきた。その実態を報告する。なお、これまで女性の貧困問題が可視化されにくかった背景には、貧困問題についての調査が十分されてこなかったこと、男性稼ぎ手の存在を前提とする社会のなかで男性の貧困問題の陰に隠されてしまっていたこと、男性に比べ路上生活という形でホームレスとなる人が少ないことなど様々な原因があり、今後はこれらの問題をふまえ、さらなる調査研究を進める必要がある。

　女性の貧困率に関する詳細な公的な統計は発表されていないが、阿部彩教授（首都大学東京）の分析等から、女性の貧困の実情が明らかとなってきた。相対的貧困率が50％を超える母子世帯の貧困問題の深刻さはこれまでも社会問題として広く知られていたが、世代にかかわらず単身女性の相対的貧困率は高く、勤労世代（20歳から64歳）では33.3％（約3人に1人）、65歳以上では44.6％（約2人に1人）が貧困状態にあると報告されている。男性と比較すると、15歳から29歳までは男性の相対的貧困率が高いが、これは進

学や就職等のための単身生活が影響していると推測され、この年齢層を除けば女性の相対的貧困率のほうが男性に比べて高い。また、ワーキングプアは女性のほうが多い。2006年と2012年で比較すると、男性高齢者の貧困率は改善しているが、女性高齢者の貧困率はさほど改善がない。親であれ夫であれ、「男性稼ぎ手」の存在する世帯に属する女性の貧困は単身世帯や母子世帯に比べて見えにくいが、社会全体の貧困率が上昇するなか、その世帯に属する女性に影響がないとは考えられない。フラン・ベネット教授（オックスフォード大学）の家計に占める女性のための支出の割合は夫や子どものための支出に比べて低いとの指摘、親と同居する子の完全失業率が高いことや、親と独立する理由として経済的な問題を挙げる者が少なくないことからすれば、世帯としてみれば貧困ではなくとも、女性本人の経済力を考えれば貧困状態にあるという場合も相当数あると考えられる。貧困問題の解決のためには、実態をふまえての問題点の分析が必要不可欠である。そこで今後は、女性の貧困の実態につき、世帯単位、個人単位での詳細な調査・分析が必要である。

3) 諸外国との比較

女性に限らず日本の相対的貧困率は他の先進国に比べて高いが、日本では女性は働いても貧困から抜け出せずにいることが大きな特徴である。また、日本における女性の地位は決して高いものではないことが、各種指標より明らかである。このような状況の背景の一つには、日本では「男が働き、女は家を守る」といった性別役割分担が根強く残り、女性を男性と平等の労働者とみていないという実態がある。

貧困に陥ることは辛いことであり、社会全体でその解決に取り組むべき課題である。しかも、貧困状態が2年続くと貧困から離脱する確率が急速に下がるとの調査報告があることからすれば、その対策に早急に取り組むべきである。とりわけ、女性は男性に比べ慢性的な貧困に陥るリスクが常に高いとも言われていることからすれば、女性の貧困問題は喫緊の課題である。

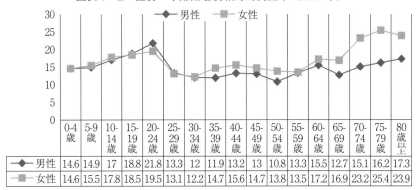

図表1-2 性別・年齢階層別相対的貧困率（2012年）

	0-4歳	5-9歳	10-14歳	15-19歳	20-24歳	25-29歳	30-34歳	35-39歳	40-44歳	45-49歳	50-54歳	55-59歳	60-64歳	65-69歳	70-74歳	75-79歳	80歳以上
男性	14.6	14.9	17	18.8	21.8	13.3	12	11.9	13.2	13	10.8	13.3	15.5	12.7	15.1	16.2	17.3
女性	14.6	15.5	17.8	18.5	19.4	13.1	12.2	14.7	15.6	14.7	13.8	13.5	17.2	16.9	23.2	25.4	23.9

出典：阿部彩（2014）「相対的貧困率の動向：2006、2009、2012年」貧困統計ホームページより作成

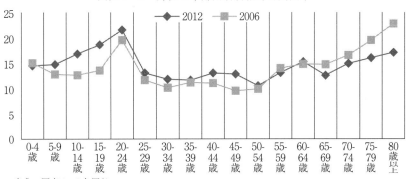

図表1-3 男性の年齢階層別相対的貧困率

出典：図表1-2と同じ

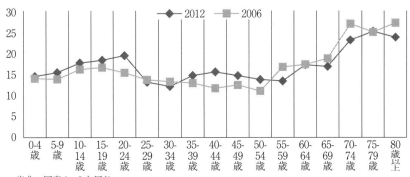

図表1-4 女性の年齢階層別相対的貧困率

出典：図表1-2と同じ

1 女性の貧困の実情　23

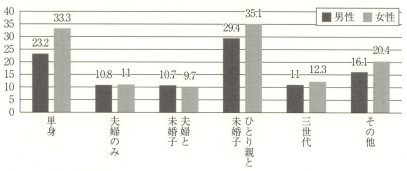

図表1-5 勤労世代（20～64歳）の貧困率：世帯タイプ別（2012）

出典：図表1-2と同じ

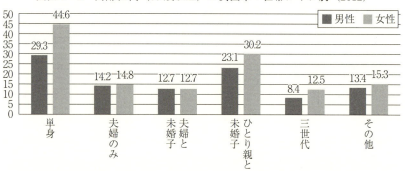

図表1-6 高齢世代（65歳以上）の貧困率：世帯タイプ別（2012）

出典：図表1-2と同じ

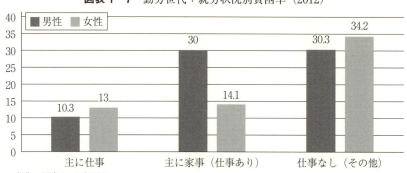

図表1-7 勤労世代：就労状況別貧困率（2012）

出典：図表1-2と同じ

24　第1章　女性がおかれている労働現場の実態

(4) 女性労働者の貧困

1) 日本の女性労働者の収入

　日本の女性労働者の低収入は明らかである。国税庁の平成27年民間給与実態統計調査結果では、年収200万円以下の働き手は女性の42.5%にのぼる。一方、男性の貧困も増えているものの、年収200万円以下は10.4%に過ぎない。

　上記42.5%の中には、世帯主男性の扶養下にあって、日々の生活には困らない女性も含まれている。女性の貧困が見えにくい理由の一つである。しかし、パートナーからの暴力や離婚の激増、男性の貧困化、非婚男女の増加で、こうした従来型の「結婚による安全ネット」では、問題の解決を図れなくなっている。それにもかかわらず、自立できる経済力を持てる女性が、極めて少ないことが、女性の貧困の深刻化を招いている。

2) 女性労働の非正規化

　竹信三恵子氏（和光大学教授・ジャーナリスト）は、「女性の労働～貧困の現状と課題」（国際基督教大学ジェンダー研究センターニュースレター13号、2010年9月）と題する記事のなかで、女性の貧困の深刻化について、次のように指摘する。

　「背景にあるのは、女性労働の非正規化の急速な進展だ。85年に男女雇用機会均等法が制定されて以降、女性の社会進出は進んだようにみえる。高位の女性や高賃金の女性も出てきた。だが、均等法以後に増えた働く女性の3分の2は、パートや派遣などの非正規労働に流れ込み、非正規労働者はいまや女性の5割を越えている。

　これら非正規労働者の賃金を時給換算すると、女性パートは男性正社員の40％台で推移し続けている。これでは、週40時間の法定労働時間働いても、年収200万円程度しか稼げないのは当然といえる。正社員主体の企業内労組が主流の日本では、パートや派遣労働者は組合の支えがなく、賃金は横ばいを続けがちだ。最低賃金すれすれの時給でボーナスも手当も昇給もないという安さに加え、短期雇用なので、次の契約を更新しなければ削減も簡単という「便利さ」が企業に受けて、90年代後半からの不況では人件費削減のた

図表1-8　女性雇用者（役員を除く）に占める正規・非正規の割合

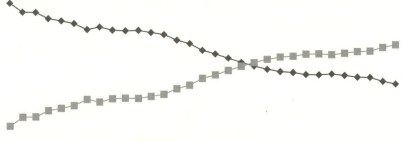

→ 正規（％）　　■ 非正規（％）

出典：労働力調査特別調査、労働力調査詳細集計より作成

図表1-9　男女共同参画に関する国際的な指数で見た日本

GGI（ジェンダー・ギャップ指数）　111位／144か国（2016年） 経済、教育、政治、保健の各分野のデータから男女格差を測る 0が完全不平等で、1が完全平等
GDI（ジェンダー開発指数）　79位／148か国（2013年） 長寿で健康な生活、知識及び人間らしい生活水準という3つの 人間開発の側面における男女格差を表す指数
GII（ジェンダー不平等指数）　26位／155か国（2014年） 保健分野、エンパワーメント、労働市場の側面から国家の人間 開発の達成が男女の不平等によってどの程度妨げられているか を明らかにする

め、非正規労働は、女性から、新卒者や男性、公務労働にまで及んだ。働き手の3人に1人が非正規という社会では、親や夫がいない生計維持者も非正規労働となり、生存を脅かされ続けている。「日本の貧困は女性発」といわれるゆえんだ。」

26　第1章　女性がおかれている労働現場の実態

2 女性労働者の就労実態

(1) シングルマザーの就労実態

1) はじめに

　女性がいわゆるシングルマザーになるきっかけについては、死別・生別（主に離婚）、未婚での出産等様々な事情はあるが、以下述べるとおり、シングルマザーになった女性は、全般的に育児による負担等をかかえて、安定しない非正規雇用等の立場において、低い収入額で働かざるを得ない状況にある。後述の2)記載データのとおり、相当数のシングルマザーが、生活意識として「生活が苦しい」と答えている。かつ、シングルマザーの中でもとくに低学歴、未婚のまま出産するに至った者には、収入額の低さもあいまって貧困の度合が深刻な者が相当数いると推測される。

　貯蓄額についても、シングルマザーの世帯の場合、後述の2)記載データのとおり、全国世帯の平均貯蓄額に対し遠く及ばず、相当数のシングルマザーは、貯蓄がないかあっても50万円以下という状況であり、子どもの病気等の緊急時の出費に対する備え、または今後子が成長するにつれてかかる学費等の諸負担への備えができているとは、およそ言えない状況におかれている。

　諸外国においては、養育費の回収方法の工夫や社会福祉制度利用により、シングルマザーがこのような貧困状態に陥ることを防ぐ方策がとられていることがあるが、日本では、養育費回収の手間や費用、生活保護利用の壁が事実上厚い等の事情により、シングルマザーについて適切なフォローがなされていない状況がある。

　結果、シングルマザーは、不安定な立場かつ低賃金であり、企業側にとって都合のいい「使いやすい人材」とわかっていても、生活のために働き続けざるをえない、という状況がある。

2) シングルマザーに関する経済状況の概観

　シングルマザーの総数を把握することは困難であるが、厚労省の「国民生

活基礎調査」が「死別・離別・その他の理由（未婚の場合を含む）で、現に配偶者のいない65歳未満の女（配偶者が長期間生死不明の場合を含む。）と20歳未満のその子（養子を含む。）のみで構成している世帯」と定義づける「母子世帯」数の統計数が参考になる。

　2013年同調査の統計によれば、2013年における5011.2万世帯のうち、母子世帯は82.1万世帯（約1.6％）とされている。

　そして、2013年同調査統計によれば、2013年において、全世帯総所得平均が537.2万円であるのに対し、母子世帯の総所得平均は243.4万円である。また、その所得の内訳は、稼働所得が73.5％、年金以外の社会保障給付金が20.2％を占めるとされている。つまり、母子世帯においては、その所得の4分の3が、母親自身の労働賃金で占められている。

　さらに、世帯貯蓄の状況をみるに、全世帯では「貯蓄がある」は79.5％、「1世帯あたり平均貯蓄額」は1047万円となっているのに対し、母子世帯では「貯蓄がある」は60.6％、「1世帯あたりの平均貯蓄額」は263.8万円とされる。また、その「貯蓄がある」と答えた母子世帯のうち12.7％は、貯蓄額が「50万円未満」と回答しており、母子世帯のうち23.8％が「借入金がある」と回答している。

　世帯の貧困率については、「大人が1人、子供がいる現役世帯」の貧困率は54.6％であり、母子世帯もこれに含まれる。

　結果、生活意識については、全世帯平均のうち59.9％が「苦しい」（内訳：「大変苦しい」が27.7％、「やや苦しい」が32.2％）と答えたのに対し、母子世帯のうち84.8％もの世帯が「苦しい」（内訳：「大変苦しい」49.5％、「やや苦しい」が35.2％）と回答している。なお、ＯＥＣＤ"Society At A Glance2009"によると、日本における有業母子世帯の貧困率は58％であり、ＯＥＣＤ30か国平均が23％であるのに対し、相当に高い数値である。

　さらに、死別・離婚・非婚母子世帯間で比べると、死別か生別では、所得保障（遺族基礎年金等）の有無や持ち家率の差異（死別のほうが比較的高い傾向にある）等により、さらに離婚・非婚母子世帯間では、非婚母子世帯が母子世帯になることによる失職率が高い傾向にある等の事情により、非婚母子世帯がもっとも経済的にひっ迫しているというデータがある。日本労働研

究機構（現独立行政法人労働政策研究・研修機構）の調査研究報告書によると、社会保障給付を含む全ての収入を表す平均年間収入（1998年）では死別288.1万円、離婚219.5万円、非婚171.1万円と、非婚がもっとも低収入であることが指摘されている（西本佳織「『寡婦』控除規定から見る非婚母子世帯への差別」立命館法政論集6号（2008年）203～205頁参照。日本労働研究機構調査研究報告書No.156「母子世帯の母への就業支援に関する研究」（2003年）358、626、208、406頁。）。

　これらの統計からは、社会的な給付に頼らず賃金でなるべく生活をまわそうとしているが、就業収入額自体が低いためになかなか生活状況が好転しない、という状況に陥っているシングルマザーが相当数いることがうかがえる。

3）　シングルマザー世帯間における格差

　では、シングルマザーは実際にどのような状況で労働しているのか。

　厚労省「平成23年度全国母子世帯等調査結果報告」（2015年）によれば、母子世帯の母、いわゆるシングルマザーの80.6％が就業しており、うち「パート・アルバイト等」が47.4％ともっとも多く、ついで「正規の職員・従業員」が39.4％、派遣社員が4.7％と続く。

　さらに、就業者である母について最終学歴別にみると、最終学歴が中卒の場合には「パート・アルバイト等」が66.4％、「正規の職員・従業員」の割合は19.7％であるのに対し、最終学歴が大学・大学院の場合には「パート・アルバイト等」が25.3％、「正規の職員・従業員」の割合が52.6％となっており、統計上は本人の意思がどのようなものかまでは読み取れないものの、シングルマザーの中でも、最終学歴に応じて、雇用形態に影響している可能性が示されている。

　また、最終学歴別に仕事内容を整理した場合、中卒の場合には「サービス業」（27.6％）「販売業」（9.9％）「事務」（7.9％）の順となる一方、大学・大学院卒の場合には「専門的・技術的職業」（36.8％）「事務」（29.5％）「サービス業」（11.6％）の順となっていることから、統計上は本人の意思がどのようなものかまでは読み取れないものの、最終学歴が仕事内容に影響している可能性が示されている。

上記統計によれば、就業している母のうち、「正規の職員・従業員」の平均年間就労収入は270万円、「パート・アルバイト等」では125万円となっている。また就労する母の年間就労収入平均額を職業別にみると「専門的・技術的職業」が277万円、「事務」が215万円、「販売」が141万円、サービス職業」が149万円となっている。

　また、同報告内統計によれば母子世帯の世帯収入平均額は291万円、母子世帯の母による就労収入平均額は181万円となっているが、うち最終学歴が中学の場合には平均年間就労平均額が129万円、高校の場合169万円、短大の場合186万円、大学の場合297万円と順次収入額が上がっており、結果、母子世帯間においても学歴等の事情が収入状況に影響を与えていることが読み取れる。

　上記1) の状況もふまえれば、シングルマザーのうちでももっとも立場の弱い立場、たとえば最終学歴が中卒であり養育費を十分受け取ることのできない状況にある女性は、働きにでても仕事内容も限られ、正社員・従業員の立場にはたどり着けずにパート・アルバイト等といった、労働者としてはきわめて不安定な地位に立ち、低い賃金で家計を切り盛りしなければいけないといった状況に陥る可能性がある、と言える。

　上述の「母子世帯等調査結果報告」は、母子世帯について調査客体数2257世帯に対し、実際の集計数が1648世帯にとどまるものであるため、結果分析に当たっては、その統計資料数の少なさについても留意しなければならないが、その内容は示唆に富む。

4)　シングルマザー自身の意識

　このように、シングルマザーについて経済的な貧困状況に苦しむ者が相当数いることを示す統計が各種あることに照らせば、シングルマザーの大半は、収入アップや地位の安定性を求めて、いますぐの正社員化を望んでいるのではないか、と思われるが、これに対して必ずしもそうではない、という報告もある。

　独立行政法人労働政策研究・研修機構が2007年に実施した調査（調査対象6226人、有効集計回答数1311人）によれば、「今後3～5年の間に正社員就

業を希望している母親は、無職者で22.2％、パート・アルバイトで30.3％、派遣・契約等では33.3％程度であり、シングルマザーの半数程度は正社員就業を希望していない、という結果となった（労働政策研究・研修機構労働政策研究報告書No.140「シングルマザーの就業と経済的自立」（2012年）61～64頁）。ただし、同報告書は、このように回答したシングルマザーについて、単に現状に満足していると述べているわけではない。

同報告書によれば、「今後3～5年の間に」という条件を外した場合に、「将来」正社員として働きたいと答えている者は、シングルマザーのうち78.3％にのぼっている。貧困状態にあるシングルマザーが「今後3～5年の間に」正社員就業を希望しないと回答した理由について、同報告書は、回答者が単に現状に満足して正社員就業を希望していないというわけではなく、①年齢が高い、本人の健康状態が悪い、学歴・職業経験の不十分さ等の理由で正社員就業が不可能であろうと本人が判断し、そもそも正社員就業を断念しているため、もしくは②育児に忙しく、夜間・休日勤務、残業や出張といった要求に応じにくく、結果、正社員勤務と育児の両立が難しいと本人が感じているためであると分析している。

5）まとめ

シングルマザーのこのような希望や意思があるにもかかわらず、上述したとおり、「3～5年」が経過した以降においても、望む者が正社員という安定した地位に就けているとは言い難い状況がある。

法制度や社会制度の構造不備、機能不全がシングルマザーに関する上記の状況を生んでいるが、裏返せば、使用者側にとっては多数のシングルマザーを低賃金、かつ場合によっては非正規社員等不安定な地位の労働者として、会社の利益をあげるために利用し続けられる状況があると言うことができる。これら状況の早急な改善が求められる。

(2) 福祉職（介護・保育）

女性労働者の割合が多い介護・保育労働等のケアワークは、「家庭内労働は女が家庭において無償で行う労働」という性別役割分担の意識の影響を受け、

他の職種と比べそもそも低廉な賃金となっている。

1） 介護労働者

　2000年4月に介護保険法が施行され、その後、2006年までの6年間で、介護労働者は約55万人から約117万人へと約2.1倍に増加しており、今後もさらに増加が見込まれている

　介護労働者の約80％は女性であることから、介護労働者の労働環境・労働条件の問題は、女性労働者の労働環境・労働条件の問題でもある。

　平成28年賃金構造基本統計調査（厚労省）によると、女性の福祉施設介護員の現金給与額（基本給、職務手当、精皆勤手当、通勤手当、家族手当等が含まれるほか、超過労働給与額も含む）は約265万円、女性の訪問介護員（通称ホームヘルパー）は約270万円であり、全労働者平均の現金給与額である約453万円と比べると、女性の福祉施設介護員で72％、女性のホームヘルパーで73％で非常に低廉な賃金となっている。

　そして、低廉な賃金については、介護労働者も労働条件の不満として「仕事の内容のわりに賃金が低い」と指摘しているところである。実際、2014年10月1日から2015年9月30日の離職率は16.5％と高い（公益財団法人介護労働安定センターが実施した平成27年度介護労働実態調査）。

　また、介護労働では非正社員の割合が高く、非正社員の割合は、入所施設で34.5％、訪問系で60.9％と高い数値となっている。そして、正社員と非正社員では労働条件には大きな差がある。すなわち、正社員のホームヘルパーのうち年収300万円以上の者の割合は15.9％、非正社員のホームヘルパーの場合、年収103万円未満の者の割合は45.1％である（公益財団法人介護労働安定センターが実施した平成27年度介護労働実態調査）。

　非正社員の割合が高いホームヘルパーの労働環境・労働条件についての調査報告書（ゼンセン同盟「ホームヘルパーの職業能力と就業の実態に関する調査報告書」2002年6月）によると、女性が94.3％を占め、年齢構成では50〜54歳が20.2％、45〜49歳が17.3％、55〜59歳が14.6％となっている。賃金の支払形態は時給が75.5％であり、時給1000〜1299円が4分の3を占めている。問題であるのは、「訪問先への移動時間」、「訪問先までの交通費」、「待機の時

間」、「業務報告書等の作成時間」に関して賃金が支払われていない者が6〜7割にのぼっていることである。

　また、札幌市ホームヘルパー労働条件白書（連合北海道札幌地区連合会、2000年1月）によると、「空き時間をどのようにして過ごすことが多いか」（複数回答）との質問に対して、「自宅に戻る」(47.0%)、「スーパーなど」(31.3%)、「喫茶店」(27.9%)、「公園、地下鉄のベンチなど」(24.5%)、「公共施設」(17.7%)、「事業所」(11.4%)、「その他（車中他）」と、「食事（昼食等）をどこでとることが多いか」（複数回答）との質問に対し、「自宅」(47.3%)、「喫茶店など」(37.3%)、「公園や地下鉄」(26.5%)、「その他（車中、スーパー等）」(18.5%)、「公共施設」(16.0%)、「事業所」(14.3%)とそれぞれ回答している。これらの回答からは、ホームヘルパーが空き時間や食事をとる場所も確保されていない労働環境にあることがわかる。

　以上のとおり、介護労働者の労働環境・労働条件は劣悪であり、そのことが離職を促進する大きな要素ともなっていることから、その改善は喫緊の問題である。この点については、厚労省労働基準局長も、都道府県労働局長宛2009年4月1日付け「介護労働者の労働条件の確保・改善対策の推進について」と題する通知の中で、「介護労働者の労働条件については、介護労働者の数が大きく増加している中、これまでもその確保・改善に努めてきたところであるが、依然として、労働時間、割増賃金等を始めとした労働基準関係法令上の問題が認められるところである」と指摘している。

　介護労働者の労働環境・労働条件の改善が喫緊の問題であることは、政府も認識するようになっており、2016年6月2日閣議決定された「ニッポン一億総活躍プラン」では、「競合他産業との賃金差がなくなるよう、2017年度からキャリアアップの仕組みを構築し、月額平均1万円相当を改善」すること、多様な介護人材の確保・育成のために「返済免除型の貸付制度の拡充、高齢人材の活用、介護ロボットやICT等を活用した生産性向上等の総合的取組」等が盛り込まれているが、介護分野については外国人材受入れ問題についても検討を要する状況にある。

2) 保育士

　高まる保育の需要に人材確保が追いつかないため、現場は空前の保育士不足に陥っている。その背景には、保育士の処遇があまりにも悪いことがある。厚労省によると、保育士の資格を持ちながら実際に保育士として働いていない「潜在保育士」は 60 万人にのぼるという。

　東京都の「東京都保育士実態調査報告書」(2014 年 3 月) によると、正規職員の勤務実態は、週当たり日数「6 日以上」が 31.2％、1 日当たり勤務時間「9 時間以上」が 47.6％となっている。年収でもっとも多い幅は「200 万円〜300 万円未満」で、正規職員の 46.2％、フルタイムの有期契約職員の 49.2％がこれに当たる。保育士として働いている人のうち、離職を考えている人の割合は 16.0％と約 6 人に 1 人にのぼる。退職を考える理由は、1 位が「給与が安い」、2 位が「仕事量が多い」となっている。同調査によると、約半数が賃金に不満を覚えている。

　また、厚労省「賃金構造基本統計調査」(2015 年) によれば、全産業民営事業所一般労働者の平均賃金は年 489 万 8600 円で勤続年数が 11.9 年であるが、保育士は年 326 万 7800 円で勤続年数が 7.7 年となっている。

　厚労省は、「保育士の関わりは重要であるばかりでなく、保護者との連携を十分に図るためにも、今後とも最低基準上の保育士定数は、子どもを長時間にわたって保育できる常勤の保育士をもって確保することが原則であり、望ましいこと」として、非正規職員は最低基準上の保育士定数の 20％以内としていた (厚労省児童家庭局通知「保育所における短時間勤務の保育士の導入について」平成 10.2.18 児発 85 号) が、保育士の非正規化も進んでいる。全国自治体労働組合の「自治体臨時・非常勤等職員の賃金・労働条件制度調査結果報告」(2012 年度) では、加盟労働組合のある全国の 1349 自治体に調査 (845 自治体から回答) をしたところ、保育士の 52.9％が臨時・非常勤となっている。

　低賃金・長時間労働のなかで、保育士の心身の状況も、深刻な状況に陥っている。全国福祉保育労働組合が実施した「福祉に働くみんなの要求アンケート」(2015 年) の保育所保育士版では、「普段の仕事での心身の疲れについて」を尋ねているが、「とても疲れる」が 46.7％、「時々疲れを感じる」が 49.7％と

なっており、「仕事や職場でストレスを感じますか」の問いには「常に感じる」が18.8％、「時々感じる」が61.8％で、ストレスの原因は「責任や業務量の増加」が突出して39.4％となっている。

　流産を経験する保育士も少なくない。全国労働組合総連合（全労連）女性部が行なった「妊娠・出産・育児に関する実態調査報告」（2012年）によれば、保育士の場合、流産の経験がある女性は正職員で28.3％、非正職員で33.3％と3人に1人にのぼる。一般的な流産率が15％であることから、保育士の流産が多いことがうかがえる。

　このような保育士の労働環境の背景に、保育等のケアワークが、女性に適した、さほど専門性の高くない職業であるかのようにみなされていることがあるとすれば、見過ごせない問題である。保育士の仕事は、きわめて専門的で豊かな経験が求められる職業であり、長く勤められる労働条件や労働環境を整えることは、喫緊の課題である。

　そして、昨今の保育士不足問題とも絡み、2016年6月2日閣議決定された「ニッポン一億総活躍プラン」では、保育士の処遇改善として「新たに2％相当（月額6000円程度）の改善を行うとともに、予算措置が執行面で適切に賃金に反映されるようにしつつ、保育士の技能・経験を積んだ職員について、現在月額4万円ある全産業の女性労働者との賃金差がなくなるよう、追加的な処遇改善」をすること、多様な介護人材の確保・育成のために「返済免除型の貸付制度の拡充、ICT等を活用した生産性向上等の総合的取組」等が盛り込まれているものの、抜本的な保育士の処遇改善としては不十分な内容である。

(3)　教員（小・中学校）

　文科省は、第七次定数改善計画（2001年から2005年）で少人数による授業に非正規の教員を配置することを可能とした。また、2004年からは、義務教育費国庫負担法の改正により公立小中学校の教職員給与の国庫負担率を従前の2分の1から3分の1へと変更し、義務教育費国庫負担金の総額の範囲内で、給与額や教職員配置に関する地方の裁量を大幅に拡大する仕組みが導入され、地方自治体は非正規教員の採用を加速させた。その結果、公立小・中学校教員の非正規率は、2005年5月には12.3％であったが、2011年には16.0％

にのぼっている。非正規教員には、常勤講師である臨時的任用教員と時間講師である非常勤講師が存するが、その割合、数ともに増加傾向にあり、2012年には、正規教員約59万人に対し、臨時的任用教員は約6万2000人、非常勤講師は約5万人であった（文科省初等中等教育局財務課調べ「学級編制・教職員定数改善等に関する基礎資料」2010年6月）。

そして、非正規教員の賃金は非常に低廉である。奈良県の公立中学校で10年目の臨時的任用教員の年収は300万円前後であり、正規教員の半分未満であった。また、さいたま市の小学校で非常勤講師として働いてきた50歳代の女性の時給は1210円であり、月収は約11万円であった。さらに、北海道内の非正規教員へのアンケート調査によると、年収200万円未満の教員が14％にのぼっている（連合北海道「北海道非正規労働者白書2009～均等・均衡待遇を目指して」）。

非正規教員の増加については、文科省も「正規の教員採用選考を経ず、体系的な研修を受けていない非正規教員の割合が過度に大きくなることは、学校運営面や教育内容の質の維持・向上の面で問題である」としており、早急に改善される必要がある。なお、総務省の2013年3月29日付け「臨時・非常勤職員に関する調査結果について」によると、地方公務員の臨時・非常勤職員のうち、教員・講師の女性の割合は64.8％であった。

(4) 婦人相談員

婦人相談員は、売春防止法35条4項で非常勤として規定されており、「要保護女子につき、その発見に努め、相談に応じ、必要な指導を行い、及びこれらに付随する業務を行う」こととされていた。その後、いわゆるＤＶ法の制定により、婦人相談員は、「被害者の相談に応じ、必要な指導を行うことができる」ことになり、婦人相談員の業務内容は、相談業務、裁判所・婦人保護施設等への同行、ハローワークへの就労支援等の援助、福祉事務所・児童相談所等への連絡等と大幅に拡大した。

しかし、2012年における婦人相談員のうち79％は非常勤である（厚労省家庭福祉課調べ）。2007年に高知県が全国の都道府県に依頼してまとめた「婦人相談所における婦人相談員及び心理担当職員の状況調査結果」によると、賃

金も月額 16 万円以上と少ない状況にある。

また、東京都が 2007 年に非常勤職員設置要綱を改定し「雇用期間を 4 回までに限り、改定することができる」する等、非常勤職員の任期の更新回数を制限する自治が増えてきている。

このように、婦人相談員の賃金は業務内容に照らしてきわめて低く、雇用期間も不安定であるが、被害女性の自立を支援する婦人相談員の業務は、行政上も重要な位置を占めていることから、婦人相談員の労働条件を向上させる施策が求められるところである。

(5) 看護職員（保健師・助産師・看護師・准看護師）

就業している看護師の 93.2％（准看護師は 93.3％）が女性であり（厚労省「衛生行政業務報告例（就業医療関係者）の概況」2014 年）、女性労働者の 20 人に 1 人が看護職員であることから（総務省「労働力調査」2009 年）、看護職員の労働環境・労働条件の問題は、まさに女性労働者の労働環境・労働条件の問題である。

しかし、看護職員の労働環境は、深刻な過重労働や健康悪化の問題が改善されておらず、厳しい環境にある。日本医療労働組合連合会（医労連）が実施した「看護職員の労働実態調査『報告書』」（2013 年）によると、「疲れが翌日に残ることが多い」が 51.7％、「休日でも回復せず、いつも疲れている」が 21.9％となっており、これらの合計は 73.6％にのぼっている。また、健康不調は 35.4％であり、全産業（女性）の 17.1％（厚労省「労働者健康状況調査」2007 年）の 2 倍を超えている。さらに、妊娠時が順調と回答した者は 27.1％しかなく、女性労働者の 34.4％（全労連女性部「妊娠・出産・育児に関する実態調査」2011 年）より 7％低くなっており、切迫流産は看護職員が 29.9％と女性労働者の 17.1％より 2 倍近く高い数字となっている。

また、交代制勤務については、1951 年の完全看護承認基準以降、三交代制が基本とされてきたが、1992 年の通達により「なるべく三交代制であることが望ましいが、保険医療機関の実情に応じて二交代制の勤務形態があっても差し支えない」とされた。その結果、二交代制の場合、標準的な夜勤の時間設定が 16 時間以上の割合は 87.7％（日本看護協会「病院看護職の夜勤・交代

制勤務等実態調査」2010年)と長時間勤務を招来しており、二交代制の夜勤で休憩が取得できていない場合、「休日でも回復せず、いつも疲れが残っている」と回答した者は47.6%に達している(日本医療労働組合連合会「2013年看護職員の労働実態調査」)。さらに、仕事を辞めたい理由として30%を超える回答があった項目は4項目あり、44.2%が「人手不足で仕事がきつい」、33.9%が「賃金が安い」、33.1%が「休憩が取れない」、31.6%が「夜勤がつらい」を挙げている(同前)。

　このように、看護職員は、交代制勤務を含む深刻な過重労働、労働内容に見合わない賃金、切迫流産等の健康不調の問題等を抱えており、早急な改善が必要である。なお、日本看護協会では、健康・安全・生活への影響を少なくする観点から、「看護職の夜勤・交代制勤務に関するガイドライン」(2013年)を作成している。

(6)　サービス業について

1)　サービス業の概況

　厚労省「平成26年版労働経済の分析」(2014年)10頁によれば、2013年の産業別・職業別雇用者数の前年比は、産業別にみると、宿泊業、飲食サービス業での増加が顕著とされている。また同分析によれば、円安方向への動きを背景に外国人観光客が増加したこと等を背景とする増加とされているが、これら増加は主に非正規雇用労働者によるものである。これを職業別にみると、介護サービスや飲食物調理といったサービス職業従事者数が増えている、とされる。

　では、これらサービス業に就く者の生活不安がないかというと、そうではない。

　そこで、サービス業カテゴリー内の典型例として「宿泊業・飲食サービス業」「生活関連サービス業、娯楽業」を取り上げて、サービス業に関する状況分析として以下論じる。

　まず、賃金については、厚労省「平成26年賃金構造基本統計調査の概況」第8表によれば、男女計・産業計の正社員平均賃金が317.7(千円)、正社員・正社員以外の平均賃金が200.3(千円)であるのに対し、「宿泊業・飲食サー

ビス業」の男女計、正社員平均賃金は 263.6（千円）、正社員・正社員以外の平均賃金は 179.6（千円）であり、「生活関連サービス業、娯楽業」の男女計、正社員平均賃金は 278.9（千円）、正社員・正社員以外の平均賃金は 198.8（千円）と、相対的に低い。「宿泊業・飲食サービス業」の男女計平均賃金は、統計表中、他の産業に比して最下位の数字である。

　これらサービス業については、産業別にみた場合の、非正規職員の割合の高さが各統計から指摘されている。厚労省「平成 20 年度版労働経済の分析」（175 頁）によれば、1982 年以降、非正規職員の割合は右肩上がりであり、2002 年時点において 35.6％を示し、その後もその割合は上昇を続け、2007 年時点では約 4 割となっている。

　また、総務省統計局「平成 24 年就業構造基本調査　結果の概要」によれば、産業大分類、雇用形態別の割合をみるに、「正規の職員・従業員」の割合は、「宿泊業、飲食サービス業」が 26.7％と、もっとも低い数字となっている。

　同統計中、「パート」の割合を産業別にみると「宿泊業、飲食サービス業」35.1％、「卸売業、小売業」28.1％、「生活関連サービス業、娯楽業」26.9％の順となっており、サービス業においてパート雇用の割合が高いことが示されている。

　さらに、同統計中「アルバイト」について同じく産業別にみると、「宿泊業、飲食サービス業」31.2％、「生活関連サービス業、娯楽業」17.8％となっており、やはりサービス業においてアルバイト雇用の割合が高いことが示されている。

　このような状況を反映して、サービス業においては全般的に、離職率、入職率いずれも他産業に比べて高い。厚労省「平成 25 年雇用動向調査の概要」（2013 年）中の統計によれば、「宿泊業、飲食サービス業」における入職率、離職率の割合は各 31.8％、30.4％、「生活関連サービス業、娯楽業」における入職率、離職率の割合は各 24.9％、23.7％、「サービス業（他に分類されないもの）」の入職率、離職率の割合は各 25.4％、23.2％となっており、分析対象の他産業がいずれも 10～15％であるのに比して、高い割合であることを示している。

　なお、同統計内付属統計表 3 によれば、全体統計として一般労働者のうち

12.6%、パートタイム労働者の15.0%の者が、契約期間の満了を離職理由に挙げている。

以上の統計を基にすると、男女問わずサービス産業従事者のうち相当数が、非正規職員等の不安定な立場で労働せざるを得ない等の事情から、職場において安定して働き続けることが難しい状況にあることが推測される。

2) サービス業従事者における女性の数、割合

前記総務省統計局「平成24年就業構造基本調査」（2012年）8頁によれば、2012年時点で、「宿泊業、飲食サービス業」に就業する女性はおよそ231万2000人（女性有業者総数中8.4%）、「生活関連サービス業、娯楽業」に就業する女性はおよそ141万人（女性有業者数中5.1%）とみられている。

これらサービス業については、厚労省「平成25年版働く女性の実情」（2013年）の統計分析によれば、「宿泊業、飲食サービス業」64.1%「生活関連サービス業、娯楽業」58.6%と、「医療、福祉」77.3%に次いで、他職業と異なり女性のほうが割合の多い職業である。

2003年4月に総務省統計局が行なった分析によれば、女性の「サービス職業従事者」では20～24歳が一つのピークとなっており、その後、30～34歳が谷となり、年齢が高くなるにしたがって就業者数が増加し、50～54歳が最も多いという、顕著なM字型を示している（総務省統計局統計トピックスNo.1「女性が多い『サービス職業従事者』、平均年齢の若い『専門的・技術的職業従事者』（平成12年国勢調査の結果から）」（2003年4月）参照）。

3) サービス業に関する賃金格差について

当該業種における男女間の賃金格差についてみるに、厚労省「平成26年賃金構造基本統計調査（全国）の概況」中の統計によれば、「宿泊業・飲食サービス業」に関する男性賃金・年齢計は272.3（千円）、女性賃金・年齢計は195.4（千円）とされる。また「生活関連サービス業・娯楽業」の男性賃金・年齢計は291.2（千円）、女性賃金・年齢計は213.7（千円）となっており、いずれの業種においても、女性平均賃金は男性平均賃金の7割程度の数字にとどまり、男女間における賃金格差があることが分かる。

次に、女性における正規、非正規労働者間の賃金格差についてみるに、同統計によれば「宿泊業・飲食サービス業」につき、正社員・正職員の平均賃金額に対し、それ以外の雇用形態の者の平均賃金額は78％、「生活関連サービス業・娯楽業」については同じく86％となっている。

これら統計からすれば、正社員・正職員以外の雇用形態につく女性の場合、正社員・正職員雇用形態に就く男性と場合と比べて、相当程度の賃金格差があると推測できる。

4) サービス業に就業する女性の状況

サービス業については、求人誌等をみても女性にとって比較的求人を探しやすい分野であるが、上記のとおり、有業者女性のうち、約1割の者がサービス業に従事しており、主なサービス業従事者の過半は女性労働者である。

しかし、前述のとおり、サービス業に従事する女性の大半は、正社員雇用ではなく、非正規雇用であり、労働者として不安定な地位におかれている。また、そもそもサービス業の賃金自体が低いうえ、男女間、正規・非正規雇用間においても賃金格差は存在しており、結果、非正規雇用の女性の賃金は、非常に低い結果となっている。

これに加え、たとえば小売販売業のうちアパレル産業について、若年層のアルバイト店員や契約社員への労働時間、販売ノルマ等の厳しさから、労働者を経済的にも精神的にも追い詰めることがあると指摘されることがある等、上記に挙げた各種統計だけからは読み取れない問題もあるものと推測される。

低賃金をめぐる状況については、日弁連としても2014年7月24日付け「最低賃金額の大幅な引上げを求める会長声明」を出すなどしているが、これを含め、女性をとりまく上記状況の速やかな改善が望まれる。

(7) 性産業

1) 性産業とは

性産業は、風営法の性風俗関連特殊営業という呼称で規制され、届出制となっている（風営法27条、31条の2、31条の12、31条の17等）。

性風俗関連特殊営業は、主として、異性の客の性的好奇心に応じてその客

に接触する役務（以下、「性的サービス」）を提供する営業である。性的サービスは、必ずしも売春行為を伴うわけではないが、性を売る仕事に変わりはなく、女性の性的自由と尊厳を損なうものである。しかし、国は、このような女性の尊厳を害するような性的サービスの提供を内容とする営業を届け出制とすることで合法化し、放置している状況にある。

　風俗営業であるキャバクラは、風営法上の性産業には該当しないが、一部のピンクサロンがキャバクラとして届け出ているなど、実態と乖離している場合もある。さらに、無届けの違法業者も存在するが、その数については把握が困難である。

2）性産業に従事している労働者
ⅰ）実態調査の欠如
　性産業で働く女性は、国による実態調査が実施されておらず、その人数は営業所数などから推計するほかない。女性労働者が性的サービスを行なっている性産業の営業所数は、2015年度は2万1956か所であり、一つの営業所で働く女性労働者の数を平均20人と仮定すると、40万人以上が働いていることになる。また、性産業で働く女性の労働環境および労働条件の実態も明らかにはされておらず、労働基準法や労災法に規定された労働者の最低限の権利さえ保障されていない可能性が高い。

　性産業における性的サービスは、女性の性的自由と尊厳を損なうものであるとともに、他の職業とは比較にならないほど女性の生命・身体に危害を及ぼすリスクが高い特殊な労働である。

ⅱ）雇用形態と収入
　性風俗関連特殊営業で働く女性労働者の労働条件については、国による調査が行なわれておらず、その実態は把握しようがない。一般的には、ピンクサロンは時給制であるが、それ以外の形態では歩合制が多数を占めていると言われており、最低保証額も設けられていない場合がほとんどで、収入はきわめて不安定である。人気のある限られた女性については、一般の仕事に比べ、一時的に高い収入を得られる場合もあるが、長期間働くことができる職

場ではなく、一定の年齢を超えるとやめざるをえない。

　ソープランドで働く女性は個人事業主とされ、店との間に雇用契約はなく、本人の意思による売春行為が常態化しているとも言われている。

iii）救済の困難性

　性産業を営む業者は、労働基準法や労災法を遵守する意識に乏しく、自ら雇用する女性労働者に対し、労働者としての最低限の権利さえ保障していない場合が多い。例えば、性感染症は、本来労災に当たるが、雇用主が労災申請に協力する例はきわめて少ないと思われる。

iv）　非正規雇用が理由の低収入、失業、借金

　非正規労働者としての賃金は、年収200万円に満たない場合がほとんどであり、非正規労働者として働く単身女性や母子世帯の母親の貧困は深刻な状況にある。そのなかで、非正規労働者としての賃金だけでは生活していくことが困難であったり、生活苦から借金がかさみ、その返済のために性産業に従事するケースが多いと言われている。非正規労働者の場合、貯蓄もなく、雇用保険にも加入していないことが多く、いったん失業すると、次の仕事が決まるまでの間の食費すらもなく、借金をするか、日払いの性産業を選択せざるをえない場合もある。非正規労働者や正規労働者として働いていても、賃金が低いため、医療費や子の学費など、臨時の支出を工面する必要に迫られたり、借金の返済のために、副業として性産業で働くケースもある。

　同様の理由で、性産業ではなく風俗業であるキャバクラ等で働く女性労働者も多いが、キャバクラ等では、会話能力等が要求されるため、採用されずに性産業で働くことを選択せざるをえない女性も存在している。

v）　軽度知的障がいまたは軽度精神障がいのある人

　婦人保護施設の内部調査によれば、性産業や売春に従事し、婦人保護施設に保護された女性の中で、軽度知的障がいないし軽度精神障がいのある人（以下、「軽度障がいのある人」）の占める割合がかなり高いことがわかっている。軽度障がいのある人には公的支援はほとんどなく、頼れる家族がいない場合

には、社会の中で自立していかなければならない。これらの軽度障がいのある人にとっては、職業選択の幅は著しく狭く、とくに低賃金のパート等の職しか得られない場合が多い。その結果、生活に困窮し、住む場所も失い、女性の場合には、性産業で働く以外に選択肢がなくなり、性産業に取り込まれるという構図が存在する。

vi）児童関係施設経験者

　婦人保護施設の内部調査によれば、性産業や売春に従事し、婦人保護施設に保護された女性の中で、児童関係施設（児童養護施設、児童自立支援施設、自立支援ホーム等）経験者の占める割合がかなり高いことがわかっている。これらの施設を出ても、すぐに安定した仕事に就き、社会の中で自立していくことは困難を極める。低学歴の場合も多く、低賃金のパート等の職しか得られない場合が多い。その結果、容易に失業し、ネットカフェや知人宅を転々とした挙げ句、性産業に取り込まれるという構図が存在する。

vii）家族との関係性が希薄な女性

　暴力や性虐待を経験し、自尊心を奪われた女性が家を出て、家族や地域とも縁が途絶え、困窮して行き場のない女性は、一時的にでも宿泊場所と食事を確保できる性産業に容易に取り込まれていく。自身の性的自由や人間としての尊厳を尊ぶという意識を奪われているため、性産業で働くことに対する抵抗感が薄く、また、性産業に関わる男性やその周辺にいるホストなどから、経験したことのない優しい言葉をかけられ、よりどころのように感じ、そこから抜け出すという発想を持てないケースもある。このような女性にとって、性産業が最も身近な受け皿となっている。

viii）学費を得るために働く学生

　わが国では、学費の奨学金制度は償還が原則で、償還義務のない奨学金は限られている。そのため、高額な学費を工面するために、女性の場合、性産業に従事する学生が相当数存在すると言われている。
　実家の貧困や親の失業により、親からの援助が受けられない学生は、償還

義務のない奨学金を得られなければ、学費と生活費を自ら稼ぐ必要がある。アルバイトの時給では学業との両立は困難であり、キャバクラ等の場合には、時給は比較的高いが、飲酒や深夜に及ぶ稼働が求められるため、やはり学業と両立させるのは困難である。そのため、学業を続けるために、短時間で高収入が得られる可能性のある性産業を選択する者も出てくる。

3) 売春防止法の問題点

　生活に困窮し、行き場のない女性を保護するのは、本来、婦人保護の役目である。ところが、婦人保護事業のもとで保護される女性は一部にとどまり、その多くが、性産業に取り込まれ、性産業が女性保護に代わって貧困女性の受け皿になっている実情がある。その原因の一つに、売春防止法の規定の問題がある。

　売春防止法は刑事特別法であるが、第4章のみは、要保護女子（売春を行うおそれのある女子）の保護更正を規定し、婦人相談所の設置（34条）、婦人相談員（35条）、婦人保護施設の設置（36条）等を定めている。婦人保護施設は、この規定を根拠に設置され、要保護女子を収容保護する施設であったが、現在では、家庭破綻や生活困窮等、様々な事情による生活困難者も保護の対象としている。また、ＤＶ法やストーカー規制法により、ＤＶやストーカー被害者の保護を行うことも明確化された。しかし、婦人保護施設は、いまだに「売春防止法の施設」であり、法令と実態とが乖離し、保護を必要とする女性が利用をためらう原因にもなっている。また、対象者の拡大に見合う運営体制になっておらず、人員配置基準も従来のままで、生活困窮者、ＤＶ被害者、ストーカー被害者、知的障がいや精神障がいのある人、日本語が不自由な外国人、女性の同伴児など、様々な事情を抱える入所者に24時間365日かかわるには人員が大幅に不足している。婦人相談員も、対象者の拡大に伴い、職務内容も複雑化し、とうてい非常勤では対応できないにもかかわらず、売春防止法で非常勤と規定され（35条4項）、実際にもその8割が非常勤である。婦人相談員自体、身分が不安定であるため、長期間働き続けられる環境になく、保護の必要な女性の発見、相談、指導等の業務を遂行するために不可欠な経験者が育ちにくい。なお、児童福祉法等の改正に伴い、売春防止

法の婦人相談員の非常勤規定が削除された（2017年4月1日施行）が、それがただちに婦人相談員の地位向上につながるかは不明である。

　したがって、性産業に取り込まれる前に、生活困難者を実効的に保護するためには、売春防止法を改正し、婦人保護事業を社会保障法制の中に組み入れ、人権保障、自立支援、福祉の視点を入れた独立した法制度を構築し、制度に見合った婦人相談所、婦人相談員、婦人保護施設の体制を整備することが不可欠である。

　婦人保護施設等連絡協議会（全婦連）は、人権保障、自立支援の視点での売春防止法改正の必要性を訴え、2014年末、厚労省、法務省、内閣府に意見書および要望書を提出し、売春防止法の改正と女性支援法の制定を目標に活動している。

4）まとめ

　以上のとおり、性産業は、女性の尊厳を害するサービスの提供を内容とする営業であるにもかかわらず、国は届出制とすることで合法化し、性産業に従事する女性労働者の人数や労働条件についての実態調査も行なわないまま、様々な人権侵害の危険を放置している状況にある。

　風営法の規制対象であるアダルトビデオ（AV）業界やストリップ劇場で働く女性労働者も、同様に性を売る仕事であり、性的サービスを行なう女性労働者と同様の人権侵害にさらされている状況にあることが推測される。近時、風営法の規制外の女子高校生をアルバイトとして使う JK 産業（JK リフレと称する高校生による個室マッサージや JK お散歩と称する高校生とのデート等を営業内容とする）も、女子高生が性的搾取の対象とされ、人権が脅かされているとして問題視されている。

　このような性産業をはじめとする女性の性を売る産業の存在が、女性の貧困をより顕在化しづらくしている。

　女性が性産業に従事せざるをえない事情には、非正規雇用の地位の不安定さや低賃金の問題、介護や保育等の家事周辺労働（ケアワーク）の低賃金の問題、高額な学費といった様々な問題があり、経済的な理由から性産業に従事する女性をなくすためには、これらの問題を解決することが重要である。

また、本来、貧困女性のセーフティネットの役割を担うべき生活保護や女性保護制度が十分に機能しておらず、性産業が生活に困窮した女性の受け皿になっている実態がある。したがって、本来のセーフティネットである婦人保護が機能するよう、対象者の拡大に見合った法整備と保護体制の整備を急ぐ必要がある。

3　非正規雇用に追い込まれる女性たち

(1)　女性と非正規雇用

1)　はじめに

　男女雇用機会均等法5条は、労働者の募集および採用について、その性別にかかわりなく均等な機会を与えなければならないと規定している。

　しかし、労働市場の非正規化は顕著であり、とくに女性の場合は、過半数が非正規労働者として就労しており、女性の貧困の大きな要因になっている。

　総務省「就業構造基本調査」(2012)によると、学校卒業後、初めて就いた仕事（初職）の雇用形態を見ると、雇用者のうち「非正規の職員・従業員」として初職に就いた人の割合は、1987年10月から1992年9月に就業した人では、男性は8.0％、女性は18.8％だったが、2007年10月から2012年9月に就業した人では男性29.1％、女性49.3％にまで上昇しており、女性の半数が初職の段階で非正規として就職している。

　すべての女性の就業希望者のうち非正規の職員・従業員としての就業を希望している者の割合は70.8％にのぼる。そして、求職していない者の求職しない理由としては、32.9％が出産・育児のため、29.8％が勤務時間・賃金等が適当な仕事がありそうにないと回答している（内閣府「男女共同参画白書」2016年）。このような男女間の差異は、高等教育の女子の進学率が大学の学部47.4％（男子55.4％）、大学院5.8％（男子14.8％）となっている（同前）ことの影響も考えられるが、女性のライフステージのあり方も無関係ではない。

　出産、育児に対する社会的支援が極めて不十分な現状で、現実に妊娠、出産を機に離職を余儀なくされる女性も多い。

女性にとって、キャリアを形成しながら、結婚、出産、育児を無理なく行なえるだけの社会的な支援は用意されておらず、また、採用する側の認識や周囲の無理解は解消されていない。そのことは、男女雇用機会均等法が制定されて30年を迎える現在においてですら、マタニティ・ハラスメントが社会問題として取り上げられていることからも明らかである。このようななかで、妊娠、出産を経て正規の職員・従業員として働き続けることを困難にしている。

2) コース別雇用管理制度

コース別雇用管理制度とは、雇用する労働者について、労働者の職種、資格等にもとづいて複数のコースを設定し、コースごとに異なる配置・昇進、教育訓練等の雇用管理を行なうシステムをいう。

コース別雇用管理制度が導入される以前は、多くの企業で男女別の雇用管理制度が採られていた。労働基準法4条は、「使用者は、労働者が女性であることを理由として、賃金について、男性と差別的取扱いをしてはならない」と規定するが、採用、配置、昇進、教育訓練等について、男性と女性を差別して取扱う雇用管理体系が維持されてきた。

しかし、日本が女性差別撤廃条約を批准するにあたり、条約の規定、とりわけ雇用の分野における女性に対する差別の撤廃を求める11条と矛盾しない国内法の整備が求められたため、1985年に男女雇用機会均等法が制定された。同法は、制定当時は、募集・採用や配置、昇進について、女性と男性に均等な機会を与える努力義務にとどまってはいたが、同法制定以降、多くの企業で男女別の雇用管理制度に代替する、コース別雇用管理制度が採用されるようになった。

厚労省の「コース別雇用管理制度の実施・指導状況」（2014年4月～2015年3月調査）によると、調査時点での総合職に占める女性の割合は9.1％に過ぎない。また、総合職採用者のうちの女性の割合は22.2％（2014年）であり、総合職応募者のうちの採用者の割合は、男性応募者の3.3％が採用されるのに対し、女性応募者の2.3％しか採用されていない。

反対に、一般職採用者のうちの女性の割合は82.1％であるが、一般職応募者のうちの採用者の割合は、男性応募者の8.8％に対し、女性応募者は4.4％

であり、男性のほうが採用者の割合は大きい（2014年）。

　さらに、10年前に採用された女性総合職の58.6％がすでに離職しており、10年前に男女の総合職を採用した企業のうち17.5％の企業がすでに女性の総合職がゼロになっていると回答している（2014年）。

　このように、総合職の大多数を男性が占め、一般職の大多数を女性が占めている実態からすると、コース別雇用管理制は、従前の男女別雇用管理制度と実質的には異ならない。

　企業は、コース別雇用管理制度を利用し、総合職には昇進や昇給で優遇する代わりに長時間労働、転居を伴う転勤等の加重負担を与え、一般職には勤務時間や勤務地等を柔軟に取り扱う反面、昇進、昇給の機会を制限し、結果として低賃金の処遇を行なってきた。

　その結果、男女の賃金格差は固定化され、総合職として採用された女性は結婚、妊娠、出産にともなう家庭責任の両立が困難となって、離職を余儀なくされてきた。コース別雇用管理制度は、結果として男女の賃金格差を許容する制度であるとともに、形式的に男性と同じ処遇を与えられた総合職女性の雇用の不安定さをもたらすものである。

3）　狭い再就職市場

　国立社会保障・人口問題研究所「第14回出生動向基本調査（夫婦調査）」（2010年）によると、出産前に有職だった女性の62％が出産後離職している。

　正社員として働く女性のうち、34.5％は、「家事・育児に専念するため自発的に辞めた」と回答しているが、26.1％が「就業時間が長い、勤務時間が不規則」、21.2％が「勤務先の両立支援制度が不十分だった」と回答し、その他にも「体調不良などで両立が難しかった」（15.2％）「解雇された、もしくは退職勧奨された」（13.9％）「夫の勤務地、転勤の問題で継続困難」（9.7％）など、継続勤務を希望しながら離職を余儀なくされた女性が多数であることがわかる。

　しかし、いったん退職してしまうと、再就職は容易でない。

　また、再就職の際に用意されている仕事の多くはパートやアルバイトといった非正規職であり、退職前のキャリアを生かせる仕事に就けることは稀である。

　制定当初の男女雇用機会均等法は、25条に、再雇用の特別措置として、「妊

娠、出産、又は育児を理由として退職した女子」を対象とする女子再雇用制度の実施を事業主の努力義務としていた。その後、1995 年 10 月の同法改正により当該条項は削除されたが、再雇用特別措置は育児・介護休業法 27 条に引き継がれた。

　しかし、再雇用制度を導入している企業は全体では 16.7％にすぎず（厚生労働省委託調査「出産・育児等を機に離職した女性の再就職等に係る調査研究事業（平成 26 年度）」2015 年 3 月）、女性の再就職のための受け皿になっているのかは疑問である。

　また、三菱 UFJ リサーチ＆コンサルティングによる「育児休業制度等による実態把握のための調査（企業アンケート調査）」（2011 年度）によると、中途採用者の採用基準に考慮される事項として、63.4％の企業が「一定期間の継続的な就労が見込めること」と回答し、「フルタイムでの勤務が可能なこと」（58.4％）、「残業や出張等柔軟な対応ができること」（27.5％）、「就業期間のブランクが短く、訓練に時間がかかりそうにないこと」（24.5％）等がこれに続いている（複数回答）。

　このように、日本の企業の多くが、継続的に就労することや、フルタイムでの勤務に加え、相応の残業や出張等ができることを中途採用の要件としており、そもそも家庭責任を担いながら女性が働くことを支援するような状況にはない。

　一方で、女性を安価な労働力として活用しようというパートやアルバイトといった非正規雇用の市場は豊富であり、妊娠、出産によりキャリアを中断した女性の多くが、非正規の職に再就職している。

　女性を安価でかつ雇用の調整弁となりうる非正規労働者として雇用することは、女性を採用する企業にとって有利であり、男性は、女性に家庭責任を担わせることによって自らは企業の求める長時間労働に従事してきた。

　しかし、その結果として男女のライフスタイル選択の幅を狭め、女性の非正規化を招き、一方で男性の長時間労働による過労死、過労自殺など、命すら守れない事態を招いている。

（2） 非正規であることによる格差

1） 正規雇用と非正規雇用

　雇用形態の分類においては、「正規雇用」「非正規雇用」という言葉が一般に用いられる。これらの用語は、法的概念ではなく、社会学的概念である。これらの用語の定義は定まっているわけではないが、一般的に、「正規雇用」とは、無期雇用・フルタイム勤務・直接雇用の三つの特徴をすべて兼ね備えた雇用形態とされる。逆に「非正規雇用」は、有期雇用、パートタイム勤務、間接雇用という特徴のうち一つでもあてはまれば該当するとされる。

　非正規雇用には、大きくは、①その地位が非常に不安定であり、簡単に雇用を失いやすい、②正規雇用の者に比べて差別的な扱いを受け、賃金が低廉であるなど、低い労働条件を強いられやすいという問題点がある。そして、その地位が非常に不安定であるがゆえに、個別交渉や労働組合の結成などを通じて使用者に対しものを言うことも困難となり、よりいっそう差別的な待遇を強いられやすいという悪循環構造を有している。

2） 統計数値に表れる女性の非正規雇用の現状

　非正規雇用者の総数は、1990年代から増加傾向が続いている。総務省労働力調査によれば、1990年においては正規雇用が3473万人、非正規雇用が870万人で、非正規雇用率は約20％であった。それに対し、総務省「労働力調査（詳細集計）平成28年（2016年）平均（速報）」（2017年1月）によれば、正規雇用は3364万人、非正規雇用2016万人であり、非正規雇用率は37.5％となっており、1990年に比べ非正規雇用者数は約2.32倍となっている。「労働力調査（詳細集計）平成26年（2014年）10〜12月期平均」（2015年5月）においては、非正規雇用者数は2003万人と、初めて2000万人を突破し、以降非正規雇用者数が2000万人を超える状況が続いている。2016年平均の正規雇用・非正規雇用者数のうち、女性の占める数は、正規雇用が1078万人、非正規雇用が1367万人である。すなわち、女性においては非正規雇用率は約56％となっている。

　非正規雇用のうち、勤め先での呼称による分類による各就労形態の数は、

「パート・アルバイト」は女性1074万人、男性324万人、「労働者派遣事業所の派遣社員」は女性78万人、男性55万人、「契約社員・嘱託」は女性177万人、男性228万人、「その他」は女性39万人、男性42万人となっている。

これらの統計データから言えることは、わが国全体で正規雇用が減少し非正規雇用が顕著に増えているなか、とくに女性の非正規雇用率が男性よりはるかに高いという点である。また、非正規雇用のうち、有期雇用の特徴を持つ「契約社員・嘱託」においては男性のほうがむしろ多い一方で、パートタイム労働や派遣労働においては顕著に女性のほうが多いという点である。

「労働力調査（詳細集計）平成26年（2014年）平均（速報）」（2015年2月）においては、非正規雇用者に対する転職等の希望の有無についても調査がなされている。そのデータにおいては、転職等の希望のない非正規雇用者が転職等を希望しない理由は、「自分の都合のよい時間に働きたいから」とした者は女性332万人、男性130万人であり、「家事・育児・介護等と両立しやすいから」とした者は女性206万人、男性5万人である。

収入については、女性非正規雇用の約83％が年間所得200円未満となっている。

これらのデータから言えることは、女性の非正規雇用率が男性に比べ顕著に高い背景には、男性が家事・育児・介護等の家庭内での労働の必要に迫られて非正規雇用形態を選ぶという傾向が非常に薄い一方で、女性がそれらの必要に迫られて非正規雇用形態を選ばざるをえない状況にあるという点である。そして、その結果として、女性の方が男性よりも、不安定な地位と差別的待遇を強いられやすいという点である。

3) 法的観点からみた非正規雇用の地位の不安定

ⅰ) 有期雇用労働者

非正規雇用の過半数は有期雇用労働者である。有期労働契約は期間の満了により原則的に終了するが、判例は契約の実質に着目し、雇止めに解雇権濫用法理を類推適用する雇止め法理を確立した。すなわち、当該雇用の臨時性・常用性、更新の回数、雇用の通算期間、契約期間管理の状況、雇用継続の期待をもたせる使用者の言動の有無などを総合考慮して、契約更新に対する合

理的期待が有期雇用労働者にあるといえる場合には、当該雇止めに解雇権濫用法理が類推適用されるとし、雇止めに客観的合理性・社会的相当性が認められない場合には、従前の同一の労働条件・契約期間にて労働契約は更新されるとした。

この雇止め法理は、2102年8月10日の労働契約法改正において、「実質無期型」(19条1号、東芝柳町工場事件・最一小判昭49.7.22民集28巻5号927頁)および「期待保護型」(同条2号、日立メディコ事件・最一小判昭61.12.4労判486号6頁)の類型に分けて明文化された。

また、上記2012年の労働契約法改正においては、5年を超えて契約更新を受けた有期雇用労働者に対し、形成権としての無期雇用転換権を付与する規定が新設された（18条1項）。これらの規定は、本当は長期間の雇用によって労働者を使用する意図があるにもかかわらず、無期雇用労働者であれば直接適用される解雇権濫用法理（16条）を潜脱するために、細切れの有期雇用契約を締結し、労働者が必要な限りは更新を繰り返し、いらなくなれば期間満了を理由に契約を打ち切るという手段によって不安定雇用を強いられやすい有期雇用労働者の地位の安定を図ることが趣旨である。

しかし、雇止め法理においては、前掲の日立メディコ事件は、採用手続きが比較的簡易で、短期的有期契約が前提であることを理由に、期間の定めのない労働者の解雇とは合理的な差異があり、希望退職者の募集に先立ち臨時員の雇止めが行なわれてもやむを得ないとして雇止めを有効としており、その適用があっても依然有期雇用労働者の地位は無期雇用労働者よりも不安定であるといえる。また、雇止め法理を潜脱するために、更新回数・年数の上限を契約にあらかじめ定めたり、不更新条項を設定したりする事例も多く見られる。これらの条項がある事例について裁判例においても判断が割れているが、いずれにしても、有期雇用労働者の場合、契約更新に対する合理的期待があることの主張立証責任を負うため、無期雇用労働者に比べ地位の安定を得ようとするにあたり高いハードルが存在する。

ii）パートタイム労働者

パートタイム労働者は、同時に有期雇用労働者であることが多く、その場

合は上記述べた有期雇用労働者の地位の不安定さと同じ問題が生じる。

　また、パートタイム労働者は、女性・とりわけ既婚女性が多く、非正規雇用の典型と考えられており、期間の定めがないのにパートタイム労働者であることを理由に容易に解雇される「パートタイマー差別」があった。裁判例では、パートタイム労働者であることを理由に容易に解雇することはできないとしており、現在ではパートタイム労働者の解雇・雇止めについて、パートタイム労働者独自の判断基準はない。

iii） 派遣労働者

　派遣労働者は、契約上の使用者（派遣元）と実際に指揮命令を受ける就労先（派遣先）が異なる。それにより、派遣労働者と派遣元との間の派遣労働契約の存続とは無関係に、派遣先と派遣元との間で締結されている労働者派遣契約が打ち切られることによって、当該派遣労働者は実際の就労先である派遣先での就労を継続できなくなるため、非正規雇用の中でもとくに地位の不安定を強いられる。

　労働者派遣には、「常用型派遣」と「登録型派遣」がある。

　「常用型派遣」とは、派遣労働者が派遣元に常時雇用されて派遣先で働く場合である。常時雇用とは、期間の定めがないか、有期雇用であっても1年を超えて継続雇用されたか、その見込みがある場合であるとされる。常用型派遣の場合、労働者が派遣先に派遣されていない期間も労働者と派遣元との間に労働契約が存在している。したがって、派遣元との間の派遣労働契約が無期契約である場合には、事業者間の労働者派遣契約が打ち切られた場合でも、派遣元が当該派遣労働者との間の派遣労働契約の打ち切り、すなわち解雇が行なわれない限り、派遣労働契約は存続することになり、派遣元が解雇した場合は解雇権濫用法理（労働契約法16条）の適用を受ける。また、有期の派遣労働契約の中途解約の場合には、「やむ得ない事由」がなければ派遣元は解雇することができない（同法17条）。この点で、常用型派遣においては、雇用の安定の点において一定の保護が働いているとはいえる。

　もっとも、派遣労働者にとっては、日々の就労において直接の人間関係を形成するのは派遣先においてであって、派遣元ではないので、派遣労働者自

身のニーズは派遣先での就労継続にあることが多い。したがって、いくら派遣元との関係で法的に契約の終了が認められないとしても、実質的には派遣労働者のニーズに合った法的保護とはいえない場合が多い。また、労働者派遣契約が打ち切られた後に、派遣元が派遣労働者が就労できる新たな派遣先を確保できなかった場合には、整理解雇されやすくなってしまい、結局雇用の安定につながらない事例も多い。

　この点、2015 年の労働者派遣法改正によって、派遣元で無期雇用とされる派遣労働者については派遣可能期間の制限が撤廃されることになったが、事業者間の労働者派遣契約が打ち切られた場合に就労先がなくなってしまうという根本的な問題は解決されない。

　また、派遣元との間の派遣労働契約が有期である場合においては、その期間満了と同時に事業者間の労働者派遣契約が打ち切られた場合には、派遣先での就労が認められなくなることはおろか、派遣元に対する雇止め法理（労働契約法 19 条）による保護を認めた裁判例は存在せず、「常用型派遣」といいながら、その地位はやはりきわめて不安定である。

　他方、「登録型派遣」とは、あらかじめ派遣元に氏名や遂行可能な業務を登録しておき、派遣元と派遣先が労働者派遣契約を締結している期間のみ、その期間だけ派遣元との間でも派遣労働契約が存在するものとする形態の労働者派遣である。この場合、労働者派遣契約の期間満了とともに派遣元との間の派遣労働契約も当然終了とされるので、常用型派遣よりもさらに派遣労働者の地位は不安定となる。

　このように、派遣労働者は、契約関係の存在する派遣元に対してすら、雇用の安定を望めない地位にある。まして、契約関係の存在しない派遣先に対し雇用の安定を求めることは絶望的状況にある。派遣労働者の実際のニーズは、直接の人間関係を形成している派遣先での就労継続にあることが多いが、違法派遣事案等で派遣労働者が派遣先に対し雇用責任を果たすことを求め地位確認を求めた訴訟においては、圧倒的多数の裁判例がまともな検討を行なうことなく地位確認を認めない判断を行なっている。

　なお、2012 年改正労働者派遣法においては、四つの類型の違法派遣、すなわち①派遣禁止業務への労働者派遣、②無許可・無届の事業者からの労働者

派遣、③派遣可能期間を超えた労働者派遣、④偽装請負等による労働者派遣法の規制潜脱のいずれかに該当する場合には、派遣先から違法就労させられた派遣労働者に対し、その時点における当該派遣労働者の労働条件と同一の労働条件を内容とする直接雇用の労働契約の申込みをしたものとみなすとする規定が新設された（40 条の 6）。この条項は、施行までの猶予期間として 3 年が置かれ、2015 年 10 月 1 日施行とされていた。その施行を控えるなか、2015 年労働者派遣法改正法案が、とくに③の派遣可能期間制限違反事例についての適用可能性を大幅に封じる内容で、2015 年 9 月 11 日、施行日を 2012 年改正法 40 条の 6 の施行日の前日である 9 月 30 日として、可決・成立となった。2015 年改正法により、違法派遣事案において派遣先の直接雇用によって派遣労働者が救済される可能性は大幅に減殺されたものの、偽装請負事案等においては従前より救済可能性は高まっており、今後は、この規定がどこまで活かされるかが注目される。

4）法的観点から見た非正規雇用の差別的待遇

非正規雇用と正規雇用の均等待遇に係る問題は、有期雇用、パートタイム労働、派遣労働に共通する問題である。均等待遇原則に関しては、労働基準法 3 条（社会的身分等を理由とした差別的取扱いの禁止）、4 条（男女同一賃金の原則）がもともと存在したが、裁判所は雇用形態の違いを理由とする差別については契約自由の原則の問題であり、これらの規定の対象外であるとの見解をとってきた。

そのようななか、2008 年 4 月施行のパートタイム労働法改正により、①職務内容の同一性、②配置変更の範囲の同一性、③無期契約またはそれと同視できること、という要件のもとで、通常の労働者と同視すべきパートタイム労働者に対する差別的取扱いが禁止された（2008 年 4 月施行改正における 8 条）。しかし、同規定は適用要件が厳しすぎるために、施行から 7 年が経っても裁判例において適用を認めた事例は 1 例しか存在せず、差別的待遇の是正に資しているとは言い難い。なお、2015 年 4 月施行のパートタイム労働法の改正により、前記③の要件は撤廃されたが（改正法 9 条）、それでも依然要件は厳しく、上記②の要件も撤廃すべきといえる。

有期雇用については、2012年改正（2013年4月施行）の労働契約法改正により、有期契約労働者と無期契約労働者との間で、期間の定めがあることによる不合理な労働条件の相違を設けることが禁止された（20条）。この規定によりどこまで有期雇用労働者に対する差別的待遇が是正されるかは、施行から日が浅く今後の裁判所の判断にかかっている。労働契約法20条を根拠とする正規雇用との差額賃金に係る損害賠償請求等を求める訴訟はすでに多数提起されており、高裁レベルの判決も出ているが（長澤運輸事件・東京高判平28.11.2労判1144号16頁、ハマキョウレックス事件・大阪高判平28.7.26労判1143号5頁）、最高裁レベルの判決はいまだ出ていない。

　上記のとおり、パートタイム労働者と有期雇用労働者については、その実効性は格別としても、一応私法的効力を有する差別是正の規定が存在する。それに対し、派遣労働者においては、派遣労働者の従事する業務と同種の業務に従事する派遣先に雇用される労働者の賃金水準との「均衡を考慮した待遇の確保」するための配慮義務が派遣元および派遣先にある旨を規定するのみで（労働者派遣法30条の2、40条3項）、差別是正のための私法的効力ある規定が存在しない。

5）　まとめ

　以上をまとめると、わが国においては非正規雇用労働者に対する法的保護は非常に弱く、有期雇用、パートタイム労働、派遣労働にて就労する非正規雇用労働者の地位の不安定、差別的処遇の状況は深刻であるところ、男性が家事・育児・介護等の家庭内での労働を行なわないことを許容され、女性がそれらの負担を押しつけられるという社会的背景の存在から、女性が非正規雇用形態を選ばざるをえない状況にあり、女性の非正規雇用率が男性に比べ顕著に高くなる状況にある。その結果として、女性のほうが男性よりも、非正規雇用であるが故の地位の不安定と差別的待遇というデメリットを強いられる傾向が顕著である。

　これらの状況を改善するためには、女性のみが家事・育児・介護等の家庭内での労働を強いられるような社会状況を転換することと、司法判断の進展や法改正を通じて非正規雇用労働者の法的保護の強化をよりいっそう図って

いくことを、同時に進めていく必要があるといえる。

(3) 待遇面での男女間格差

1) 女性の待遇の実態

　男女雇用機会均等法は、①労働者の配置、昇進、降格および教育訓練、②福利厚生の措置の一部、③職種および雇用形態の変更、④退職の勧奨、定年および解雇ならびに労働契約の更新について、性別を理由とする差別的取り扱いを禁止している（6条）。さらに同法は、性別以外の要件にもとづく措置であっても、結果として性別を理由とする差別につながるような措置（間接差別）をも禁じている（7条）。

　ところが、現実には、女性は男性に比較して、平均して賃金が低い。その原因としては、女性のほうが男性より勤続年数が短いことや、管理職への昇進、昇格の機会が少ないことがあげられている。

　実際に、女性一般労働者の平均勤続年数は9.3年と男性の13.3年に比して短くなっている（厚労省「平成28年賃金構造基本統計調査」2016年）。

　また、管理職に占める女性の割合は上昇しているとはいえ、民間企業の係長相当職で17.0％、課長相当職で9.8％、部長相当職に至っては6.2％ときわめてわずかである（内閣府「平成28年男女共同参画白書」2016年）。

　国際的に見ても、日本では就業者全体に占める女性の割合が42.8％であるのに対し、管理的職業従事者に占める女性の割合は11.2％と、アメリカ（それぞれ47.0％、43.7％）、フランス（47.6％、39.4％）、スウェーデン（47.6％、35.5％）などと比較して格段に低い（【図表1-10】）。

　このように、女性の管理職割合が極端に低い理由としては、根強く残る性別役割分担により、結婚、出産というライフステージの変化に伴い離職する女性が多いという実情があるのは確かであるが、それ以上に、企業の側で女性に昇進、昇格の機会を与えていないという実態がある。

　その背景には、長時間労働のできる従業員のみをフルメンバーとみなすという雇用慣行が大きく影響していると思われる。

　女性は、職場内で十分な能力開発の機会を与えられず、また、プライベートを犠牲にせずに昇進、昇格して働く女性のモデルケースを見いだすことも

図表1−10 就業者及び管理的職業従事者に占める女性割合

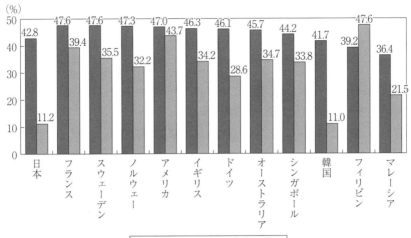

注)1 総務省「労働力調査（基本集計）」（平成25年）、独立行政法人労働政策研究・研修機構「データブック国際労働比較2014」より作成。
2 日本は平成25年、その他の国は2012（平成24）年のデータ。
3 総務省「労働力調査」では、「管理的職業従事者」とは、就業者のうち、会社役員、企業の課長相当職以上、管理的公務員等をいう。また、「管理的職業従事者」の定義は国によって異なる。
出典：内閣府「平成28年版男女共同参画白書」

できず、その結果、昇進や昇格に対する意欲、さらには継続勤務の意欲すら失わされることが多く、女性の労働市場からの退場、貧困へとつながっているものと思われる。以下に詳述する。

2) 賃金

ⅰ) 男女の格差

厚労省の賃金構造基本統計調査によると、平成28年の女性一般労働者（正社員・正職員および正社員・正職員以外の計）の所定内給与額は、女性が24万4600円、男性は33万5200円であり、男女間の賃金格差（男性を100とした場合の女性の給与額）は73.0となっている。この格差について、学歴や年齢、勤続年数、職階（部長、課長、係長等の職階）の違いによって生じる賃金格差生成効果（女性の労働者構成が男性と同じであると仮定して算出した

図表1-11 男女間の賃金格差の要因（単純分析）

要因	男女間賃金格差 調整前（原数値） ①	男女間賃金格差 調整後 ②	男女間格差縮小の程度 ②-①
勤続年数	71.3	76.3	5.0
職階	73.5	83.8	10.3
年齢	71.3	72.5	1.2
学歴	71.3	72.0	0.7
労働時間	71.3	72.7	1.4
企業規模	71.3	71.9	0.6
産業	71.3	68.6	-2.7

注）1 「調整前（原数値）」は男女100に対する、実際の女性の賃金水準。
　　2 「調整後」は女性の各要因の労働者構成が男女と同じと仮定した場合の賃金水準。
　　3 「職階」による調査結果については、調整の都合上、一部のデータを除外しているので他の要因による調整結果と比較する際に注意が必要。
出典：厚生労働省「賃金構造基本統計調査」（平成25年）より厚生労働省雇用均等・児童家庭局算出

女性の平均所定内給与額を用いて男性との比較を行なった場合に、格差がどの程度縮小するかをみて算出）を算出すると、職階の違いによる影響が10.3ともっとも大きくなっており、職階の違いを調整すると男女間の賃金格差は83.8%となる。勤続年数の違いよる影響も5.0と大きくなっており、勤続年数の違いを調整すると格差は76.3%となる（【図表1-11】。ただし平成25年の結果分析）。

このように、男女間の賃金には明確な格差が存在するが、その原因のうちの大きなものは職階と勤続年数の違いである。しかし、それだけでは男女の賃金格差を説明することはできない。

初任給についての男女間賃金格差をみると、高校卒で96.1、高専・短大卒で97.5、大学卒で97.1となっており（平成28年）、初任給の段階でも男女間には賃金の格差が存在する。

1947年に制定された労働基準法4条（男女同一賃金の原則）には「使用者は、労働者が女性であることを理由として、賃金について、男性と差別的取扱いをしてはならない。」と定められており、その後の国際条約（ＩＬＯ100号条約等）を批准していることからすれば、労働基準法4条は、本来「同一価値労働同一賃金」の原則を宣言したものと解釈すべきである。したがって、た

とえば、男女別賃金表が存在すること、女性であることを理由に手当が支給されないこと等「女性であることを理由とする不利益取り扱い」が明白な事例は、使用者が合理的理由を証明できない限り、ただちに労働基準法 4 条違反となる。判例上も、量と質が同じ仕事をしている場合に同じ賃金を支払うべきであるという判断は、一定程度定着しているものと思われる。しかし、労働基準法 4 条は、同一価値労働同一賃金の原則を明文化しておらず、また、実定法上これを明文化した規定がないことで、様々な不都合が生じている。

1985 年には男女雇用機会均等法が制定されるが、募集・採用、配置・昇進についての均等取扱いを努力義務にとどめていたため、雇用管理そのものを男女別にする男女コース別雇用管理制度などにより、男女が同じ質と量の仕事をしていないかのような状況を作出し、男女間の賃金格差を合法化しようとする企業が出てくる。

1997 年の改正男女雇用機会均等法では、昇進・昇格等も含む女性に対する差別的取扱いが明確に違法とされるが、今度は、男女別ではない総合職、一般職というコース別雇用管理制度により、実際には総合職の大半が男性、一般職の大半が女性という雇用管理制度を採用する企業が増え、男女間の賃金格差が完全に解消されるには至っていない。

なお、男女間の賃金差別が争われる訴訟の場合、①差別がなかったら得られたであろう賃金の差額について債務不履行にもとづく賃金請求が認められる場合、②賃金について客観的な支払基準がないとして不法行為（民法 709 条）にもとづく損害賠償請求が認められる場合がある。また、慰謝料も認められることがある。しかし、昇進・昇格については使用者に広範な裁量が認められており、昇進・昇格請求は否定されることが多く、将来にわたる昇進・昇格差別の救済としては不十分である。

ⅱ）低賃金の女性労働者

次に、少し古くなるが、厚労省「平成 26 年賃金構造基本統計調査」（2014 年）より、実際の女性労働者の賃金額（2014 年 6 月分の所得税控除前の所定内給与額）を見てみると、下記のとおり、正規の職員・従業員であっても、年収 300 万円未満の労働者は男性では 21.7％に過ぎないが、女性では 51.5％

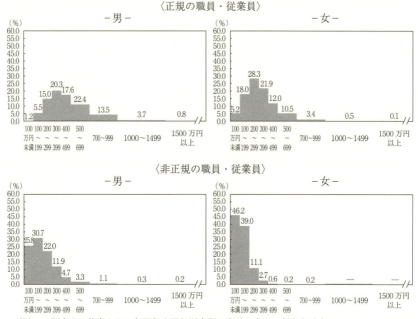

注) 1　割合は、仕事からの年間収入階級別内訳の合計に占める割合を示す。
　　2　仕事からの年間収入階級のうち、「500〜699万円」以上は、階級幅が異なるので注意が必要。
出典：総務省「労働力調査（詳細集計）」

と半数を超える。

　また、女性の過半数を占める非正規の職員・従業員の年間収入は、100万円未満が46.2％と最も多く、次いで100〜199万円が39.0％となっており、実に約85％が年収200万円に満たない収入で就労している（【図表1-12】）。

　このように、大半の女性が低賃金での労働に従事しており、単身で生活する場合であっても、自らの勤労収入だけで生活することが困難な賃金水準の女性が多数存在する。まして、シングルマザーなど、扶養する子のいる女性の場合は更に深刻であり、母の勤労収入だけで家族が生活できる状況にない家庭が多数存在する。

iii)　最低賃金と女性の貧困

　最低賃金法は、賃金の低廉な労働者について、賃金の最低額を保障するこ

とにより、労働条件の改善を図り、もって、労働者の生活の安定、労働力の質的向上および事業の公正な競争の確保に資するとともに、国民経済の健全な発展に寄与することを目的に、1959年に制定された。地域別最低賃金は、全国各地域についてあまねく決定されなければならない（9条1項）。使用者は、最低賃金の適用を受ける労働者に対しては、最低賃金以上の賃金を支払わなければならず（4条1項）、これに違反した場合には、50万円以下の罰金に処せられる（40条）。

このように、最低賃金法は、労働者の最低賃金のラインを、刑事罰により保護するという重要な役割を担っている。とくに、多くの女性が非正規の職員・従業員として働いている現状からすれば、最低賃金の果たす役割は大きいと言える。しかし、現実に定められている地域別最低賃金額は、労働者に「健康で文化的な最低限度の生活」を保障するものになっているとは言い難い。

地域別最低賃金額は、東京都の932円を最高額とし、最低額は宮崎県、沖縄県の714円である（2016年10月改訂額）。たとえば、最低賃金額で1日8時間、月に25日間就労したとして、得られる賃金は、最高額の東京都でも18万6400円、最低額の地域では14万2800円と、きわめて低額である。女性の過半数が非正規の職員・従業員として就労している状況からすれば、最低賃金の引上げにより、女性の賃金の底上げが望まれる。

しかしながら、経済学者の中には、最低賃金の引上げが労働市場から排除される労働者を生み、貧困対策として有効ではないという者も多い。独立法人経済産業研究所による研究論文「最低賃金と貧困対策」（大竹文雄）では、貧困対策として経済学者の多くが有効だと考えている政策は、最低賃金の引上げよりも給付付き税額控除や勤労所得税額控除である。給付付き税額控除は、所得税の納税者に対しては税額控除を与え、控除しきれない者や課税最低限以下の者に対しては現金給付を行なうというものである。給付付き税額控除制度は、カナダで消費税逆進性対策として導入された他、米国、英国、オランダ（児童税額控除）で導入されている。一方、勤労所得税額控除は、勤労所得が低い場合には、勤労所得に比例して給付額が得られ、勤労所得額が一定額以上になれば、その額が一定になり、さらに勤労所得額が増えれば、給付が徐々に減額されて消失していくという制度である。この制度は、給付付

き税額控除よりも、労働意欲の刺激効果が強いとされており、米国と英国で導入されている。このように、貧困対策としては、最低賃金額の引上げだけでなく、税や社会保障を総体的に貧困対策につなげていく政策が求められる。

3） 均等待遇
ⅰ） 勤続年数

　厚労省「賃金構造基本統計調査」により、2016年の一般労働者の平均勤続年数を見ると、男性の平均勤続年数が13.3年であるのに対し、女性は9.3年とその差は縮小されつつあるが、依然として大きい。

　また、男性の場合は、65歳以上を除いて、企業規模が大きいほど有意に平均勤続年数が長くなっているが、女性の場合は、企業規模による差異が大きいとは言えない。

　このように、女性の方が男性より明らかに勤続年数が短いのは、多くの女性が出産に伴って離職を余儀なくされていること、およびその後不安定な雇用形態である非正規の職員・従業員として再就職することが理由と考えられる。

　具体的に、女性が結婚や出産によってどの程度退職しているのかについて、国立社会保障・人口問題研究所の「第14回出生動向基本調査（結婚と出産に関する全国調査）―第Ⅰ報告書―我が国夫婦の結婚過程と出生力」2010年報告書によると、結婚によって退職する女性は、1985年頃に比べれば減少してはいるものの、2005年から2009年の間でも25.6％の女性が結婚を機に退職している（【図表1-13】）。

　次に、第一子の出生前後の妻の就業変化を見てみると、2005年から2009年であっても、妊娠前に有職だった妻のうち、62％が出産を機に退職している（【図表1-14】）。この結果より、第一子出産後も就業を継続できる女性が、全体の3割にも満たないことがわかる。いまだ女性にとって、結婚や妊娠、出産は就業継続の大きなハードルとなっている。

　これを、妊娠判明時と第一子1歳時の従業上の地位別に、第一子を産んだ妻の就業異動、育児休業制度の利用について見てみると、妊娠前に正規の職員だった妻のうち、第一子が1歳時においても正規の職員であった割合は46.0％、うち育児休業を利用した割合は41.3％であった（正規職員継続者に占める育

図1-13 結婚年別にみた、結婚前後の妻の就業変化

図表1-14 第一子出生年別にみた、第一子出産前後の妻の就業変化

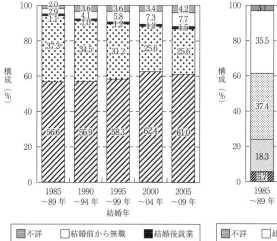

出典：国立社会保障・人口問題研究所「第14回出生動向基本調査（結婚と出産に関する全国調査）」2010年

出典：図表1-13と同じ

図表1-15 第一子妊娠前の従業上の地位別にみた、妻の就業異動パターン

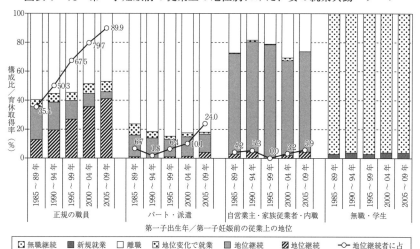

出典：図表1-13と同じ

3　非正規雇用に追い込まれる女性たち　65

児休業取得率は89.9％）。また、妊娠前に正規の職員だった妻の6.6％は、出産後パート・派遣として就業している。

第一子妊娠前にパート・派遣として働いていた妻については、82.0％が第一子が1歳時、職に就いていない。職に就いているのは18％であるが、うち16.7％はパート・派遣として働いている。さらに、その中で育児休業制度を利用した者は4％と、パート・派遣継続者の4人に1人を下回る（育児休業取得率24.0％）（**図表1-15**）。

このとおり、いまだ多くの女性が結婚や妊娠、出産といったライフステージの変化に伴い、就業の継続を断念している。

そして、女性の就業継続を支援する制度として、育児休業制度が一定の成果を上げていると思われるが、これについても、正規の職員と非正規の職員とでは取得率が大きく異なっている。とくに、非正規の職員として働く女性の多くは、第一子の出産に伴って離職しており、不安定雇用が女性から就労継続のインセンティブを奪っていることも考えられる。

ii) 昇進・昇格

次に、男女の賃金格差の大きな要因である昇進・昇格について見てみたい。2016年男女共同参画白書によると、民間企業の係長相当職のうちの女性割合は2015年で17.0％、同様に課長相当職で9.8％、部長相当職で6.2％と極端に低い。

このように女性の管理職が少ないことについて、女性に管理職登用の意欲がないとか、女性の側が敬遠しているということが言われているが、はたしてそうであろうか。

男性に比べて女性の昇進・昇格が大きく遅れている理由は、日本の企業の多くが、長時間労働ができない労働者をフルメンバーと見なさない傾向があるからではないかと思われる。日本の企業では長時間労働が常態化していることから、勤務時間内（定時）に仕事を終えることよりも、会社のために無制限に時間が使えることがより高い評価につながるという実態がある。

固定的な性別役割分担が根強く残るなか、家事や育児といった家庭責任を主に担っている女性は、仕事優先に時間に制限なく働くことができる同僚と同じように働くことができないという理由で、フルメンバーではないという

扱いを受けてしまう。

　独立行政法人経済産業研究所が発表した研究論文「職場における男女間格差の動学的研究：日本大企業の計量分析的ケーススタディ」（加藤隆夫、川口大司、大湾秀雄）には、「同じ年齢、勤続年数、学歴の社員を比較した分析では未婚社員で16％、既婚社員では31％の男女間賃金格差があったが、その大部分は女性の昇進の遅れと少ない労働時間で説明することができた。長時間労働の人が昇進しやすいという関係は、女性ではかなり強く表れるものの、男性では有意な関係は見られなかった。また、出産に伴うキャリアの中断は、男女間格差の拡大に大きく寄与しており、将来の給与所得の最大2、3割の減少をもたらしていることが分かったが、短期間で育児休業から戻る場合には、出産ペナルティは極めて限定的となる。こうした結果は、女性がキャリアを高めていくには、長時間労働を厭わず、育児休業から速やかに復帰して仕事へのコミットメントを示すことが要求されている現状を示唆している」と述べられている。

　また、同論文では、労働時間と昇進率の関係を男女で比較し、【図表1－16】のように、女性の場合は、長時間労働が昇進確率を高める大きな要因となっているが、男性の傾きはきわめて緩やかであり、長時間労働が昇進の条件とはならないことが報告されている。

　【図表1－16】の下の表は、それぞれの労働時間区分の男女それぞれの分布を表している。たとえば、年間総労働時間が1800時間に満たないものは、男性では6.8％しかいないが、女性では43.3％と半数近い。

　このように、女性の昇進・昇格にとって、長時間労働と家事・育児の負担が大きな壁になっていることが明らかになっている。

　また、そもそも女性の過半数が非正規の職員・従業員として就労している状況では、女性の人材供給パイプも細く、管理職候補の人材が育ちにくいという問題もある。非正規の職員・従業員として働く女性たちは、いかにその業務のスキルを高めたとしても、そのことが昇給や昇格につながることはほとんどなく、そのスキルが正当に評価されているとは言えない状況にある。

　さらに、妊娠中や育児中の女性が働くうえでの職場の無理解や、モデルケースの不存在、家事や育児負担の不均衡、女性の就労を支援する制度の不備等、

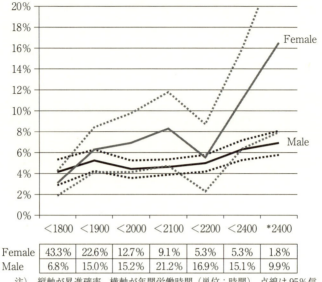

図表1－16　労働時間と昇進率の男女比較

	<1800	<1900	<2000	<2100	<2200	<2400	*2400
Female	43.3%	22.6%	12.7%	9.1%	5.3%	5.3%	1.8%
Male	6.8%	15.0%	15.2%	21.2%	16.9%	15.1%	9.9%

注）　縦軸が昇進確率、横軸が年間労働時間（単位：時間）、点線は95％信頼区画を示す。
出典：加藤隆夫・川口大司・大湾秀雄「職場における男女間格差の動学的研究：日本大企業の計量分析的ケーススタディ」独立行政法人経済産業研究所（2013年）

働く女性個人の努力ではとうてい超えられない課題も多く残されている。

4)　「マミートラック」の問題

　女性の過半数が非正規の職員・従業員として就労している現実は、多くの女性から職場でのスキルアップの機会を奪っている。また、正規の職員・従業員として働く女性であっても、妊娠、出産、育児によるキャリアの中断の影響は大きい。この点、育児休業制度や短時間勤務制度は、女性の就業継続に大きな役割を果たしたが、その反面で、女性を、それまでのキャリアトラックではなく、「マミートラック」というキャリア形成の見込めない比較的軽易な業務に就かせるという問題を生み出した。

　マミートラックとは、子どもをもつ女性のキャリアコースのことで、ワーキングマザーを責任の大きい仕事からはずしたり、残業の少ない職場に配置

したりすることを意味する。マミートラックには子育てと仕事の両立をしやすくするという側面はあるものの、いったんマミートラックに乗ってしまうとその後の昇進・昇格の機会を得にくくなってしまうという問題がある。育児中であっても仕事に意欲をもち、「やりがいのある仕事」を続けていきたいと考える女性は多く、昇進意欲も高いという調査結果もある（公益財団法人21世紀職業財団「育児をしながら働く女性の昇進意欲やモチベーションに関する意識調査」2013年）。女性労働者が望んでいないにもかかわらず、女性が育児中であることを理由に仕事の内容や責任を出産前よりも軽いものとすることは、厳に慎むべきである。

　マミートラックは子育てと仕事の両立をめざす女性への「配慮」とされ、「ワークライフバランス」、「柔軟な働き方」などという言葉により肯定的に評価されがちである。しかしながら、上野千鶴子名誉教授（東京大学）は、「配慮」はともすれば「差別」となりうると指摘する。マミートラックは子育て中の女性労働者に対する配慮という大義名分のもと、女性労働者を「長時間働くことのできない、会社に対する貢献度の低い労働者」と評価することを正当化し、女性労働者に対する昇進・昇格を差別する制度の構築につながる危険をはらんでいる。女性の就労を支援するに当たっては、女性労働者が時間的に家庭内労働と仕事を両立できるようにするだけでなく、女性のみが家庭内労働を負担せずにすむよう、男性労働者の長時間労働を制限し、また、女性労働者が育児等のために短時間勤務を望む場合であっても、補助的業務のみでなく、その能力を発揮できる仕事を担当できるようにすることが重要である。

　マミートラックは、女性たちに、それまでとは違う業務に従事させられる精神的負担と、職場の中で先に昇進・昇格していく同僚を傍目に見ながら働くことへの不満感を与えかねず、次第に働く女性たちから就業継続の意欲を奪い、結果的に離職へと導きかねないものであることを認識しなければならない。

　とくに日本の企業では、女性の就労について、出産・育児との両立支援に重きが置かれ、それ以上に女性の就業継続へのインセンティブを高めるための方策はほとんど採られてこなかった。また、企業側にある、女性は結婚や出産で退職してしまうとか、難しい仕事や責任の重い仕事を敬遠しがちであ

るという思い込みが、女性に対して積極的に人材育成のための投資を行なわなかったり、やりがいのある仕事や責任のある仕事を任せなかったりという差別（統計的差別）の根拠となり、その結果意欲を失った女性が退職することで、企業のそのような統計的な差別がますます正当化されるというデススパイラルに陥っているということも見過ごせない。

　実際に、結婚や出産・育児のために自発的に退職したとする女性の中には、仕事にやりがいが感じられなかったとか、キャリアの将来性に疑問を感じたという、仕事面での不満や不安が内在していたことは十分に考えられる。そうであれば、女性のスキルアップの機会を確保するためには、就業を継続するための支援だけではなく、統計的差別を排除し、女性に正当に機会を与える就業環境を整えることが不可欠である。

(4)　長時間労働の問題

1)　はじめに

　正規雇用労働者（いわゆる正社員）には、長時間過密労働、成果主義賃金による成果達成への圧力が課されており、週労働時間が60時間以上の労働者の割合は依然として高い水準のままである。長時間過密労働の結果、労働者の脳・心臓・精神疾患による労災事案は増加している。

　このような正社員の多くは男性労働者であり、男性労働者の長時間過密勤務は、男性労働者のワークライフバランスを困難にするだけではなく、とくに家族的責任を担うことを伝統的に期待されてきた女性労働者の正規雇用化を妨げる要因ともなっている。

　家事・育児、介護等の家族的責任は本来、男女がともに担うべきものであるが、わが国では、実際に家族的責任を男女がともに担うことは困難な状況にある。育児・介護休業法の改正による育児休業期間の延長や子の看護休暇等の制度の拡充はなされたが、一方で、男女ともに適用される労働時間の共通規制は進んでおらず、むしろ変形労働時間制や裁量労働制の導入等によって男性正社員の長時間・過密労働はますます過酷なものとなっているからである。また、保育所や介護支援体制等の整備や、保育料の軽減等の経済的支援も不十分なままである。

将来的には、男女ともに働きながら家庭生活を豊かに過ごせるよう男女雇用機会均等法を改正し、男女労働者が共に仕事と生活の調和を実現できるようにすることを法の目的・理念に明記するとともに、その実現のために、労働基準法の改正により、労働時間の男女共通の上限規制や勤務間隔時間の導入、長時間労働の規制等の具体的な施策を講じるべきである。
　以下、日本の長時間労働の現状について見ていく。

2）依然として多い長時間労働

　日本の長時間労働は世界的にも知られているが、とくに男性労働者の長時間労働が問題となっている。雇用者一人当たりの年間総実労働時間は、厚労省「毎月勤労統計調査」（企業回答）によれば、2016年には1724.4時間まで減っている。しかし、これは非正規労働者も含めた統計となっており、非正規労働者の割合が高まったために、一見すると時短が進んだかのように見えるにすぎない。また、企業が賃金台帳にもとづいて回答しているため、当然のことながら、サービス残業は含まれない。

　労働者からの聴き取りによるサービス残業も含めた実態に近い統計といわれる総務省統計局「労働力調査」（労働者回答）によれば、年間総労働時間は、2014年には2039時間、2015年には2034時間と大きなかい離がある。とくに男性の年間労働時間は2300時間で推移しており、長時間労働はまったく改善されていない。

　2014年の同データを見ると、週60時間以上働いている就業者は566万人にものぼる（その内訳は、60〜69時間が352万人、70〜79時間が141万人、80時間以上が74万人）。

　年齢別でみると、25〜44歳の男性ではおよそ4人に3人が週間43時間以上就業しており、2割程度が週に60時間を超えて働いている。とくに、30代男性で、週労働時間60時間以上の者は、2012年において18.2％、2013年では17.6％と、以前より低下したものの、高水準で推移している状況にある。

　ＯＥＣＤが2014年に発表した国際比較によれば、休日を含む1日当たりの男性の平均労働時間は、日本が375分とＯＥＣＤ26か国中最長で、平均の259分を大きく上回っており、時短先進国のフランス（173分）の約2倍以上となっ

ている。

　また、総務省「就業構造基本調査」によると、2012年時点で正規の職員・従業員で、かつ、年間就業日数が200日以上の雇用者は3101万人いるが、そのうち週間就業時間（週労働時間）が43時間以上の雇用者は1971万人と63.6%を占めている。しかも、週労働時間が60時間以上あり、1か月の時間外労働時間に換算すると約86時間となっていわゆる過労死ラインである80時間を超える長時間労働をしている人が434万人（全体の14.0%）もいる。

　このように、正規労働者は依然として長時間労働を強いられているのが実態である。

3) 事実上、無制限な時間外労働限度基準

　このようにいまだ長時間労働が横行しているのは、現行の労働時間法制度にも問題があるからである。

　労働基準法においては、労使協定（いわゆる36協定）の締結によって時間外労働、休日労働が容認される一方で、最長労働時間、拘束時間、休息時間に関する規制がなんら設けられていないという問題がある。長時間の時間外労働を抑制するため、「労働基準法第36条第1項の協定で定める労働時間の延長の限度に関する基準」（平成10.12.18労告154号）という告示において、労使協定による労働時間の延長の限度を1週15時間、1か月45時間とすることが規定されているものの、適用除外業務（工作物の建設等の事業、自動車の運転の業務、新技術、新商品等の研究開発の業務、厚労省労働基準局長が指定する事業または業務）が多いことに加え、そもそも告示には法律のような法的拘束力がないという問題がある。

　さらに、告示の限度時間を超えて労働時間を延長しなければならない「特別の事情」が生じた場合には、事前に限度時間を超える一定の時間まで労働時間を延長できる旨を協定し（特別条項付き労使協定）、届出することにより、限度時間を超えて労働時間を延長することができる。この特別条項付き労使協定には限度基準がなく、これが締結されると、事実上、時間外労働時間の上限は無制限となってしまう。

　厚労省が2013年10月30日に労働政策審議会労働条件分科会に提出した「平

成25年度労働時間等総合実態調査」（全国の労働基準監督署の労働基準監督官が事業場を臨検監督して把握した労働時間等の実態）によれば、特別条項付き時間外労働の労使協定締結事業場は40.5％で、前回、同調査が行われた2005年の27.7％から大幅に増えており、また、大企業63.3％、中小企業26％と圧倒的に大企業が多いことが分かる。さらに、同調査によれば、特別条項の延長時間の1か月平均時間は77時間52分、1年間の定めがある事業場ではその延長平均時間が650時間54分となっているほか、1年間で800時間超の延長時間を定めたものの割合が15％、1000時間超の延長時間としたものも1.2％あることが明らかとなっている。

4）長時間労働と低い年次有給休暇の取得率

こうしたわが国の長時間労働は、諸外国と比べても明らかである。ＯＥＣＤ「Data」によれば、2015年の労働者一人当たりの年間平均労働時間は、イギリス1674時間、フランス1482時間、ドイツ1371時間にすぎない。また、年次有給休暇について見てみると、法定付与日数は、イギリス最長28日、フランス最長30日、ドイツ最長24日と、日本の最長20日と比較して多い。さらに、日本では、年次有給休暇の取得率が5割を下回る低水準で推移しているという問題もある。

諸外国の労働時間法制を概観しておくと、ヨーロッパ諸国は1993年に採択された労働時間指令によって、原則「週48時間労働制」が採択されており、時間外労働も含めて上限48時間としている。さらに、11時間の勤務間隔時間（休息期間）を置くなど、ＥＵ指令はとにかく労働者を「休ませよう」とする点で徹底しており、労働者の「休む権利」を重視している点に特徴がある。一方、アメリカは先進諸国の中で日本と並んで長時間労働の国として知られるが、労働時間についての直接規制がなく、時間外労働賃金さえ支払えば何時間でも働かせることができる。また、一定の管理職・専門職等を時間外労働賃金の支給対象としない「ホワイトカラー・エグゼンプション」という制度があり、低所得層を含めてなんらの労働時間規制の保護がない労働者も多数生まれている。

5) 過労死の実態

以上のように、多くの労働者が依然として、年次有給休暇も取得せず、長時間労働に従事するなか、とりわけ近年においては、過労死や精神疾患等に関する労災補償請求件数・支給決定件数が高水準で推移するなど、労働者の健康確保について深刻な状況が明らかになっている。厚労省「脳・心臓疾患と精神障害の労災補償状況」によれば、脳・心臓疾患についての労災請求件数は、1997年度以降徐々に増加し、2006年度の938件をピークに、その後は700件台後半から800件台後半で推移し、高止まりの状況にある。支給決定件数も、2001年度に初めて3桁台となった後、翌2002年度には前年度と比べて倍増し、その後、200件台後半から300件台中頃を推移し、2013年度は306件、2014年度は277件、2015年度は251件と高水準で推移している。

他方、精神疾患の労災請求件数は、1997年度以降増加し、2014年度は1456件、2015年度は1515件で過去最多を更新した。認定件数も、増加傾向が続き、2014年度は497件（このうち未遂を含む自殺の請求件数は213件、認定件数は99件）、2015年度は472件（このうち未遂を含む自殺の請求件数は199件、認定件数は93件）となっている。

6) 女性労働者の長時間労働

日本では性別役割分担の意識が強く、これまで長時間労働は男性正規労働者の問題として捉えられることが多かった。しかし、現実には、女性労働者にも長時間労働が広がっている。

たとえば、女性労働者が多数を占める看護師の現場では、人員削減のため2交代制が広がるなかで16時間連続勤務を強いられる例が増えており、看護師の健康や医療ミスへの不安等が社会問題となっている。今のところ、こうした連続勤務自体を直接規制する法的な仕組みはなく、連続勤務や深夜勤務に関する規制強化が喫緊の課題といえる。

週60時間以上働く女性の長時間労働者の割合は、90年代からおおむね3〜4％で推移しているが、女性の就業率が増加していることから考えれば絶対数では増加していると見られる。

また、男女の生活時間について調査した総務省の「社会生活基本調査」（5

年ごと）の過去3回分を比較してみると、就業している人が平日、仕事した時間を見ると、男女ともに法定労働時間である1日8時間未満だった割合は低下している。11時間以上働いたとする割合は男性で毎回増加し、2011年で約25％であった。女性も2001年の4.7％から6.5％に増加した。また10時間以上働いたとする割合も同じ傾向で、男女ともに長時間労働が増えていることがわかる。

週60時間以上の長時間労働をしている人のうち、平日に働いた人について見ると、2013年の仕事の平均時間は、男性で11時間44分（2006年比10分増）、女性で10時間46分（同5分増）であった。

フルタイムで働いているとしても、男性で3時間44分、女性で2時間46分も残業していることになる。育児や介護を除いた家事時間を見ると、男性が50分、女性が1時間40分で、仕事と家事時間を合わせると男女に差はない。

女性は、長時間労働した上で家事負担をこなしていることになる。また、パートの約9割は女性が占めているため、女性について、正社員とパートで2013年の仕事時間を比較してみると、正社員は8時間53分、パートは6時間11分である。家事時間は正社員1時間54分、パート3時間14分であった。パートで働く女性は正社員より1時間20分多く家事を行なっていた。

さらに、非正規労働者の多くが女性労働者であり、低賃金ゆえにダブルワーク、トリプルワークを余儀なくされて、長時間労働に陥っている女性労働者が増えている。最低賃金の大幅引上げや男女賃金格差の解消を実現しない限り、非正規かつ長時間労働というもっとも過酷な労働条件で働かざるをえない女性は今後も増加していくであろう。

7） 男女共通の労働時間規制が必要

以上のとおり、日本の正社員の長時間労働という問題はまったく解消されておらず、とくに男性労働者の長時間労働は国際的に見ても突出している。他方で、女性の労働時間も長時間化する傾向がみられる。また、女性労働者は、フルタイム、パートともに家事に費やす時間が男性よりも長く、仕事と家事を含めた時間でみると、女性労働者は残業の多い男性と同じ時間を費やしていることになる。さらに、非正規の女性労働者の場合には、生活のため

にダブルワーク等をせざるをえないという苛酷な現実がある。このような実態のなかで、過労死に至る女性労働者も増加傾向にある。

男性の長時間労働を解消しないことには、女性に家庭責任が押し付けられる状況を改善することはできない。これに加えて、男女共通の労働時間規制を導入しない限り、女性の長時間労働や深夜労働、不規則労働がますます男性並みに増えていくという悪循環に陥ることは明らかであろう。

(5) ハラスメント

1) ハラスメント総論

i) ハラスメントの現状

職場でのいじめや嫌がらせ、適正な範囲を超える業務命令等のいわゆるパワー・ハラスメントが社会問題化し、労働相談の数は年々増加している。

都道府県労働局総合労働相談センターに寄せられた「いじめ・嫌がらせ」の相談件数は、2002年度には約6600件であったものが、2010年度3万9405件、2011年度4万5939件、2012年度5万1670件、2013年度5万9197件、2014年度6万2191件、2015年度6万6566件と大幅に増加している（【図表1-17】）。

次いで相談件数が多い解雇や、労働条件の引下げ、退職勧奨にもパワー・ハラスメントが伴うことが想定できる。

2012年、厚労省が実施した職場のパワー・ハラスメントに関する実態調査

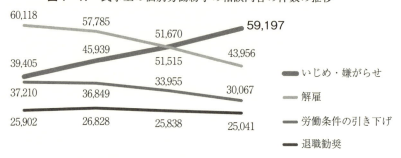

図1-17　民事上の個別労働紛争の相談内容の件数の推移

出典：「平成25年度個別労働紛争解決制度施行状況」（厚生労働省）

(以下、「実態調査」）によると、過去3年以内にパワー・ハラスメントに該当する事案のあった企業は回答企業全体の32.0％で、従業員に関しては、過去3年間にパワー・ハラスメントを受けた経験がある者は回答者全体の25.3％と4分の1にのぼる。

また、パワー・ハラスメントの中には、セクシュアル・ハラスメント、マタニティ・ハラスメントに該当するものが含まれることがあり、セクシュアル・ハラスメントやマタニティ・ハラスメントに抵抗したり、勤務先に告発するなどしたことで、加害者からの嫌がらせや職場からのパワー・ハラスメントともいうべき二次被害を受けることもある。これらのハラスメントは、被害者の精神・身体に影響を与え労働能力を低下させるだけでなく、職場における労働環境を悪化させ、職場の能率をも低下させることから、被害者を含む職場の労働者が良好な環境で労働する権利を侵害するものである。

セクシュアル・ハラスメントおよびマタニティ・ハラスメントについては、後述（2)、3)）することとし、本項においては、パワー・ハラスメントについて記述する。

ⅱ) パワー・ハラスメントによる被害
① 定義
厚労省は、パワー・ハラスメントを「同じ職場で働く者に対して、職務上の地位や人間関係等の職場内の優位性を背景に、業務の適正な範囲を超えて、精神的・身体的苦痛を与える又は職場環境を悪化させる行為」と定義した。
② 具体的な行為類型
厚労省は、パワー・ハラスメントの行為類型について、以下のとおり分類している。ただしこれらが、職場のパワー・ハラスメントの全てを網羅するものではないことに留意する必要がある。

◆身体的な攻撃（暴行・傷害）
◆精神的な攻撃（脅迫・名誉毀損・侮辱・ひどい暴言）
◆人間関係からの切り離し（隔離・仲間外し・無視）
◆過大な要求（業務上明らかに不要なことや遂行不能なことの強制、仕事

の妨害）
◆過小な要求（業務上の合理性なく、能力や経験とかけ離れた程度の低い仕事を命じることや仕事を与えないこと）
◆個の侵害（私的なことに過度に立ち入ること）

　実態調査では、男女ともに「精神的な攻撃」が55.8％ともっとも多く、「過大な要求」（28.7％）、「人間関係からの切り離し」（24.7％）、「個の侵害」（19.7％）、「過小な要求」（18.3％）、「身体的な攻撃」（4.3％）と続くが、女性では、挨拶をしても無視され、会話してくれなくなった。報告した業務への返答がない。職場の食事会に誘われないといった「人間関係からの切り離し」（29.0％）、や交際相手の有無について聞かれ、過度に結婚を推奨されたといった「個の侵害」（23.2％）の比率が高くなっている。
　加害者との関係では、「上司から部下へ」が男女とももっとも多いが、続く「先輩から後輩へ」（男性13.2％、女性19.2％）、「正社員から正社員以外へ」（男性6.8％、女性15.8％）では女性の比率が高く、女性が被害者となる場合では管理職以外が加害者となるケースが男性に比べて多くなる傾向が見られる。

③　被害の内容

　パワー・ハラスメントは、いじめや退職強要等により就労継続を断念することを余儀なくされるなど労働者としての地位に関わる被害や人格権（名誉権）侵害による精神的苦痛、パワー・ハラスメントによるストレスから精神障害を発症するといった深刻な被害を生じさせる。
　実態調査によれば、「パワー・ハラスメントを受けてどのような行動をしたか」という質問に対して、全体では、「何もしなかった」という回答が多いが（男性53.5％、女性37.3％）、「会社を退職した」は男性よりも女性（男性10.1％、女性18.1％）、正社員よりも正社員以外に多い（男性正社員9.5％、女性正社員12.6％、男性正社員以外24.8％、女性正社員以外25.4％）。
　労働者が、業務に起因するパワー・ハラスメントにより、精神疾患を発症し、休業・療養を要したり、自死するに至った場合に、業務上災害の認定を受けると、労災法の適用により、療養給付や休業損害等の保険給付と労働者福祉事業の保護を受けることができる。

パワー・ハラスメントによる精神障害の労災認定件数は増加し、「(ひどい)嫌がらせ、いじめ、又は暴行を受けた」ことによる精神障害を発症し、労災補償を受けた件数が2013年度55件、2014年度69件、2015年度60件となるなど、被害は深刻化している。

2) セクシュアル・ハラスメント

ⅰ) 現状

　厚労省によると、2015年度に全国の雇用均等室に寄せられた相談件数2万3371件のうち、セクシュアル・ハラスメントの相談がもっとも多く9580件（41.0％）であった。労働者からの相談だけでも6827件あり、労働者からの相談総数1万2255件のうち55.7％を占める（厚労省「平成27年度雇用均等室における法施行状況」、以下、「施行状況」）。

　労働局長による紛争解決の援助（男女雇用機会均等法17条）の申立受理件数346件のうち、セクシュアル・ハラスメントは172件（49.7％）となっている。機会均等調停会議による調停（同18条）申請件数は、セクシュアル・ハラスメントが33件（56.9％）ともっとも多い。調停の実施結果を見ると、調停を開始した56件（前年度申請受理案件を含む）のうち調停案の受諾勧告を行ったものは32件で、そのうち30件が調停案を双方受諾し、解決に至っている。

　均等室の雇用管理の実態把握により、なんらかの男女雇用機会均等法違反が確認された5804事業所（77.9％）に対して1万2564件の是正指導（男女雇用機会均等法29条）が実施されているが、そのうち、7596件（58.6％）の指導事項がセクシュアル・ハラスメントに関するものである。

　セクシュアル・ハラスメントによる精神障害の労災認定件数は、2011年度6件（うち自殺が1件）であったものが、2012年度24件、2013年度28件、2014年度27件、2015年度24件と増加している。

ⅱ) セクシュアル・ハラスメントの定義

　セクシュアル・ハラスメントは、もっとも広義では相手方の望まない性的な言動を意味する。男女雇用機会均等法では、セクシュアル・ハラスメント防止に関する措置義務を規定し、次のとおり、事業主にセクシュアル・ハラス

メントに対して雇用管理上必要な措置を講ずることを義務づけている。

すなわち、「事業主は、職場において行われる性的な言動に対するその雇用する労働者の対応により当該労働者がその労働条件につき不利益を受け、又は当該性的な言動により当該労働者の就業環境が害されることのないよう、当該労働者からの相談に応じ、適切に対応するために必要な体制の整備その他の雇用管理上必要な措置を講じなければならない」(男女雇用機会均等法11条1項)。「事業主が職場における性的な言動に起因する問題に関して雇用管理上講ずべき措置についての指針」平成18.10.11厚労告615号)は、前者を対価型セクシュアル・ハラスメント、後者を環境型セクシュアル・ハラスメントとしている。

国家公務員の服務規律に関わる人事院規則10-10は、これよりも広い概念として、セクシュアル・ハラスメントを、「他の者を不快にさせる職場における性的な言動及び他の職員を不快にさせる職場外における性的な言動」と定義し、性別により差別しようとする意識等にもとづく言動もセクシュアル・ハラスメントになりうるものとし(指針)、公務職場の内外において、広くセクシュアル・ハラスメント防止・排除の責務を職員・各省庁の長・人事院の三者にそれぞれ負わせることとし、これらの責務に違反した場合には懲戒処分もありうることを規定している。

iii) セクシュアル・ハラスメントの特徴

セクシュアル・ハラスメントは、支配従属関係、上下関係にある人間関係で起きやすく、性差別・性別役割分担の意識が背景になっている。そして、被害者が被害を訴えることが困難な場合が多く、被害が表面化しにくいこと、被害者の被害が深刻な場合が多いこと、二次被害が起きやすいといった特徴がある。

前記のとおり、多くの職場において、男性労働者に比べて、女性労働者の地位や労働条件は低く、セクシュアル・ハラスメントの被害者となりやすい。つまり、多くの場合はセクシュアル・ハラスメントの被害者は女性であるところ、女性を性的対象と見る社会環境、職場環境において、構造的な格差のもとで女性労働者を対等な働き手と見ないことが、セクシュアル・ハラスメントを発生させる一因となっている。

そして、とくに女性が男性よりもはるかに高い非正規雇用率のもとでは、

女性はその地位の不安定さゆえに、セクシュアル・ハラスメントの被害者となりやすく、かつ、被害に対して声をあげ、被害を表面化することが困難である。そのためセクシュアル・ハラスメントは、女性の就労環境を著しく悪化させ、就労し続けることを困難にする要因ともなっている。

iv) セクシュアル・ハラスメントによる被害

セクシュアル・ハラスメントは、相手の性的自己決定権（人格権）や労働権を侵害する重大な人権侵害であり、被害者は、精神的にも身体的にも経済的にも被害を受け、その被害は甚大である。

① 身体的・精神的被害

厚労省の精神障害の労災認定の基準に関する専門検討会報告書（2011年11月8日）では、セクシュアル・ハラスメントの態様は様々であるところ、その大半は反復継続して行なわれるため、その心理的負荷は多大であること、セクシュアル・ハラスメント以外に、行為者からの嫌がらせ等の別の被害を同時または近接して受けることが少なくないこと、さらには、セクシュアル・ハラスメントによる心理的負荷を評価するに当たっては、行為者が上司であり被害者が部下である場合、行為者が正規職員であり被害者が非正規労働者である場合等、行為者が雇用関係上被害者に対して優越的立場にある事実は心理的負荷を強める要素となりうることといった特徴が指摘されている。

このように被害者は、セクシュアル・ハラスメントによって強い心理的負荷を受け、精神的苦痛を被ることはもちろん、うつ病や適応障害、PTSD等の精神疾患の発病による精神的被害を受ける。

また、強姦や強制わいせつなど物理的手段によるセクシュアル・ハラスメントの場合は、精神的被害のみならず傷害等の身体的被害を受ける。

② 経済的被害

上記のような身体的・精神的被害に対する治療費や被害回復のための費用など直接の金銭的損害の他、降格・配転・休職による減給・休業損害や昇進の機会の喪失、退職を余儀なくされた場合の逸失利益といった間接的な経済的被害も発生する。

とくに女性の場合、通常でも中途での就職は困難であることから、セクシュ

アル・ハラスメントによって退職した場合、退職前と同等の職に就くことは著しく困難である。セクシュアル・ハラスメントによって精神疾患に罹患した場合、人との接触が困難となったり、女性被害者が男性のいる職場で就労することができなくなるなど、再就職の条件も限られることとになる。

すわなち、セクシュアル・ハラスメントが、女性労働者にとって貧困の引き金となることもあるなど、その被害は甚大である。

ⅴ) セクシュアル・ハラスメントによる精神障害の労災認定

労働者が、業務に起因するセクシュアル・ハラスメントにより、精神疾患を発症し、休業・療養を要する場合や自死するに至った場合に、業務上災害の認定を受けると、労災法の適用により、療養給付や休業損害等の保険給付と労働者福祉事業の保護を受けることができる。

厚労省は、2011年、このような心理的負荷による精神障害の認定基準を新たに定め、いじめやセクシュアル・ハラスメントのように出来事を繰り返されるものについては、繰り返される出来事を一体のものとして評価し、また、「その継続する状況」は、心理的負荷が強まるものとした。そして、セクシュアル・ハラスメント事案については留意事項を設けた（**【図表1-18】**）。

ⅵ) 裁判における救済と事実認定の問題点

判例は、被害者の人格権や「働きやすい職場環境の中で働く利益」を不法行為上の保護法益と認め、加害者の不法行為責任の他使用者の使用者責任を認め、さらに発展して雇用契約上の債務不履行責任（職場環境配慮義務違反）、セクシュアル・ハラスメントを防止しなかったことに対する使用者固有の不法行為責任を認めてきた。ただし、セクシュアル・ハラスメントは重大な人権侵害であり、性的自己決定権や労働権を違法に侵害するものであって、その被害は極めて深刻なものであるにもかかわらず、認容される慰謝料額が高額とは言い難いことは問題である。

なお、セクシュアル・ハラスメント事件は、密室における事件が多く客観的証拠に乏しい。また、しばしば加害者側から「合意」の存在や「恋愛感情」が主張されることがあり、事実認定は容易ではない。

図表1−18

出来事の類型	具体的出来事	平均的な心理的負荷の強度			心理的負荷の総合評価の視点	心理的負荷の強度を「弱」「中」「強」と判断する具体例		
			心理的負荷の強度				弱	中	強
			I	II	III				
36	⑥セクシュアルハラスメント	セクシュアルハラスメントを受けた		★		・セクシュアルハラスメントの内容、程度等 ・その継続する状況 ・会社の対応の有無及び内容、改善の状況、職場の人間関係等	【「弱」になる例】 ・「〇〇ちゃん」等のセクシュアルハラスメントに当たる発言をされた場合 ・職場内に水着姿の女性のポスター等を掲示された場合	◎セクシュアルハラスメントを受けた 【「中」である例】 ・胸や腰等への身体接触を含むセクシュアルハラスメントであっても、行為が継続しておらず、会社が適切かつ迅速に対応し発病前に解決した場合 ・身体接触のない性的な発言のみのセクシュアルハラスメントであって、発言が継続していない場合 ・身体接触のない性的な発言のみのセクシュアルハラスメントであって、複数回行われたものの、会社が適切かつ迅速に対応し発病前にそれが終了した場合	【「強」になる例】 ・胸や腰等への身体接触を含むセクシュアルハラスメントであって、継続して行われた場合 ・胸や腰等への身体接触を含むセクシュアルハラスメントであって、行為は継続していないが、会社に相談しても適切な対応がなく、改善されなかった又は会社への相談等の後に職場の人間関係が悪化した場合 ・身体接触のない性的な発言のみのセクシュアルハラスメントであって、発言の中に人格を否定するようなものを含み、かつ継続してなされた場合 ・身体接触のない性的な発言のみのセクシュアルハラスメントであって、性的な発言が継続してなされ、かつ会社がセクシュアルハラスメントがあると把握していても適切な対応がなく、改善がなされなかった場合

出典：基発1226第1号 別表1「業務による心理的負荷表」より抜粋

事実認定に当たっては、無意識のうちにジェンダーバイアス（性にもとづく偏見）が含まれている「経験則」が適用され、また、性犯罪におけるいわゆる強姦神話にみられるようなステレオタイプな被害者観にもとづいた不当な判断がなされることがあるが、被害者の多くは女性で、加害者は男性であることから、男女の経験則の違いを理解し、とくに被害者のきめ細やかな心理分析が必要である。

　この点、先の精神障害の認定基準においても、セクシュアル・ハラスメント事案の留意事項として、セクシュアル・ハラスメントを受けた者（この項において以下、「被害者」）は、勤務を継続したいとか、セクシュアル・ハラスメントを行なった者（この項において以下、「加害者」）からのセクシュアル・ハラスメントの被害をできるだけ小さくしたいとの心理などから、やむをえず加害者に迎合するようなメール等を送ることや行為者の誘いを受け入れることがあるが、これらの事実がセクシュアル・ハラスメントを受けたことを単純に否定する理由にならないこと、としていることが参考になる。

vii) 今後の課題

① 男女雇用機会均等法

　2006年改正男女雇用機会均等法は、セクシュアル・ハラスメントに対する事業主の「配慮」義務を防止等「措置」義務に強化し、具体的な事業主の対処について指針に明記した。また従来対象外であったセクシュアル・ハラスメントを調停等の紛争解決援助および企業名公表の制度の対象とした。そして、厚生労働大臣（都道府県労働局長に委任できる）は、事業主に対して報告を求めることができ、報告をせず、または虚偽の報告をした場合には過料の制裁がある（33条）。また、法違反がある場合には助言、指導、勧告が行なわれ、勧告に従わない場合には事業所名が公表される制度がある（30条）。

　施行状況は前記(2)ⅰ)のとおりであるが、調停によって解決する割合は4割にも満たない。また、セクシュアル・ハラスメントに関して、8021件の是正指導がなされているが、2007年度から2015年度まで、事業所名の公表件数は0件である。労働局均等室の人員拡大などにより、男女雇用機会均等法の実効性を担保することが必要である。

まず、男女雇用機会均等法は、セクシュアル・ハラスメントに対する事業主の措置義務を定めたものに過ぎない。

そこで、セクシュアル・ハラスメントが重大な人権侵害であり、性的自己決定権や労働権を違法に侵害するものであって、その被害はきわめて深刻なものであることに鑑みて、事業主のみならず全労働者に対して、「セクシュアル・ハラスメントを行ってはならない」と、その違法性を明確にし、禁止する条文を制定すべきである。またセクシュアル・ハラスメントの定義として、対価型セクシュアル・ハラスメントおよび環境型セクシュアル・ハラスメントに止まらず、人事院規則10-10指針に示されているように、性別により差別しようとする意識等にもとづく言動もセクシュアル・ハラスメントになりうることを明示すべきである。そして、民事訴訟等でセクシュアル・ハラスメントが認定されたとしても、慰謝料しか認められない場合が多いことから、セクシュアル・ハラスメントにより、解雇、降格、減給、労働契約の更新拒否、昇進・昇格からの対象からの除外等の不利益を受けた場合には、効果的な回復措置を採ることができるよう、禁止規定に違反した場合の法的効果を定めるとともに、裁判所が命じることができる救済措置を明記すべきである。

② 司法におけるジェンダー平等

社会規範として浸透し、可視化・意識化されにくいジェンダーバイアスの介在によって、セクシュアル・ハラスメントに対する司法の判断が公平・公正を欠くことのないよう、また、司法に対する国民の信頼を害することのないよう、司法関係者に対するジェンダー平等の研修や啓発を継続して実施する必要がある。

3) マタニティ・ハラスメント

i) マタハラに関する情勢

マタニティ・ハラスメント、略して「マタハラ」をめぐる、近年の情勢の変化は目まぐるしい。

2013年6月の日本労働組合総連合会（連合）の非正規労働センターが実施した、第1回「マタニティ・ハラスメント（マタハラ）に関する意識調査」で認知度6.1％だった「マタハラ」というワードは、2014年6月の第2回調

査では63.2％となり、2014年12月1日ユーキャン「新語流行語大賞」ではトップ10に選ばれるまでに世間に浸透した。

　2014年7月には、日本初のマタハラ当事者（被害者）による「マタハラNet」（正式名称「マタニティ・ハラスメント対策ネットワーク」2015年6月30日にNPO法人化）が立ち上がり、2015年3月3日には、同代表（小酒部さやか氏）が、米国国務省より、日本人で初めて「国際勇気ある女性賞」を授与され、日本の「マタハラ」は海を越え世界レベルで注目されるに至った。

　しかし、わが国のマタハラ問題は、決して「新しい」問題ではない。男女雇用機会均等法施行前からほとんど実態的是正がされぬまま（第一子妊娠前有職者のうち、第一子出産後「出産退職」者の割合は、1985～89年「60.9％」、2005～2009年「62.09％」と、男女雇用機会均等法施行前からむしろ増加している。国立社会保障・人口問題研究所「第14回出生動向基本調査（夫婦調査）」（2010年）「第一子出生年別にみた、第一子出産前後の妻の就業経歴」より算出）、言わば労使双方の多数派から「捨て置かれた」問題だったといっても過言ではない。

　そこへ大きく一石投じたのが、2014年10月23日に出された広島中央保健生活協同組合事件最高裁第一小法廷判決（櫻井龍子裁判長。以下、「広島事件」）である。厚労省も、同判決を受け、間髪入れず、新たな通達（平成27.1.23雇児0123第1号。以下、「改正通達」ないし「通達」）を出した。

　少子高齢化・労働力不足の時代をふまえ、政府も、必要に迫られる形で、同年6月26日、マタハラ撲滅等を掲げる「女性活躍加速のための重点方針2015」を閣議決定した。そして、ついに、2016年3月29日には、男女雇用機会均等法・育児介護休業法・労働者派遣法などの改正をワンパッケージとし、マタハラ等に関し、事業主へ一定の雇用管理上の措置を義務づける「雇用保険法等の一部を改正する法律案」が可決されるに至った（以下、「2016年改正法」）。

　2015年8月28日には、「女性の職業生活における活躍の推進に関する法律」も成立し、「女性活躍」という点でも追い風といっていい状況下ではあるものの、「マタハラ」を「流行語」で終わらせず、運用面含め、着実に実を取る、地に足をつけた運動が今後ますます求められているといえる。

ⅱ）相談状況・是正指導件数等

　2015年2月連合調査（同月23日付け「働く女性の妊娠に関する調査」）では、約5人に1人（20.9％）がマタハラ経験者（「不利益な取扱いや嫌がらせを受けた人」）とされる。

　厚労省「都道府県労働局雇用均等室での法施行状況の公表」では、上記情勢の変化を受け、マタハラ関連の労働者の相談件数、是正指導件数が、いずれも激増している様子がうかがえる。

　まず、9条関係（婚姻・妊娠・出産等を理由とする不利益取扱い）について、その相談件数は全体で4776件（2013年度3663件、2014年4028件）、うち労働者2650件（2013年度2090件、2014年度2251件）、是正指導件数は84件（2013年度28件、2014年度30件）となっている。次に、12条、13条関係（母性健康管理）については、相談件数全体で3417件（2013年度3416件、2014年度3468件）、うち労働者1364件（2013年度1281件、2014年度1281件）、是正指導件数は5065件（2013年度4101件、2014年度4908件）となっている。

ⅲ）マタハラの特徴

① 貧困に陥りかねない深刻な被害（被害の特徴）

　就労に関する被害として、もっとも多いのが就労継続の断念である。前掲2015年2月の連合調査では、妊娠後に仕事を「辞めた」人は61.2％と6割を超えた。その理由として、もっとも多いのは「家事育児に専念するため自発的に」の55.2％であるものの、それに続き、「仕事を続けたかったが、仕事と育児の両立の難しさから」が21.1％、「仕事を続けたかったが、職場で安心して出産まで過ごせないと考えたから」が16.8％、「仕事を続けたかったが、妊娠を機に不利益な取り扱いを受けたから」が7.2％となっている。

　マタハラNetには、どうにか就労継続できても原職・原職相当職復帰はかなわず労働条件が切り下げられたり、労働条件が維持されたとしてもその後マミートラックに乗せられモチベーションダウンとなり結局は離職となるケースなども多数寄せられているとのことである。政府が唱える「女性活躍」の前に、そもそもその土台を欠いている状況が今も続いている。

　母体の心身面や新たな生命への影響も深刻である。因果関係はさておき、

マタハラを受けたことで妊産婦がストレスを募らせ、その後、流産、切迫流産・早産等の妊娠トラブル、精神疾患発症などに至るケースも少なくない。
　通常の労働者でも、職場追放後原職もしくは原職相当職レベルの職に就くのは困難な状況のもと、職場追放された妊産婦ないし幼い子を抱えての労働者が従前レベルの職に就くのはきわめて厳しい。そもそも幼い子を抱えて就職するには通常労働者のように「手ぶら」とはいかず、保育園等の子の預け先の確保から始めねばならない。しかしながら、未就労者は認可保育園選考に当たってのポイントが低く、選考対象から外れてしまうというのが多くの自治体の現状である。その点の未整備に加え、採用側の理解不足もあり、再就職そのものがきわめて厳しい状況である。マタハラを受け精神疾患になった場合などは、就職活動もままならず、生活保護に至るケースも珍しくない。
　マタハラを契機として貧困に陥るメカニズムは決して異例なものではなく、マタハラは「女性の貧困の入口」、マタハラを防ぐことが女性の貧困対策にも資するといえる。

　② **声を挙げること自体がきわめて難しい（被害者の特徴）**

　2015年2月連合調査でも5分の1超が経験者とされるにもかかわらず、なぜこれまで社会問題化しなかったのか。それは、「声を挙げられない」妊産婦特有の諸々の事情がある。そもそも、同調査によれば、マタハラに限らずハラスメント一般を受けた際の対応（複数回答可）として、「我慢した」が31.4％、「諦めて仕事をやめた」が25.2％、「裁判・労働審判など司法制度を利用した」が0.7％と、その大半が泣き寝入りである。マタハラ被害者の場合、さらに泣き寝入りになりがちな諸々の制約が存する。出産育児による身体的時間的制約のほか、家族や社会の無理解などである（たとえば、広島事件原告に対し、第29代航空幕僚長田母神俊雄氏は、「妊娠で軽い業務しか出来なくなった女性を降格したとか言って裁判に訴えるような女性はどんな女性か。『貴女を愛してくれる男性はいますか』と聞きたい」（2014年10月24日付け同氏のツイッターより）と発言している）。

　③ **マタハラを引き起こす要因の根深さ**

　マタハラを引き起こす主な要因としては、法や法の趣旨の不知・未整備のほかに、わが国特有の根深い二つの意識・価値観があるといえる。それは、「女性

は家庭に入り、産み育てに専念すべし」などとする「性別役割分担の意識」、そして、「長時間労働できなくば一人前の労働者にあらず」という価値観である。
　しかし、少子高齢化・労働力不足時代が到来するなか、かような旧態依然とした意識のままでは、わが国の失速は必至である。

iv）マタハラの定義と類型
① 厚労省、連合らの定義
　「マタハラ」そのものについては、「パワハラ」同様、いまだ、法律の定めがない。
　厚労省らの定義は以下のとおりである。
　　厚労省：「妊娠・出産・育休等を理由とする、解雇・雇い止め・降格等の不利益な取扱い」
　　連　合：「働く女性が妊娠・出産を理由とした解雇・雇止めをされることや、働く女性が妊娠・出産にあたって職場で受ける精神的・肉体的なハラスメント」
　なお、「マタニティ・ハラスメント」の生みの親であり前掲流行語大賞受賞者である埼玉学園大学大学院専任講師杉浦浩美氏（『働く女性とマタニティ・ハラスメント』大月書店、2009年）は、「妊娠を告げたこと、あるいは妊婦であることによって、上司、同僚、職場、会社から何らかの嫌がらせやプレッシャーを受けること」と定義づけている。

② マタハラ Net の類型と定義
　マタハラの類型　マタハラ当事者団体であるマタハラ Net（前掲）では、マタハラのタイプを四つに分類している（【図表1－19】）。
　マタハラ Net による定義付け　厚労省は、事業主を主体（名宛人）とする男女雇用機会均等法9条3項、育児・介護休業法10条の範囲を超えない定義づけをするにとどまり、同僚らによるマタハラが対象とならない。一方、連合は前段で男女雇用機会均等法9条3項の一部を記載するにとどめる一方、後段の内容は漠としたものとなっている。
　そこで、マタハラ Net の白書では、次の二つのタイプの定義づけをしている（「2015年マタハラ白書抜粋版」2015年3月30日付け）。

図表1-19　4つのマタハラ類型

昭和の価値観押し付け型 （粘土層管理職）	いじめ型
「子どものことを第一に考えないとダメだろう」 「君の体を心配して言ってるんだ」 「旦那さんの収入があるからいいじゃない」 **性別役割分業** 世代による考えの違いを理解できない	「迷惑なんだけど」 「休めていいよね」 「妊婦様って何様？」 「自己中」 「やる気あるの？」 「ズルしてる」 妊娠や出産で休んだ分の業務をカバーさせられる同僚の怒りの先が会社ではなく労働者に向いてしまう

← 悪意なし　　個人型　　悪意あり →
← 労働の強制　　組織型　　労働の排除 →

パワハラ型	追い出し型
「時短勤務なんて許さない」 「夕方帰る正社員なんていらない」 「（妊婦でも）甘えは許さない」 「特別扱いはしない」 妊娠や育児を理由に休んだり早く帰ったりすることを許さない職場風土	「残業できないとほかの人に迷惑でしょ」 「子どもができたらやめてもらうよ」 「妊婦を雇う余裕はうちの会社にはない」 「産休・育休なんて制度はうちにはない」 一番わかりやすいマタハラ。ほとんどの女性が泣き寝入りする

長時間労働

Copyright©2014 マタハラNet―マタニティハラスメント対策ネットワーク― All Rights Reserved

A　「事業主型マタハラ」……「職場における女性に対する、妊娠・出産等を理由とする解雇・雇止め等の不利益取扱い」）
B　「同僚ら型マタハラ」……「職場における女性の妊娠・出産等にあたり、精神的・身体的苦痛を与えること又は職場環境を害する言動」

定義設定に当たっては、復帰後の育児をめぐるハラスメント、男性に対する育休取得妨害といったパタニティハラスメント、不妊治療をめぐるハラスメントなど、周辺部分の扱いをどうするか、という問題がある。しかし、「マタニティ」という言葉による逃れ難い縛りから、現状このように定義づけられている。これらはいずれも、「人間らしく安心して働き続ける環境の整備」という一本のテーマで改善されるべきものであり、併せて取り組むべき重要課題であることはいうまでもない。

v）　マタハラ関連の法律の定め
　① 不利益取扱い禁止の定め——男女雇用機会均等法9条が核
　妊娠、出産をめぐる法は、労働基準法、男女雇用機会均等法、男女雇用機会均等法施行規則、告示（平成18.10.11厚労告614号。この項において以下、「指針」）など、あちこちに分散し、大変わかりづらいものとなっている（2016年改正法に関しては後述）。主なものとして、労働基準法64条の3、65条〜67条、男女雇用機会均等法9条3項が挙げられるが、マタハラに関し核となる規定は、男女雇用機会均等法9条3項である。そこで、2006年男女雇用機会均等法改正経緯含め、以上の関係を図に明示したものが【図表1−20】である。
　【図表1−20】のとおり、妊娠出産をめぐり、法は妊産婦に特別に様々な権利を保障し、その権利行使を理由とする不利益取扱いを網羅的に禁止している。
　一覧表の、左列の「事由」「①〜⑫」が妊産婦に認められている権利等であり、そうした権利行使を理由とする、「右列の『不利益取扱い』」「イ〜ル」が禁止対象となる、という構造である。なお、育休等の申出・取得等を理由とする不利益取扱いは、育児・介護休業法10条等にて、男女雇用機会均等法9条3項と同様の構造で禁止されている。
　◆左列①〜⑫（妊産婦に認められている権利等）
　妊産婦には、権利として、産前産後休業、育児時間の請求・取得（③、⑪）が認められている。
　事業主は、妊産婦の保健指導や健診受診に必要な時間確保のため、勤務時間変更や軽減等の措置を採るよう義務付けられており、妊娠出産に伴う身体的トラブルが生じ医師等から指導を受けた妊産婦については、かかる指導に

図1−20 妊娠・出産等を理由とする不利益取扱いの禁止

旧法（均等法8条3項）

①妊娠
②出産
③産前産後休業取得（労基法65条1、2項）

を理由とする　　イ　解雇　　の禁止

↓ 追加

新法（均等法9条3項）

④産前休業請求（労基法65条1項）

※「その他厚生労働省令で定めるもの」（均等則2条の2、指針4の3）

⑤母性健康管理措置（母子健康法による保険指導・健診の受診等のための勤務時間の変更、軽減等）請求、取得（均等法12、13条）
⑥妊産婦の坑内労働の就業制限請求、取得（労基法64条の2）
⑦妊産婦の危険有害業務の就業制限請求、取得（労基法64条の3）
⑧妊娠中の簡易業務転換請求、取得（労基法65条3項）
⑨変形労働時間制が採用される妊産婦の法定外労働時間に関する制限請求、しなかったこと（労基法66条1〜3項）
⑩妊産婦の時間外・休日・深夜労働の制限請求、しなかったこと（労基法66条1〜3項）
⑪育児時間請求、取得（労基法67条）
⑫妊娠、出産に起因する症状による労務提供不可・労働能率の低下

新法（指針第4・3（2））
※「その他不利益取扱い」

ロ　契約更新拒絶
ハ　更新回数の引下げ
ニ　退職強要または労働契約内容の変更の強要
ホ　降格
ヘ　就業環境を害すること
ト　不利益な自宅待機命令
チ　減給、賞与等の不利益な算定
リ　昇進・昇格の人事考課における不利益な評価
ヌ　不利益な配置変更
ル　派遣先による当該派遣労働者に係る役務提供拒否

を理由とする　　の禁止

出典：「妊娠・出産等と理由とする不利益取扱いの禁止」一覧（弁護士　圷 由美子作成）

もとづき、通勤緩和、妊娠中の休憩、症状等に対応する措置（作業軽減、時短、休業など）を採らねばならない（⑤）。

妊産婦は、特定業務（坑内業務、一定の危険有害業務）につき就労制限がある（⑥、⑦）ほか、その他の業務でも、簡易な業務への転換を請求でき、事業主はそれを拒めない（⑥）。

時間外、休日深夜労働をさせないでほしいなどと請求でき（⑨、⑩）、事業主はこれを拒否できない。

⑫は権利ではないものの、これを理由とする不利益取扱いを禁ずることにより、妊産婦の労働条件を守るものといえる。なぜなら、つわり等妊娠・出産に起因する症状は妊産婦自身がコントロールできるものでなく、同人の責に帰すことはできないからである。

◆右列「不利益取扱い」は例示列挙

上記「不利益取扱い」は、同法9条3項の「解雇その他の不利益取扱い」の例示とされ、「ここに掲げられていない行為についても個別具体的な事情を勘案すれば不利益取扱いに該当するケースもあり得る」とされる。例として、「長時間の昇給停止や昇進停止」、「有期雇用者の更新後の労働時間の期間短縮」等が該当すると考えられるとされている（通達）。

◆有期労働者も派遣労働者も対象

そもそも、労働基準法はもとより男女雇用機会均等法も全労働者を対象としており、有期契約労働者も派遣労働者も対象となることを忘れてはならない。右列の「ル」で「派遣労働者として就業する者について、派遣先が当該派遣労働者に係る派遣の役務の提供を拒むこと」が禁止される不利益取扱いに含まれる点も注意を要する。

② 解雇に関する保護規定

◆労働基準法19条との重畳適用

「産前産後休業期間及びその後30日間」の解雇については、男女雇用機会均等法9条3項のほか、労働基準法19条でも禁止とされ、この重なり合う部分については両規定が適用される（通達）。したがって、男女雇用機会均等法に関する実効確保規定に加え、労働基準法上のそれ（たとえば、労働基準法19条違反を「6か月以下の懲役又は30万円以下の罰金に処する」とする119

条など）が適用されることになる。

◆男女雇用機会均等法9条4項

さらに同条項は、「妊娠から出産後1年を経過しない」期間に行なった解雇について、「理由とする」（因果関係）部分の立証責任を事業主側に課すとしている。

従前の裁判例をみても、労働者側の権利救済に当たり最後に高く立ちはだかっていたのは、裁判所による「因果関係立証」の壁であった。同条項は、上記期間の解雇につき、その壁を取り払うことを明言したものといえるところ、これ以外の同条3項の「不利益取扱い」について、裁判所が労働者側に「因果関係立証」の高い壁を課し続けるのか、その問いに画期的な答えを出したのが、広島事件最高裁判決であるといえる。

vi） 広島事件最高裁判決・通達とその意義
① 同判決の意義と今後の実務への影響

広島事件とは、10年の勤続を経て副主任の職位に就いた理学療法士の女性が、第二子妊娠中の、労働基準法65条3項にもとづく簡易な業務への転換に際して、副主任を免ぜられ（「本件措置1」）、育休後も同職位に任じられなかった（「本件措置2」）ことから、本件措置1、2は妊娠等を理由とする不利益取扱いの禁止（男女雇用機会均等法9条3項、育児・介護休業法10条）などに違反する無効なものであるなどとして、副主任手当、慰謝料等の支払を求めたものである。

地裁、高裁はいずれも「不利益取扱い」には当たらないとして女性の請求を棄却したところ、最高裁は、妊娠中の軽易業務への転換を「契機として」降格させる事業主の措置は、原則、同条項の禁止する不利益取扱いに当たり無効と断ずる判断および具体的な判断基準を示し、審理を広島高裁に差し戻した。男女雇用機会均等法9条3項を、男女雇用機会均等法1条で定める「目的及び基本的理念を実現するためにこれに反する事業主による措置を禁止する強行法規」と捉え、その効果を端的に違法無効とした点が重要なポイントである。

同判決は、労働者が、自らに不利益取扱いがなされ、それが、妊娠・出産

を「契機」とすることさえ立証すればよく、逆に、その取扱いが妊娠・出産を理由としない「特段の事情」に当たるとの立証責任を使用者側に負わせるものであり、実質、裁判所として、「理由とする」（因果関係）部分の立証責任の転換を図ることを宣言したものである。

同判決が、男女雇用機会均等法9条3項の趣旨から遡って、かかる判断を導き出していることからすれば、同基準は、「降格」のみならず、前掲一覧表記載の「不利益取扱い」にも広くあてはまるものといってよい。これにより、使用者側は、前掲一覧表の不利益取扱いをしようとする際には、同判決が示した、「特段の事情」等があるか否か、そして、その点の立証ができるかどうかを含め、慎重な検討が欠かせなくなったといえる。

また、同伴決については、桜井龍子裁判長による補足意見において、職場復帰後の不利益取扱い判断等についても、示唆に富む重要な言及が複数なされている。

② 「改正通達」

2015年1月23日、上記判決を受け、厚労省は全国の労働局に対し、改正通達を出した。同通達は、これまでの法解釈を見直し、妊娠出産から近い時期に解雇・降格等の不利益取扱いがなされた場合は原則として違法とみなすよう現場に求めるものである（同通達の解釈の詳細については「妊娠・出産・育児休業等を契機とする不利益取扱いに係るQ＆A」も参照されたい）。もっとも、上記最高裁判決が男女雇用機会均等法9条3項を「強行法規」としたにもかかわらず、厚労省自身が解説パンフ（「妊娠・出産等を理由とする不利益取扱いに関する解釈通達について」）にて「例外」と表現した点などについては批判等も寄せられている。

最高裁判決と異なり、「特段の事情」とされた二つの順番を逆にした点は置いておくとしても（「退職強要」などにつき「同意」取りのマタハラも横行するなか、厚労省関係者によれば、安易な「同意」取りに走らぬよう、その順番をあえて後にしたとのことである）、同通達は、上記最高裁判決の述べた男女雇用機会均等法9条3項の趣旨を受け、判決独特の言い回しを市民にわかりやすいよう噛み砕いた表現で工夫しながら、それを忠実に反映しようとしたものといえる。よって、「男女雇用機会均等法の趣旨・目的に実質的に反し

ないと認められる特段の事情が存在するとき」に当たることを事業主側が示せなければ、「契機とする」ものはすべて違法無効と扱われることになろう。

同通達は、各労働局長に対し、今後、積極的に事業主に対し助言、指導、勧告を実施するよう求めており、これが今後の「是正指導件数」に具体的にどのように反映されるかが注目される。

vii) その後の厚労省の対応と課題
① 厚労省による広報
2015年6月、厚労省は、男女平等月間に合わせ、「STOP！マタハラ」キャンペーンと称し、「そのマタハラ違法です」「すべての女性が、妊娠・出産後も働き続けられる職場環境を」などと明記した異例の新聞・車内広告などを行なった。

② 均等室の組織改編
国による広報も重要であるが、欠かせないのは、現場への行政指導権限を有する均等室の実効化である。

前述のとおり、均等室には、9条関連の労働者相談が2251件寄せられる中、是正指導件数は30件（同相談件数の1.3％）にとどまり、十分機能していない様子が容易にうかがわれる（残念なことに、「伝書バトのような」（読売新聞2014年10月31日付）と揶揄する声もあった）。

そうした実態の主なゆえんは、人員不足、研修不足にあったといえる。人員は、基本、各室正職員4名体制（＋プラスアルファ）であり、統一的研修も室長どまり、非正規職員も含む末端の担当者レベルへ行き届いているとはとても言い難い状況であった。

この点、2016年4月1日には、均等室を含む都道府県労働局の組織改編がなされるに至った。労働基準部、職業安定部、企画室の業務の一部を取り込み、ワンパッケージ化された「雇用環境・均等部（室）」による新体制のスタートである。

③ 求められる実効化
2015年9月4日には、男女雇用機会均等法9条3項を違反事項とする初の企業名公表がなされたが、これは同時に、2009年制度創設以来、公表実績が

1件もなかったことを示すものである。

　さらなる組織改編により、今後もこうした厳正な対応が続くのか、厳しく見守っていかねばならない。

viii）2016年改正法成立と課題

　前述のとおり、2016年3月29日、「雇用保険法等の一部を改正する法律案」可決により、男女雇用機会均等法・育児介護休業法・労働者派遣法などの同時改正がなされた。

　マタハラ問題と関連性の高いものを二つ挙げるとすれば、以下の点である。この二点に関する改正法施行日は2017年1月1日である。

①　「妊娠・出産・育児休業等に関するハラスメントの防止措置」創設

　今回の男女雇用機会均等法・育児介護休業法改正により、妊娠・出産・育児休業の取得等のみならず、介護休業の取得等も含め、それらを理由とする、上司・同僚などによる就業環境を害する行為を防止するため、事業主に対し、雇用管理上の必要な措置を義務づけるに至った（男女雇用機会均等法11条の2、育児介護休業法25条）。

　また、今回の労働者派遣法改正により、同措置は、派遣先にも義務づけられることとなった。これまで、男女雇用機会均等法と異なり、育児介護休業法関連については、不利益取扱い禁止を派遣先に義務づける規定がなかったものの、今回その点の義務づけも併せてなされることとなった（労働者派遣法47条の3（育介法適用に関する特例））。

②　有期契約労働者の育児休業取得要件の緩和

　以下のとおり、取得要件が緩和された（介護休業取得要件も同様に緩和）。

【旧法】
　　 ⅰ）当該事業主に引き続き雇用された期間が1年以上であること、
　　 ⅱ）1歳以降も雇用継続の見込みがあること、
　　 ⅲ）2歳までの間に更新されないことが明らかである者を除く

【新法】
　　 ⅰ）当該事業主に引き続き雇用された期間が1年以上であること（従前と

同様）

ⅱ）　子が1歳6か月に達する日までに、その労働契約（労働契約が更新される場合にあっては、更新後のもの）が満了することが明らかである者を除く

「どうせ、有期契約労働者は、産休を取れてもそれに続く育休は取れない。だったら、妊娠を機に辞めてもらう。」こうした事業主側の認識が、有期契約労働者へのマタハラを助長していたことは間違いない。

取得期間は原則1歳まで、6か月延長取得できるのは、保育所における保育実施を希望し申し込みを行ったものの入所できなかった場合などに限られており、新法ⅱ）が、「1歳6か月」とした点につき、同日まで延ばす説得的根拠はない。

しかし、旧法のⅱ）が取れた分、上記のごとき助長要素が除去されたこと自体は評価すべきといえる。

③　省令、指針改正

労働政策審議会雇用均等分科会（田島優子会長）では、上記施行日に向け、今まさに、上記改正をふまえた男女雇用機会均等法・育児介護休業法の省令、指針案が策定されようとしている。

セクハラについて、現在、具体的な法ルールを規定するのは指針である。マタハラ撲滅のためには、「マタハラ指針」が、職場および監督現場にとって、マタハラ認定をより容易かつ迅速に行いうるものとならねばならない。

④　課題

真のマタハラ撲滅のためには、マタハラに関する網羅的な定義規定に加え、マタハラは性差別、人権侵害に当たり許されないこと、「基本的理念」として、主な要因とされる上記二つの意識の転換とそのための施策こそ急務であること、とりわけ、当該女性のみならずそのパートナー、同僚を含めた長時間労働そのものに対する施策の必要性・重要性を真正面からうたわねばならない。また、使用者の措置義務違反そのものに対する罰則等の規定も必須といえよう。

この点、2016年臨時国会では、労働基準法改正という形で労働時間規制そ

のものの「緩和」がされようとしているが、女性活躍推進との関係で「完全なる矛盾・逆行」という見方も根強い。

ix）まとめ

　マタハラに対する世論の関心の高まりを受け、声を挙げる者は確実に増えてきたという実感はある。

　しかし、とりわけマタハラ被害者特有の身体的時間的制約はいかんともしがたく、今後も司法制度を利用できるのはごく一握りに限られよう。また、同制度をもってしても、マタハラを受ける前とまったく同様の被害回復はたやすくない。

　よって、マタハラ問題の場合、とりわけ「未然防止こそが肝要」である。

　また、政府のいうように、マタハラ根絶は経済合理性にもかなうところである。

　とはいえ、マタハラ根絶は単なるハラスメント対策では足りない。意識・風土、長時間労働といった職場全体の働き方改革を行なうことが必須のプロセスとなる。

　マタハラ問題が投げかけた日本の職場に対する根本的問題提起を受け、政労使挙げた、ますますの実効的かつ抜本的な対策が求められるといえよう。

第2章
労働現場での女性差別はなぜなくならないのか

1 女性労働をめぐる政策の変遷

(1) 憲法の労働に関する規定

1) 憲法で勤労権等を規定

　憲法25条は「健康で文化的な最低限度の生活を営む権利」を規定するとともに、27条において勤労の権利・義務を定め、賃金・労働時間等の労働条件については法律で定めること、28条では「勤労者の団結権、団体交渉権、その他の団体行動権」を定めている。これを受けて、1947年4月7日に労働基準法が制定・公布され、同年9月1日に施行された。

　労働基準法は、1条1項で、「労働条件は、労働者が人たるに値する生活を営むための必要を充たすべきものでなければならない。」と定め、2項で、「この法律で定める労働条件の基準は最低のものであるから、労働関係の当事者は、この基準を理由として労働条件を低下させてはならないことはもとより、その向上を図るように努めなければならない」と規定した。労働基準法は最低の労働条件を定めた法律であり、その違反に対して刑罰を定め、その実効性を確保している。「人たるに値する生活」を充たす水準については、行政解釈は「標準家族」の生活を含めて考えるものとしており（昭和22.9.13発基17号）、「標準家族」とは、「その時の社会の一般通念」によって理解されるべきものとされている（昭和22.11.27基発401号）。家族のいる労働者を想定した労働基準が「人たるに値する生活」の水準であることを確認している。

2) 労働基準法の女性の労働基準に関する規定

　労働基準法では、女性労働について様々な規定があった。主な規定は以下のとおりである。

ⅰ） 男女同一賃金の原則

　労働基準法4条は、「使用者は、労働者が女性であることを理由として、賃金について、男性と差別的取扱をしてはならない」と定める。とくに、女性

が差別的低賃金を押しつけられてきた歴史的経過からして、労働基準法4条は、憲法14条の「法の下の平等」を賃金について具体化し、女性労働者の生存権を保障しようとするものである。女性であるがゆえの差別には、行政解釈では、「当該事業場において、女子労働者が一般的、又は平均的に能率が悪いこと、知能が低いこと、勤続年数が短いこと、扶養家族が少ないこと等の理由によって」女性労働者の賃金について差別的取扱いをすることは、違法である（昭和22.9.13基発17号）。また、労働基準法3条の均等待遇の原則には、「性別」が含まれていないが、憲法の定める法の下の平等原則の趣旨からして、賃金以外の労働条件についても、女性であることを理由とする差別は許されない。

ⅱ）母性保護と一般女性保護

戦後の労働基準法は、女性を生理的にも体力的にも弱い面のある労働者として捉え、時間外労働の制限、休日・深夜労働の禁止（これらを、以下、「一般女性保護規定」）、危険有害業務の制限、産前産後休暇、育児時間、生理休暇等の、広範な保護を規定していた。これらの保護は、妊娠・出産という母性機能を有することからくる母性保護規定と、その他の一般女性保護規定に大別される。

労働基準法は、当初1日8時間・1週48時間の法定労働時間の原則を定め、それを超える労働については、三六協定の締結と労働基準監督署への届出を義務付けて、例外的に許す規定であった。ただし、その場合でも、女性労働者については、1日2時間、1週6時間、1年150時間を超えて時間外労働は許されず、また休日（1週に1日）および深夜（原則午後10時から翌朝午前5時）労働も禁止されていた。法定労働時間は、その後1日8時間・1週48時間制から1日8時間・1週40時間制に10年をかけて移行し、1997年4月1日から完全実施になった。

上記の一般女性保護規定については、後述する女性差別撤廃条約の批准およびそのための国内法の整備に当たり、その廃止をめぐって労使で論争になった。

(2) 高度経済成長を支えた女性労働者

1) 女性労働者の増大

　日本は、1960年代の経済の高度成長期に入り、目を見張る経済成長を遂げ、1968年には、国民総生産（GNP）が、アメリカに次ぐ世界第2位の「経済大国」となり、女性労働者の数も飛躍的に増大した。女性労働者は不足する若年労働力の補完として歓迎され、また女性労働者自身も雇用継続の意欲や経済的な自立を図りたいという要求も高まり、結婚・出産しても働き続ける女性たちが増えていった。1960年には女性労働者は738万人であったところ、1985年には1548万人、全労働者の35.9％を占め、就業分野も拡がりをみせた。既婚者の数も1972年には未婚者の数を上回るようになった。

　しかし、こうした女性に対し、企業や経済界はあくまでも女性労働者を不足する男性若年労働力の補完として捉え、結婚適齢期までの労働力としか考えていなかった。あくまでも、家庭の主たる稼ぎ手は男・夫であり、妻は主婦として家庭を支え、主たる稼ぎ手である夫に扶養されるという家庭が、「標準モデル世帯」とされていった。結婚、妊娠、出産しても働き続ける女性もいたが、男性に適用していた年功賃金・終身雇用の日本型雇用慣行からは無縁の存在とされる女性が多かった。女性はあくまでも低賃金で、補助的な仕事に固定化しようというのが、女性の労働力政策であった。そのためには、制度として若年定年制や結婚・出産退職制を就業規則に、ときには労働協約で定める企業もあった。

2) 男女差別の是正を求める裁判と「男女平等法」の制定を求める運動

　職場に労働組合があっても、女性組合員の要求を積極的に取り上げる組合は少なく、女性は働き続けるために、労基署に申告したり、裁判に訴える等の方法をとらざるをえなかった。仕事も、家事も、裁判もという負担は、女性にとっては過酷であった。それでも、一つひとつの事件での司法判断が、女性に対する差別の違法性を明らかにし、女性が働き続ける道を拓いていった。

　他方で、結婚しても、妊娠・出産しても働き続ける女性は、「ポストの数ほど保育所を」と、働くための社会的な条件の整備を求めて運動も行なうように

なっていった。

　憲法14条は、法の下の平等を定めているが、雇用の分野では、女性労働者に対する差別については、公務員を除いては（国家公務員については国家公務員法27条、地方公務員について地方公務員法13条）、労働基準法4条の男女同一賃金の原則以外に規定はなく、差別からの救済を求めようとしても、その根拠となる法律が整備されていなかった。労働基準法3条は「均等待遇の原則」を定めているが、「性別」の文言を欠いていた。そのため、例えば、女性だけを対象とした30歳定年制や結婚退職制で辞めざるをえない場合に、そのような退職における女性差別を直接禁止する法律はなかった。しかし、憲法は法の下の平等（14条）、婚姻の自由（24条）、勤労の権利（27条）を、男女ともに規定している。女性だけが、若年定年や結婚退職を強いられることは許されるはずがない。そのような怒りや思いを受けとめた弁護士と共に、女性労働者は、民法90条の公序良俗違反を理由として、女性に対する差別的取扱いを無効とする法理論を構築し、司法判断を求めていった。

　結婚退職制について争った住友セメント事件の東京地裁判決（昭和41.12.20労民集17巻6号1407頁）は、結婚退職制は性別を理由とする差別であり、かつ憲法が保障する結婚の自由を制限するものであり、民法90条の公序良俗に違反し無効であると、明確に判示した。

　この判決をリーディングケースとして、結婚退職制、若年退職制、若年定年制、差別定年制など、雇用の終了段階において女性が差別され、「働き続ける権利」を侵害されることの無効を認める労働者側勝利の判決が続いた。1981年には、男女で定年に5歳差を設ける差別定年制の効力が争われた日産自動車差別定年制事件で、それを無効とする最高裁判決が出され（最三小判昭和56.3.24判例時報998号3頁）、「労働条件において合理的な理由なく女性であることを理由に差別的に取扱うことは民法第90条の公序に反し無効である」、という判例法理が確立した。

　このような司法判断が先行して、男女平等法の制定を求める機運が高揚していったのである。

(3) 女性差別撤廃条約の批准および男女雇用機会均等法の制定と改正

1) 女性差別撤廃条約の採択

　国際的にも、あらゆる分野で女性に対する差別を根絶し、男女の平等を求める運動が展開されるようになった。1975年には、メキシコで第1回の世界女性会議が開かれ、76年から85年を「国連女性の10年」と定め、「平等・開発・平和」をテーマに、「世界行動計画」を採択した。1979年には、国連第34回総会で女性差別撤廃条約が採択された。

　この条約は、あらゆる分野での女性差別を禁止するものであり、男女平等は基本的人権であること、女性の出産における役割が差別の根拠となるべきではないこと、育児は男女および社会の責任であること、完全な男女平等を達成するためには男女の固定的役割分担の変更が不可欠であること等を謳い（前文）、締約国に女性に対するあらゆる形態の差別をなくすことを求めている（前文）。

2) 条約の基本的な考え方・理念

　条約は、それまでの女性の役割と労働に関する考え方を根本的に変革するものであった。それ以前は、国際的にも、家事・育児の責任はあくまでも女性が担うものとして、そのような責任がある女性をいかに保護し、労働できるようにするかという考え方が主流であった。女性差別撤廃条約は、性別役割分担を前提とする「平等論」を、条約は明確に否定している。女性に対しては、母性を保護し、家族的責任に対する保護は男女共通の保護として、男女平等を実現するというのが、条約の基本原則である。雇用については、11条に「全ての人間の奪い得ない権利としての労働の権利」を女性に保障すること、そのために締約国は、同一価値労働同一賃金を受ける権利をはじめ、諸権利を労働者に確保されるようにしなければならないことを定めている。条約では、労働の権利を基本的人権として確保すべきとしているのであり、そのためには立法措置など実効性を確保する措置が求められている（2条）。労働によって健康が損なわれないようにすることについては、条約11条1項に定め、3項では保護法令は必要に応じて適用を拡大することを定めている。

3) 条約の批准と「男女平等法」の制定を求める国民の声

　女性差別撤廃条約の批准に向けて日本での男女平等法を求める機運は高まった。各労働団体が雇用平等法の制定を求める運動方針を決め、積極的に運動を展開し、また各種の女性グループが「私たちの法案づくり」を行ない、それをもって国会に陳情するなど、活発な立法運動が展開された。日弁連も、1980年11月に男女雇用平等法要綱試案を発表して、提言した。

　他方、これに対する使用者側の抵抗も大きかった。とくに女子保護規定に関し、使用者側は、「平等をいうのであれば、女子保護規定を廃止し、女性も男性と同じ働き方を」と男性に合わせることを強調し、「保護か平等か」と選択を迫った。

4) 「小さく産んで大きく育てよう」といわれた男女雇用機会均等法の成立

　1985年には、ナイロビで第3回の世界女性会議が開催されることになっていた。日本は、この年に女性差別撤廃条約批准のための国内法整備の一環として、勤労婦人福祉法の改正という形式で、男女雇用機会均等法（制定時の正式名称「雇用の分野における男女の均等な機会及び待遇の確保等女子労働者の福祉の増進に関する法律」）を制定した。労使の激しい意見対立のもとで、とにかく法律を制定するという妥協のもとに成立した男女雇用機会均等法は、女性たちが求めていた男女平等法からみると、福祉法の性格が強く、人権保障規定として不十分であること、雇用における性差別を生み出す募集・採用、配置・昇進に対する差別規制が努力義務にとどまっていることなど、本来の「男女平等法」には及ばず、不十分なものであった。しかし、ともかく、不十分とはいっても雇用の分野で女性差別を禁止する法律が制定されたことは、画期的なことであり、「小さく産んで大きく育てよう」という声もあり、男女雇用機会均等法時代がはじまった。

5) 男女雇用機会均等法の改正

　1997年（1999年施行）に男女雇用機会均等法は改正された。85年制定法では努力義務にすぎなかった募集・採用、配置・昇進段階の差別が禁止規定に改正され、ようやく雇用の入口から出口まで、女性差別を禁止する規定と

なった。同時に、女性に対する労働基準法上の時間外・休日労働の制限や深夜業原則禁止の一般女性保護規定が廃止された。前述のとおり、男女雇用機会均等法制定の段階から、保護と平等をめぐっては、労使の意見がわかれていた。労働者側は健康で仕事と家庭の両立を図ることは男女共通の要求なのだから、「保護と平等」は両立するとして、労働時間や深夜労働の男女共通規制を要求し、その実現までは女性に対する保護規定を廃止すべきではないとして全国的な運動が展開された。女性団体、法律家団体などからも、男女ともに規制を強める意見等が出された。しかし、改定された労働基準法は、男性の基準に女性をあわせ、女性の保護規定を廃止するという、規制緩和の方向であった。さらに、男女雇用機会均等法は2006年（2007年施行）に、現行法に改正され、そのときに採択された附帯決議にもとづき、2013年には「見直し」作業が行なわれたが、省令・指針の改正のみで、男女雇用機会均等法自体の改正には至らなかった。

6）現行の男女雇用機会均等法の内容

現行男女雇用機会均等法（現在の正式名称「雇用の分野における男女の均等な機会及び待遇の確保等に関する法律」）の主な内容は、次のとおりである。男女雇用機会均等法に違反した場合に、どのように差別の是正措置を採るかについての規定を欠くなど、現行男女雇用機会均等法は、女性差別撤廃条約の規定からするならば未だ不十分なものであり、国連の女性差別撤廃委員会からも数次にわたり、勧告等が出されているが、それについては後述する。

① **女性差別の禁止から男女双方に対する差別の禁止へ**

片面的な立法から両面的立法へ変更となり、男女双方を対象とする。

② **性別による差別禁止の範囲の拡大（禁止される差別項目の追加・明確化）**

従来、募集・採用、配置・昇進・教育訓練、福利厚生、定年・解雇を規制していたが、これを拡充して、「降格、職種変更、正社員からパートへなどの雇用形態の変更、退職勧奨、雇止め（労働契約を更新しないこと）」についても差別を禁止している（6条）。

③ **間接差別の禁止**

労働者の性別以外の事由を要件とするもののうち、業務遂行にとくに必要

であるなど合理的な理由がない場合に、実質的に性別を理由とする差別となるおそれがある措置として厚労省令に定める三つの措置を採ることが「間接差別」として禁止されている（7条、施行規則2条）。

省令により限定列挙された、非常に限られた範囲での間接差別の禁止であり、間接差別全般を禁止するものではない。

④ **妊娠・出産等を理由とする解雇その他の不利益取扱いの禁止（9条3項）**

妊娠・出産にかかわる保護規定については、拡充されてきた。

⑤ **妊娠中や産後1年以内の解雇の無効（9条4項）**

この期間内の解雇は、原則無効であり、他の正当な理由による解雇であることを事業主が立証しない限り解雇は無効とされる。立証責任が、事業主に転換されている。

⑥ **母性健康管理措置（12条、13条）**

⑦ **セクシュアル・ハラスメント対策の措置義務（11条）**

⑧ **ポジティブアクション（8条、14条）**

事業主の自主性に任せられ、事業主が取り組もうとするときに、国が一定の援助をするにとどまる。

⑨ **実効性の確保措置（15条、17条、18条等）**

苦情の自主的な解決、都道府県労働局長の紛争解決の援助（必要な助言、指導または勧告）、紛争調整委員会による調停制度。

(4) 男女雇用機会均等法制定後の職場での女性の働かせ方

不十分とはいえ、男女雇用機会均等法制定の意義は大きかった。少なくとも、女性であるからという理由でストレートに女性を差別することは、許されなくなった。男女別の求人広告や、性別を示す用語も廃止された（たとえば、「看護婦」は「看護師」へ、「保母」は「保育士」へ）。事業主は、就業規則や内規を男女雇用機会均等法に適合するように見直しを迫られた。

こうした時期に、大企業を中心に導入されたのが、コース別人事管理制度であり、労働者派遣の解禁であった。

ⅰ) コース別人事管理制度

　男女雇用機会均等法制定前後から、大企業を中心に導入されたのが「コース別人事管理制度」といわれる人事制度である。典型的なのは、職務と転勤の有無で区分し、賃金・処遇の異なる複線型の人事制度である。いわゆる「総合職」は、基幹的な業務に従事し、全国転勤があり、昇進も原則上限がなく、賃金も高い。「一般職」は、定型的・補助的業務に従事し、転勤も転居を伴わず、昇進も一定の地位までで、賃金水準も低い。企業によっては、総合職と一般職との間に、「中間職」をおく例もある。ところで、男女雇用機会均等法施行前は、「男女別」の雇用管理を行なっている企業・団体が多かった（たとえば、男女別の定年制とか男女別賃金）。男女雇用機会均等法以前に採用された男女間には、明らかな賃金・処遇格差があり、男女雇用機会均等法が施行されても格差は解消されなかった。しかし、一律の男女別処遇は男女雇用機会均等法違反である。そこで、導入されたのがコース別人事管理制度であり、男女いずれも一人ひとりがコースを選択でき、「意欲と能力のある女性が差別されずに活躍できる制度」であると宣伝された。賃金や処遇が異なるのは、性別によるのではなく、本人の選択による仕事の違いや雇用管理の違いによるものであると、使用者側は説明するようになった。しかし、実情は、導入に当たり、はじめから、「男性は総合職、女性は一般職」と振りわけ、あるいは他のコースに転換するハードルを高くして（とくに「一般職」から「総合職」への転換について）、コースに固定するものもあった。結果的には、事実上男女別雇用管理制度として機能し、「男女差別の温床」と言われる職場も少なくなかった。このような事態を重視して、労働省（現厚労省）は、2006年6月に「コース等で区分した雇用管理についての留意事項」という通達を出し、さらに、2014年に改めて「コース等で区分した雇用管理を行うに当たって事業主が留意すべき事項に関する指針」（平成25.12.24厚労告384号）を定め、「留意事項」にそって企業の指導も行なわれている。しかし、後に詳述するように、管理職コースであるいわゆる「総合職」については、採用数でも明らかに男女差がある。また、総合職として採用された女性が長く勤務せずに離職する割合は高く、総合職として働き続ける女性の数は、それほど多くはない。コース別人事制度を採っている企業では、女性は、賃金も低く、昇進も

下位ポストまでにとどまる一般職に、圧倒的に多い。

ⅱ）労働者派遣法の制定

　男女雇用機会均等法の制定と同じ年、労働者派遣法が成立した。派遣労働は、派遣元に雇用された労働者が派遣先の指揮命令のもとに働く雇用形態である。雇用主と使用者が異なることから、労働者の雇用や権利の保護に欠けるとして、職業安定法44条で禁止されてきた。しかし、実態としては、既に労働者の供給が行なわれているとして、労働者側の反対はあったものの、政府は、規制緩和の方向へ踏み出し、労働者派遣法が成立した。当初は、常用代替防止のために、あくまでも臨時的・一時的に専門性の高いとされる13業務に限定して認められた。しかし、その後、1996年には26業務に広げられ、1999年には対象業務を原則自由化する改定が行なわれ、さらに2003年には、製造業にまで拡大された。派遣されているときだけ雇用関係が認められる「登録派遣」や、究極の不安定雇用である「日雇派遣」なども認められ、派遣労働者は、使用者側の「使い勝手のよい」労働者として導入されるようになった。男女雇用機会均等法が制定された同じ年に労働者派遣法が制定されたことは、その後間接雇用を拡大し、女性労働者の非正規化を進める基盤を使用側に与える結果になった。

ⅲ）「一般女性保護規定」の廃止と進まぬ長時間労働の男女共通規制

　1997年の男女雇用機会均等法の改正（1999年施行）に伴う労働基準法の改正により、女性の時間外・休日労働の制限と深夜業の禁止規定が廃止された。現行法では、女性に対する保護は、女性の妊娠・出産に関する母性保護が中心で、女性一般に対する保護は、女性特有の身体・生理機能を理由とする保護（生理休暇、危険有害業務）等に限定されている。

　他方、男女ともに長時間労働を規制する共通規制は、結局男性の基準に女性を合わせることになった結果進んでいない。労働時間については、労働基準法の改正により、1997年には、1日8時間・1週40時間制に完全に移行した。しかし、三六協定を締結し労働基準監督署に届出れば時間外労働は可能である。時間外労働については、厚生労働大臣が限度基準を定めているが（労

働基準法36条2項)、限度基準それ自体の時間数が長い(【図表2-1】)。また、「特別条項付き協定」(特別の事情が生じたときは、限度時間を超えて労働時間を延長することができることを定める協定のこと)が認められているので、青天井である。上限規制としてはきわめて緩やかである。そのう

図2-1　時間外労働限度基準

一定期間	限度時間
1週間	15時間
2週間	27時間
4週間	43時間
1か月	45時間
2か月	81時間
3か月	120時間
1年	360時間

え、度重なる労働基準法の改正で、変形労働時間制や裁量労働時間制なとの弾力的労働時間制度の導入により、長時間・不規則労働の問題が発生している。一般労働者の労働時間は、厚労省の「毎月勤労統計調査」によると、2016年には年間1724時間まで減少しているが、より実態をあらわしていると思われる総務省の「労働力調査」では2034時間(2015年)であり、この差はいわゆるサービス残業と推量される。日本は依然として長時間労働の国である。このような労働のありかたは、健康を損ね、家庭や個人の生活と仕事の両立を阻む要因となっている。

(5)　女性非正規労働者の急増

1)　主婦パートの急増——専業主婦から兼業主婦へ

　前述のとおり、1960年代から1970年代の経済の高度成長期に、主婦パートが増えていったが、主婦パートという働き方を定着させたのは、主婦をめぐる税・社会保障制度であった。1981年に導入されたサラリーマンの配偶者控除制度では、妻や子ども等の扶養家族がいれば、夫の収入から一定額が控除される。夫が配偶者控除を受けるために、妻は年収103万円を超えないように、就業調整を行なうようになった。さらに決定的であったのは、1985年に行なわれた年金制度の改革である。政府は、国民年金法を改正し、「妻の年金権の確立」という名目で、保険料を負担しないで基礎年金が受給できる「第3号被保険者」を設定した。この第3号被保険者は、厚生年金や共済年金に加入している第2号被保険者の被扶養者であることが要件で、かつ年収制限(130万円未満)があり、それを超えると、自ら年金保険料を負担しなければな

らないことになる。この制度のもとで、社会保険料の負担で手取り収入が下がるのを防ぐため、年収を抑えて働く、「130万円の壁」ができあがった。

　しかし、この額では経済的に自立した生活はできないから、主婦は家族的責任を担いながら家計補助的に働くという方向に向かうことになった。また、このような働き方は、1970年代後半からの、福祉の多くを自助努力や家族に委ねる「日本型福祉社会政策」にも都合のよいことであり、歓迎された。企業にとっても、主婦パートが「130万円の壁」内で働く限り、社会保険料の負担を免れるので、コストを節減できる。こうして、大量の主婦パートが生み出されていき、2007年には800万人を超えた。ところが、パート女性労働者（「短時間労働者」）の賃金水準は、2014年の1時間当たり平均所定内給与でみても、男性一般労働者を100として、男性パートは55.7、女性パートは50.4となっており、男性正社員の約2分の1程度の低い賃金である（厚労省「賃金構造基本統計調査」）。こうして、家事責任を担いながら働く大量の低賃金女性労働者が生み出されてきた。

2) 総人件費の抑制と非正規労働者の拡大

　1990年代、とりわけ1995年以降は、女性の非正規雇用が激増し、2000年代に入ってからも増加の一途をたどった。その背景には、経済不況のもと、企業・財界が低賃金労働者を使う人事政策を取り、それを支えた政府の労働者派遣法の制定、度重なる改正など、労働法の規制緩和政策がある。

　1995年に日経連（当時）は、21世紀に向けた「新時代の『日本的経営』」という文書を発表した。日本の雇用慣行は、「年功賃金」「終身雇用」「企業別組合」が特徴といわれ、それが労使関係を安定してきたと言われる。しかし、日経連は、年功賃金と終身雇用を廃止し、労働者を三つのグループに分け、第一グループの終身雇用の正規労働者をできるだけ減らし、専門職（第二グループ）でも有期雇用として、一般職（第三グループ）もパートや派遣等にして、安く使い、総人件費を徹底的に抑える企業戦略を打ち出した。これにもとづき、労働力の「流動化」や労働時間の「弾力化」が進み、大企業は低賃金の非正規労働者を大量に導入し、正規労働者と置き換えていった。

　女性労働の非正規化も急速に進んだ。すでに、1960年〜1970年代の高度成

長期以降、働く女性は増えつづけ、共働きも増え、1997年以降は、共働き世帯数が男性雇用者と無業の妻からなる世帯数を上回っている。1985年に1000万人台に入っていた女性労働者は、2014年には2436万人に増加している。しかし、圧倒的に増えているのは、パート・派遣・有期・契約・嘱託社員等の非正規労働者で、この間に470万人から1332万人へと約3倍になり、女性の雇用者数に占める割合にして32.1％から56.7％（男性は21.8％）にまで増加した。他方、女性正規労働者数は約25万人ほどの微増で、1019万人にとどまっている（総務省「労働力調査特別調査」、2014年「労働力調査」）。女性の非正規雇用が増大した原因・背景には、1990年代のバブル経済の崩壊にともない、賃金の切り下げが続くなかで世帯収入が減り、家計の維持のためにも女性の収入が必要になった事情がある。30代後半以降の主婦層がパートの中心であったことから（いわゆる「主婦パート」）、「家計補助のためなのだから低賃金でよい」ということで低賃金が定着し、それが非正規労働のみで経済的な自立を図らなければならない労働者の賃金水準を引き下げる結果になっている。主婦パートだから、あるいは家計補助だから低賃金でよいという合理性は、まったくない。

3）不安定で低賃金の非正規拡大とそれを支えた規制緩和路線

非正規労働者は、臨時、嘱託、パート、アルバイト、派遣、契約社員など名称は様々であるが、法律上は、①期間を基準に、「期間の定めのない労働契約」（無期労働契約）に対する「期間の定めのある労働契約」（有期労働契約）、②労働時間を基準に、「フルタイム労働契約」に対する「パートタイム労働契約」、③雇用関係を基準に、「雇用主と使用者が同じ直接雇用」に対する「雇用主と使用者が異なる間接雇用（＝派遣労働）」、の三つの雇用形態に大別される。

男女共に非正規労働者化は進んでいるが（とくに若者の非正規化が進んでいることは深刻な社会問題である）、その大半は身分が不安定で低賃金等の劣悪な労働条件のもとにある。【図表2－2】のとおり、女性雇用労働者の非正規割合は急増し、近く6割に達しようとしている。非正規労働者が拡大した背景には、以下で述べるとおり、それを支持する、労働法の規制緩和政策がある。

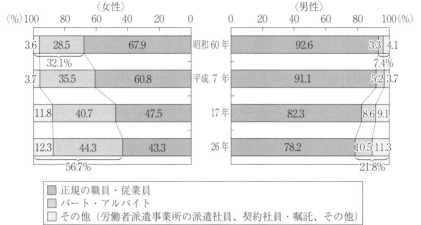

図2-2 雇用者（役員を除く）の雇用形態別構成割合の推移（男女別）

注）1 昭和60年と平成7年は、総務庁「労働力調査特別調査」（各年2月）より、17年以降は総務省「労働調査（詳細集計）」（年平均）より作成。「労働力調査特別調査」と「労働力調査（詳細集計）」とでは、調査方法、調査月等が相違することから、時系列比較には注意を要する。
2 「正規の職員・従業員」と「非正規の職員・従業員（パート・アルバイト及びその他）」の合計値に対する割合。なお、小数点第二位を四捨五入しているため、内訳の計が100％とならないことがある。

出典：内閣府「平成26年版男女共同参画白書」

ⅰ）有期労働契約

　雇用期間の定めがある有期労働契約は、雇用の安定性を欠く。かつては、労働契約は期間の定めがないのが原則であり、期間を定める場合も1年（専門職は3年）に限定されていた。2003年（2004年1月施行）の労働基準法の改正により、3年（専門職は5年）まで延長された。日本の法制度では、有期雇用については期間の上限の規制があるだけで、有期労働契約を締結すること自体について制限はない。ヨーロッパの幾つかの国では常用を原則とするので、有期であることに合理的な理由があるときにのみ有期労働契約が認められている。また、有期契約が更新され一定期間を過ぎると無期契約とみなされる。つまり、有期雇用については、入口と出口で規制されている。

　日本では、2008年4月から施行された労働契約法が2012年8月10日（公布）に一部改正され、不十分ではあるが有期労働契約労働者の雇用の安定と待遇改善を目的に一部改正された。①有期労働契約から有期労働契約への転

換権（18条）、②「雇止め」（＝契約更新の拒否）を許さないルールの法定化（19条）、③不合理な労働条件の相違の禁止（20条）である。有期雇用の入口規制は依然としてなく、また無期転換権も更新されて通算期間が5年という長期間を超えなければ発生しないという点で、不十分ではあるが、これらの規定を活用して雇用の安定を図る取り組みがはじまっている。また、有期契約労働者と無期契約労働者（正社員）の労働条件について、有期労働契約であることを理由に不合理な相違があってはならないという労働契約法20条を活用して、正規労働者との格差是正を求める、有期労働契約者の裁判も提起されており、その結果が注目される。

ⅱ）パートタイム労働

　パート労働者の圧倒的多数は、女性が占める。そして、多くは有期雇用である。なかには、更新を繰り返し、10年を超えるような長期間働いている女性も少なくない。しかし、有期である限り、雇用が打ち切られる不安は常にある。パート労働者だからといって単純あるいは定型的な業務に従事するとは限らず、基幹的な業務に従事するものも少なくない。ところが、その賃金や雇用保障が、働きに見合っていない。不公平感は、働く意欲を削ぐ。賃金も、現行法では最低賃金法による地域別最低賃金しか、歯止めがない。

　このような状態を改善するために、2003年にパートタイム労働法が制定されたが、ほとんどが努力義務規定であり、肝心の正規労働者とパート労働者との賃金格差や処遇格差の是正については、実効性のある措置は規定されなかった。パートタイム労働法は、更に改正され、2008年4月から施行された。同法では、初めて正規労働者（法律では、「通常の労働者」）とパート労働者（法律では、「短時間労働者」）との間の賃金等の差別を禁止する規定が設けられた（旧8条）。この規定は、日本で初めて「同一価値労働同一賃金の原則」を実定法に明記したものとして評価されたが、適用条件が厳しく、対象となる労働者は、ごく限られていた。パート法は、パートタイム労働者の公正な待遇の確保のためにさらに2014年に改正され、2015年4月から施行されている。主な改正点は、次のとおりである。

　◆パートタイム労働者の待遇の原則を新設（改正法8条）。事業主が雇用す

るパートタイム労働者と正社員の待遇の相違は、①職務の内容、②人材活用の仕組み、③その他の事情を考慮して、不合理と認められるものであってはならない。
◆正社員との差別的取扱いが禁止される労働者の範囲の拡大（改正法9条）。有期労働契約を締結しているパートタイム労働者にも拡大し、有期雇用契約を締結している労働者でも、①職務内容が正社員と同じで、②人材活用の仕組み（配転や昇進等）が正社員と同じ場合には、賃金、教育訓練、福利厚生施設の利用などすべての労働条件について、正社員との差別的取扱いを禁止。
◆職務の内容に密接に関連して支払われる通勤手当は均衡確保の努力義務の対象になること（施行規則3条）。
◆パートタイム労働者を雇い入れたときの事業主による説明義務の新設（改正法14条1項）

iii）派遣労働の拡大につながる労働者派遣法の「改正」

　労働者派遣法の数度にわたる「改正」により、業種が原則自由になり、製造業にまで拡大した経緯は既に述べたとおりである。とくに、登録型派遣は、派遣先に派遣されている期間だけ派遣元との労働関係が成立するもので、身分は非常に不安定である。
　2008年のリーマンショック後の経済不況のもとで、大量の「ハケン切り」が行なわれた。住む所もお金もなくなった派遣労働者を越年させるために急遽開設された「派遣村」は、派遣労働がいかに不安定で劣悪な労働であるかを可視化するものであった。2012年には、政権を交代した民主党政権のもとで、労働者派遣法の改正法案が提出され、「登録型派遣の原則禁止」など抜本的な改正が期待された。しかし、政府は、結局自民党と公明党と妥協し、十分な改正はなされなかった。それでも、労働者派遣法の改正で、違法な派遣労働に就労させられている派遣労働者の派遣先の直接雇用義務を定める条項が2015年10月に施行されることになっていた。ところが、第二次安倍内閣は、その施行前に、労働者派遣法のさらなる改正案を、二度廃案になったにもかかわらず、2015年国会（常会）に三度目の上程で、成立させた。「改正」

法は、業種による期間制限を全廃し、派遣期間の上限をすべて3年にして、3年ごとに派遣労働者を入れ替えれば、派遣労働者を永続的に使用可能とする内容である。常用代替防止の趣旨は一応規定されているが、実効性のある措置は規定されず、正社員は減らされ、他方派遣労働者の正社員化の道は閉ざされ、不安定な派遣労働者が拡大することが想定される。

　現状でも、派遣労働者の7割は女性である。女性の正社員はほとんど増えず、採用されても管理職への登用が進んでいない現状では、このような労働者派遣法の改悪が実施されれば、女性正社員の派遣労働者への置き換えは、いっそう進むことが懸念される。

4）　女性の貧困化のもとで必要な施策

　ここまで非正規労働の法的な問題を整理してみた。使用者側が非正規労働者を活用するのは、雇用調整しやすく、賃金を抑制する効果のある労働者だからである。

　賃金を例にとっても、同じ正規労働者であっても、女性の所定内給与は男性の72.2％にとどまる。非正規労働者の場合、さらに格差は著しく、女性短時間労働者の1時間当たり平均所定内給与は、男性一般労働者を100とした場合、50.4である（男性短時間労働者は55.7）（厚労省「賃金構造基本統計調査」（2015年）より）。非正規女性労働者は、女性であることと雇用形態の違いで、二重の差別を受けているといえる。

　このような低賃金で、しかも不安定な身分で働く女性が女性雇用者の約6割を占めることは、女性が貧困化する大きな要因となっている。民間給与所得者を対象とする調査では、女性の42.6％は年収200万円以下で働いており（国税庁「民間給与実態統計調査」2016年）、その大半は非正規のワーキングプアである。これまでも、母子世帯では母親の80％以上は就労しているにもかかわらずその過半数以上が、相対的貧困（等価可処分所得が全人口の中央値の半分未満）にあるということが、深刻な社会問題として指摘されてきたが、それだけにとどまらず、20歳から64歳までの勤労世代の単身女性の約3人に1人、高齢単身女性はその4割超が、相対的貧困にあると言われている。税金や社会保障による所得の再分配機能も、消費税のアップや社会保障の切

り下げにより、ほとんど効果なく、現状では、女性の貧困化がいっそう深刻になることが危惧される。

　正社員になることを希望する労働者にはそれを促進させるために実効性のある措置を採ること、またこれだけ増加している非正規労働者の雇用を安定し、賃上げと処遇の改善を図ることは、早急に取り組まなければならない課題である。

(6) 少子高齢化・人口減少社会を迎えて

1) 崩壊しつつある標準世帯モデル

　高度経済成長期を通じて、社会では、男性を主たる稼ぎ手とし、女性は主婦として家事・育児を担い、主たる稼ぎ手である夫に扶養される家庭・家族が標準モデル世帯として構築された。男性は、長時間労働や転勤が当たり前とされ、女性はあくまでも結婚・出産までの働き手であった。男女雇用機会均等法制定後、女性を女性なるが故に差別することは表面上はなくなったように見えたが、男女雇用機会均等法世代は、標準モデル世帯の男性並の労働を求められ、長時間労働に耐えることができる条件の整った一部女性は活躍するようになった。しかし、結婚、妊娠、出産して働き続ける女性の多くは、仕事と家事・育児等の多重の役割を担わなければならず、女性が子どもを産み育てながら働くことの困難は変わらなかった。

　ところが、その標準世帯モデル自体が、崩壊しつつある。賃金は下がる一方であり、今では夫婦共働きで、ようやく生活している家族や、低収入で生活ができず生涯結婚できない、あるいはしない人も増えている。家族構成が多様化している現在、改めて、真のワークライフバランスを実現するには、労働条件はどうあるべきかが問われている。

2) 人口減少社会

　日本の人口は、2010年の1億2806万人をピークに減少を続け、2030年には1億1662万人を経て、2048年には1億人を割ると推計されている（国立社会保障・人口問題研究所「日本の将来推計人口（平成24年1月推計）」）。合計特殊出生率（1人の女性が一生のうちに出産する子どもの平均数）は、

1974年以降継続して「人口置換水準」（人口維持のための合計特殊出生率のことで、2.07から2.08）を割り込む値となり、1989年、丙午の年の1966年を下回った、「1.57ショック」をきっかけに、政府も少子化問題に真剣に取り組むことになった。しかし、遅すぎたと言わざるをえず、その後も低下は続き、2014年の出生数は過去最低の100万1000人であり、また、婚姻数も64万9000組と過去最低である。人口減小社会に入り、労働力不足時代を迎えることは、必至である。

3) 真のワークライフバランスの確立を

1995年には、日本はＩＬＯ156号条約を批准し、締約国として、職業上の責任と家族的責任の両立を図るための措置を採ることになった。同条約は家族的責任を有する男女労働者が家族的責任と職業上の責任を調和させて働けるようにすることを目的とするもので、第一には、家族的責任を有する男性労働者と女性労働者の平等を、第二には、家族的責任を有する労働者とその他の労働者の平等を、実現することを目的としている。条約は、そのために、家族の責任を有する労働者の特別のニーズに応じた特別措置とともに、一般労働者の全般的な労働条件を改善する措置を採るべきであることを述べている（前文）。保育施設の充実や、妊娠・出産・育児に係わる権利などは特別措置である。一般的な措置としては、165号勧告が掲げている「1日の労働時間の漸進的短縮、時間外労働の短縮」（18項）等である。

日本では、1991年、男女ともに育児休業を認める育児休業法が制定され（翌年4月施行）、その後改正され、介護休業も法制化されて、育児・介護休業法へ改正された。育児・介護休業法は、その後も改正され、現在では、短時間勤務制度の採用も事業主の義務とされ、子の看護休暇制度が設けられるなど、企業規模を問わず、全ての事業主に適用されるようになった。育児休業期間中の所得保障についても、雇用保険からの給付がなされるようになり、公的な助成金制度なども設けられ、整備されてきている。

さらに、1999年には、男女共同参画社会の形成を21世紀の最重要課題と位置づけ、国、地方自治体、国民の責務を定める男女共同参画社会基本法が制定された。さらに、2003年には、次世代育成支援対策推進法が制定され、仕

事と子育ての両立をはかれるように、国、地方自治体、事業主、国民の担うべき義務を明記した。

　以上のとおり、法整備は相当程度整備されてきたといえる。ところが、依然として家事・育児は女性が負担すべきものとする固定的な役割分担意識は根強い。最近、「マタニティ・ハラスメント」という用語で社会的な問題になっている妊産婦に対する嫌がらせにみられるごとく、法律で認められている権利も行使できず、行使すれば不利益を受けるというような状況がある。育児休業は男女ともに認められているにもかかわらず、男性の取得率はいまだ2％台と低い。父親の育児休業取得率が低い理由は、育児は女性が担うものとの伝統的な性別役割分担の意識が払拭されていないこと、男性が育児休業をとりやすい職場環境が整備されていないこと等を示している。また、男女賃金格差がある限り、夫婦で収入が低い人（多くは妻）が取得せざるをえないという理由もある。

　これでは、女性は働いても、経済的に自立することはできない。働いても、年収200万以下の女性労働者が過半数に近いという現状では、女性たちが貧困から脱け出すことができない環境に置かれていることを示している。

　男女ともに、人間らしく働くことができる、真の意味でのワークライフバランスが確保される施策が求められている。

(7)　政府の女性労働力政策

1)　安倍内閣の成長戦略での女性の位置づけ

　2012年に発足した、第二次安倍内閣の成長戦略では、女性の活躍を中核に位置づけ、「すべての女性が輝く社会」を実現するとしている。「アベノミクス」と呼ばれる政府の経済政策では、「我が国最大の潜在力である『女性の力』を最大限発揮できるようにすることが不可欠」として、女性の力を日本企業の「稼ぐ力」を取り戻す中心的な「担い手」として位置づけ（「『日本再興戦略』改訂2014―未来への挑戦」）、「指導的な地位を占める女性の割合を3割に」「女性の就業率は5％アップ」など、政策項目ごとに明確な成果指標（KPI＝Key Performance Indicator）を定めている。2015年8月には、「女性活躍推進法」も成立した。同法は、国、地方自治体、企業等に、女性の採用

比率や女性の管理職比率のいずれかについて目標を定め、情報公開等を含む行動計画を作成することなどを義務づけている。しかし、女性の活躍を阻んでいる「男女賃金格差」「身分が不安定で、低賃金の非正規雇用」「長時間労働」「仕事と子育てとの両立の困難」等の問題の実効性のある解決策については、具体的な施策が示されていないので、労働者側がいかに活用できるかが課題である。

2) 成長戦略で女性は「輝く」か？

男女雇用機会均等法制定から30年を経ても、第一子出産後約6割の女性が離職し、待機児童の問題やマタハラ被害が社会問題となっている現実をみれば、施策の遅れは明らかであるといえよう。それどころか、安倍内閣は、常用代替をいっそう強め「生涯ハケン」「正社員ゼロ」になると労働者側の反対意見が強い労働者派遣法の改正、解雇しやすい「第二正社員」をつくる「限定正社員制度」、労働基準法の労働時間の規制を全面的に外し「過労死を促進」しかねない「高度プロフェッショナル制度」、残業代打ち切りの「企画型裁量労働時間制の拡大」を内容とする労働基準法の「改正」など、労働法の根本原則を変更するような労働法制の規制緩和を進めようとしている。女性の約6割を占めるに至っている非正規労働者の劣化した雇用をそのままに放置して女性の「活用」が進めば、男性並に働くことが可能な女性と、その他大勢の低賃金で劣悪な条件で働く女性に二分され、男女間での格差に加え、女女間格差が拡がることが懸念される。

女性の活躍を阻んでいる問題の解決を図らなければならない。もっとも、安倍内閣は、「世界で一番企業が活動しやすい国」をつくる目的で、「日本が世界的な競争力を保つためには、世界中の人材と投資を呼び込む」ことが必要で、そのための「規制改革」（＝規制緩和）であると言っているのであるから、女性についても、「少子高齢化による人口減少社会への突入という」問題に直面し、「日本経済を本格的な成長軌道に乗せることは容易ではない」と認識し、そのため「我が国最大の潜在力」である「女性の力」を最大限「活用」しようとしているのではないかと思われる。そうなれば、「輝く」のは、一部の女性であって、圧倒的多数の女性は、低賃金のまま「活用」されることに

なることが懸念される。

　働く女性は多くの問題を抱えている。真にすべての女性が輝くには、女性の現状を分析し、これまで女性が活躍できなかった理由や制度の不備等の問題点を克服し、ジェンダー平等の視点に立った、人権としての「労働権」の確立をめざし、実効性のある施策が不可欠である。

　改めて労働のあり方を国民が考えるときがきている。

2　性別役割分担（意識）の問題

(1)　性別役割分担とは

　性別役割分担とは、いわゆる「男は外で仕事、女は家で家事・育児」という性別にもとづく分業形態を指す。

　具体的には、家庭生活を維持するために不可欠な仕事を、生活に必要なものを買うために外で仕事をしてお金を稼ぐ人、家の中で料理や洗濯や掃除といった家事、育児、介護等をする人に分割し、それぞれ夫（男性）と妻（女性）に割り当てるという分業形態である（江原由美子、山田昌弘『ジェンダーの社会学入門』岩波書店、2008年）。

(2)　性別役割分担がもたらすもの

　本来、性別にとらわれず職業や家事育児の分担は自由に決められるべきものである。性別役割分担は、自己決定の権利を妨げる要因である。にもかかわらず、日本の社会には性別役割分担の実態と意識が根強く残っている。女性の自立を阻む様々な社会構造に加え、この性別役割分担の意識が、女性の就業に対する差別意識を生み、女性自身にも自立を躊躇させ、女性の社会進出を阻んでいる。

　近年、女性差別撤廃条約の批准から現在に至るまで、女性労働者は飛躍的に増加した。しかし、女性労働者のうち半数以上がパート・派遣・契約社員等の非正規労働者として勤務している。女性の就労はあくまで家計補助であり、非正規雇用として女性の就労は低賃金化する傾向にある。家庭内労働に

従事する時間を確保するため、職場において長時間の労働をすることを選択することができない女性は、結婚や出産をきっかけに離職せざるをえない。

また、もっぱら女性が家事・育児に従事するという意識のもとでは、妊娠・出産に関する嫌がらせ、いわゆるマタニティ・ハラスメントを受けて離職を決意せざるをえなくなるケースも存在する。

妊娠・出産を機に正社員の職を離れた女性は、夫との死別や離別により単独で子どもを育てる場合など、経済的に非常に困窮する。

他方、「女性を養う」ことを義務づけられてきた男性たちは、家事や育児、地域から切り離され、その結果、経済活動は人間の生活を無視して行なわれがちである（竹信三恵子『女性を活用する国、しない国』岩波ブックレット、2010年）。

さらに、性別役割分担の影響として、「家庭内労働は女性が家庭において無償で行う労働」という意識が生じ、これが家庭内労働の価値を不当に低く評価する一因となり、家庭内労働の延長線上にある保育・介護労働等のケアワークが、女性に適した、さほど専門性の高くない職業であるかのようにみなされ、他の職種と比べ低賃金となっていることも看過できないことである。

くわしくは、次節以降で種々の問題について触れる。

(3)　性別役割分担の歴史的背景

1)　性別役割分担が生まれた背景

性別役割分担が生まれたのは、近代産業社会以降のことである。

社会が産業化される前は、多くの庶民の仕事は農業等の自営業であって、女性も家業を維持するために生産労働に従事していた。

農業等の自営業が衰退し、社会が産業化されると、外で働くのは男性、家事をするのは女性という性別役割分担が形成されていった。

2)　日本における性別役割分担

日本において、原始的な社会での男女の意味は、生物学的な差異としての雌雄性にもとづくもので、上下関係や優劣を含んでいなかった。男女の意味が、男性が主役で女性が脇役という意味に変化してきたのは、武家社会や近代産業社会以降のことである（青野篤子、森永康子、土肥伊都子『ジェンダー

の心理学（改訂版）』ミネルヴァ書房、2004 年）。

　未婚期には正社員、結婚・出産を機に退職し、子どもの手が離れたらパートという女性特有の働き方が生まれてきたのは、戦後の高度経済成長期以降のことである。高度経済成長により、日本に第二次産業、第三次産業従事者が飛躍的に増え、家族単位で生産活動を営むことが多い農林漁業等の第一次産業従事者が減少し、雇用労働者率が増大した。

　戦後社会において企業は、労働運動への対処と労働力の定着のために、労働者の企業への忠誠心を高めるような雇用管理の仕方を模索していた。そこで形成されたのが日本型雇用慣行といわれる「終身雇用制」「年功序列型賃金」「企業内組合」等の雇用慣行である。この雇用慣行は、労働者家族にとって、生活の安定性を保障するものとして受け止められた。しかし、「終身雇用制」を維持するためには、企業の都合に合わせた働き方をせざるを得なくなり、労働者が家族責任を担うことを困難にしてきた。結果、日本型雇用慣行の恩恵に浴する労働者は、妻が家庭責任を一手に引き受けてくれる男性労働者のみであった（前掲『ジェンダーの社会学入門』）。

　こうした雇用慣行がさほど大きな抵抗もなく受け入れられていった背景には、宗教的価値観や武家社会の男尊女卑を背景とした、妻が「奥さん」として、家事・育児のみに従事することを理想とする当時のジェンダー観があったためと考えられる。

　このような日本型雇用慣行のなかで、わが国の税・社会保障制度は、性別役割分担を反映し、主たる男性稼ぎ手とその妻子で構成された世帯をモデルとして構築されており、その世帯に属する女性が優遇されているという問題がある。税制についても詳しくは次章以降で述べる。

(4)　家事労働負担の実態や人々の意識
　　　――内閣府「平成 25 年版男女共同参画白書」から

1)　家事の分担の実態

　有業・有配偶者の平均家事関連時間を見ると、圧倒的に女性の家事関連時間が多い。妻が就労をしている家庭であっても、家庭内労働については依然として妻の負担という家庭が多く、女性が家庭内労働と就労の二重負担を強

図表2−3 有業・有配偶者の1日当たり平均家事関連時間（男女別）

a 有業・有配偶者の年齢階級別1日当たり平均家事関連時間（平成13年、23年）

b 共働き男女のライフステージ別1日当たり仕事等の平均時間と平均家事関連時間（平成23年）

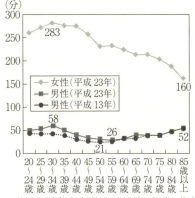
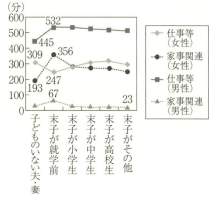

注）仕事等の時間には、通勤・通学、仕事、学業が含まれる。また、家事関連時間には、家事（炊事、掃除、洗濯、縫い物、家庭雑事）、介護・看護、育児、買い物が含まれる。
出典：総務省「社会生活基本調査」（平成13年、23年）より作成

いられるようになっている（【図表2−3】）。また男性は家事や育児から切り離されているという現状がある。

総務省「2014年労働力調査」においても、同調査に回答した2014年の女性非正規労働者のうち、「自分の都合のよい時間に働きたいから」と回答した割合は26.3％（332万人）、「家事・育児・介護等と両立しやすいから」と回答した割合は16.3％（206万人）にのぼっており、現実に女性が家庭内労働の負担を担う前提で就業形態を選ばざるをえない実態がうかがえる。

2) 性別役割分担に関する人々の意識

性別役割分担の意識について、1979年の調査時から見ると、「夫は外で働き、妻は家を守るべきである」という考え方に「賛成」する傾向は、年々減少傾向にある。しかし、2012年調査では「賛成」「どちらかといえば賛成」が以前より増加しており、いまだに日本のおける性別役割分担の意識は根強い（【図表2−4】）。また、若い女性に性別役割分担を肯定する人が増えてきていることも読み取れる。女性が就労していてもなお、家事や育児が女性に集

図表2-4　「夫は外で働き、妻は家を守るべきである」という考え方に関する意識の変化

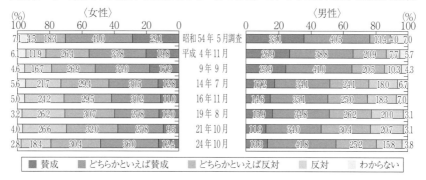

注）1　内閣府「男女共同参画社会に関する世論調査」（平成4年、14年、24年）より作成。
　　2　「賛成」及び「どちらかといえば賛成」の割合の合計値。
出典：図表2-3と同じ

中することが多い現状からすると、家事を一手に引き受けたうえでの就労が大きな負担であることの表れであるとも思われる。

(5)　性別役割分担からの脱却をめざして

わが国は、1985年に女性差別撤廃条約を批准し、1999年に男女共同参画基本法が制定された。

女性差別撤廃条約では、社会および家庭における男性の伝統的役割を女性の役割とともに変更することが男女の完全な平等の達成に必要であるとしており、性別役割分担の撤廃を求めている。

男女共同参画基本法は、男女が性別にかかわりなくその個性と能力を十分に発揮することができる社会の実現を前文で掲げている。

　しかし、条約の批准から30年を経過した現在も、わが国内では性別役割分担の意識と実態が根強く残っている。いまだ家事、育児は女性の仕事とされ、就労するとしても多くの女性は短時間で単純・低賃金の非正規雇用として勤務せざるをえない。

　長時間労働を前提とした就労では、家事・育児をしながら就労することが困難になり、男性が長時間労働を行ない、女性が家事・育児を行なうという悪循環が生じる。性別役割分担を解消するためには、男女労働者の労働時間は1日8時間、週40時間を上限とすることが原則であって、これを超える時間外労働は例外的なものであることを改めて確認する必要がある。男性に対し単に家事労働の分担を求めるだけではなく、正規労働者の大部分を占める男性の働き方を変え、家庭内労働を分担し合えるように労働条件を整えなければならない。

　そして、性別役割分担の意識そのものを解消するためには、学校、職場、家庭、地域におけるジェンダー平等の教育制度を整える必要がある。

　長時間労働を基盤とする日本の就労形態を見直し、女性も男性も活躍できる社会を作っていくことが必要である。

3　無償労働と女性の地位

(1)　無償労働の評価の目的

　無償労働とは、家事、育児、介護、地域活動等、対価を得ていない労働をいう。人が生存し、生命や労働力を再生産するうえで必要不可欠な労働であるにもかかわらず、対価が支払われず、アンペイドワークと言われ、主に女性が担ってきた。

　アンペイドワークは、国連の世界女性会議がスタートした1975年以降、注目されてきた。1995年、北京で開かれた第4回世界女性会議で採択された「行動綱領」において、政府のとるべき行動として、無償労働をどのような層が何

図表2-5　男女別1人当たり年間評価額（OC法）

(単位：万円、％)

	無償労働評価額		性比	市場賃金		評価額の対市場賃金比	
	男性	女性	女性／男性	男性	女性	男性	女性
1981	11.6	103.8	9.0	282.4	156.6	4.1	66.3
1986	17.4	128.7	7.4	337.0	190.7	5.2	67.5
1991	29.2	160.7	5.5	408.7	234.8	7.2	68.4

注）市場賃金：「賃金構造基本調査」（産業計）の「きまって支給する現金給与額」の12倍

	（参考）無償労働時間		（参考）有償労働時間	
	男性計	女性計	男性計	女性計
1981	0時17分	4時01分	6時04分	3時11分
1986	0時22分	4時02分	5時58分	3時02分
1991	0時30分	3時57分	5時46分	2時59分

注）1日1人当たり時間（週平均）

時間、国内総生産（GDP）のどのくらいの割合で行なっているか等を統計上明らかにすることが求められた。アンペイドワークの評価の目的は、有償労働と無償労働の性によるアンバランスな配分を是正するところにある。

(2) 日本における初めての「無償労働の貨幣評価」の発表

1) 「無償労働の貨幣評価」の発表

日本では、北京女性会議の行動綱領を受け、1997年5月、経済企画庁（2001年1月内閣府に統合）が家事、育児、ボランティア等の無償労働を貨幣価値に置き換えた試算「無償労働の貨幣評価について」を初めて発表した。無償労働の範囲は、「社会生活基本調査」（総務省統計局）に分類されている家計の活動の種類のうち、「家事（炊事、掃除、洗濯、縫物・編物、家庭雑事）、介護・看護、育児、買物、社会的活動」となっている。

経企庁の発表により無償労働の90％を女性が担っていることが明らかとなった。

1991年の無償労働時間は男性が30分、女性が3時間57分であり、家庭内労働部分は他の諸国に比べて男性の担い方がきわめて少ない。そして、有償労働時間は、男性は5時間46分、女性は2時間59分である（**【図表2-5】**）。

有償労働と無償労働を合計すると、女性が52.5％、男性は47.5％であり、

無償労働を含めれば、女性は男性より多くの労働を担っていることが明瞭となった。

2)「無償労働の貨幣評価」の方法

一つは、機会費用法（OPPORTUNITY COST：OC法）で、無償労働をする時間に有償労働をしていたらどれだけ稼ぐことができたかを示す数字である。

もう二つは、代替費用法（REPLACED COST：RC法）といい、家事サービス等を外部のサービス業が代行したらどれだけかかるか、たとえば清掃、クリーニング等、各スペシャリストが代行する場合（RC-S）と、家政婦等家事全般を行なうジェネラリストが代行する場合（RC-G）とがある。

3)「無償労働の貨幣評価」の結果

三通りの無償労働の総額で、1991年当時もっとも高かったのは、OC法で測った約99兆円、一番低いのがRC-G法で測った約67兆円となり、GDP

図表2-6　諸外国における貨幣評価と無償労働時間

貨幣評価（GDP比）	日本(注1)	カナダ	オーストラリア	ノルウェー	ドイツ	フィンランド	ニュージーランド
調査年	1991	1992	1992	1990	1992	1987〜88	1991
調査人口	15歳以上	15歳以上	15歳以上	16〜79歳	12歳以上	10歳以上	12歳以上

無償労働／GDP（単位：％）

機会費用（税引き前）	21.6	54.2	69		63	59	66
代替費用（スペシャリスト）	18.3	43	58	37	46		51
代替費用（ジェネラリスト）	14.6	34	54	38	44	45	42

有償労働時間と無償労働時間（1日当たり）

有償労働時間	4：20	2：35	3：17	3：37	3：16		3：33
無償労働時間	2：16	3：11	4：07	3：36	4：05		3：28
（住宅メンテナンス+園芸）			0：38	0：26	0：46		0：15
①　計	6：36	5：46	7：24	7：13	7：21		7：01
②=①-(住宅メンテナンス+園芸)	6：36	5：46	6：46	6：47	6：35		6：46

出典：カナダはカナダ統計局編「HOUSEHOLD'S UNPAID WORK：MEASUREMENT AND VALUATION」より作成
　　　ドイツはドイツ統計局編「The Value of Household Production in the Federal Republic of Germany, in Germany, 1992」より作成
　　　カナダ、ドイツを除く諸外国例は国連開発計画（UNDP）編「Occasional Paper」より作成

の 21.6％にも当たる無償労働が行なわれていたことがわかった。

しかし、この無償労働の貨幣評価額のＧＤＰ比は、世界各国からみて非常に低い。

日本は、無償労働の貨幣評価は機会費用法（ＯＣ法）でＧＤＰ比の 21.6％であるが、カナダは 54.2％、他の国も 50～60％台である（【図表2－6】）。

その原因は、女性の平均賃金が低いことが一因と考えられる。女性が9割もの無償労働を担い、そのために、外で働く時間が削られて、時間給の低いパート労働や、長時間労働ができないために昇格できず賃金が低いという、無償労働と有償労働の両面において、値切られているという実態が明らかとなった。

4）「専業主婦の家庭内労働の評価」と問題点

また、女性間では、既婚の働く女性の無償労働平均額は年間 177 万円に対し、既婚で無業、つまり専業主婦は 276 万円と試算され、経企庁の発表の際「専業主婦の働きは、女性の平均市場賃金約 235 万円を上回っている」と説明された。

これをマスコミの多くは、「専業主婦の家庭内労働の評価」として取り上げ、「専業主婦の家庭内労働は働く女性の賃金よりも高い」との誤解を生じさせた。また、「主婦の値段が 276 万円」という誤った認識が一人歩きすることにもなった。

女性たちからは異論が続出し、「経済企画庁の評価には、ジェンダーの視点が初めから欠けていた」（矢沢澄子東京女子大学教授）、「無償労働の価値が二重に低く抑えられた」（北沢洋子国際問題評論家）等、指摘された。

経済企画庁の発表（【図表2－5】）は、無償労働を女性の仕事と前提し、専業主婦の家庭内労働を評価した点で、ジェンダーバイアスがかかった評価であるし、さらに、試算の結果を、アンペイドワーク評価の目的である、有償労働と無償労働の性によるアンバランスな配分を是正するジェンダー平等政策立案に反映させていないとの批判があり、今後の課題である。

(3) 「無償労働の貨幣評価」の前進

　日本では、1976年以来5年ごとに全国規模の生活時間調査（社会生活基本調査）を実施しているが、旧総務庁統計局は北京行動綱領採択後、アンペイドワーク統計研究会（1998年～1999年）を発足させた。研究会の成果の一つは、無償労働の概念、定義範囲について、世界的に採用されている第三者基準（アンペイドワークを、そのサービスを第三者に代わってもらうことができ、市場でもそのサービスが提供されうる行動と定義する）により、無償労働とは、余暇等の自由時間や睡眠等の個人的ケアとも、市場での有償労働とも区別される生産的活動（ワーク）と定義されたことである。

　成果の二つは、2001年度以降の社会生活基本調査で、無償労働の詳細行動分類表を備えた調査が実施されるなど、無償労働の時間量を把握する新しい取り組みが始まったことである。

　内閣府は、1997年と1998年において、1981年から1996年までの5年ごとの四時点について、社会生活基本調査にもとづく無償労働の貨幣評価額を推計し発表した。

　さらに、2009年、内閣府経済社会総合研究所国民経済計算部は、1997年以降約10年ぶりに、「無償労働の貨幣評価の調査研究報告書」を発表した（内閣府HP掲載2009年8月24日発表）。社会生活基本調査の2006年版が公表されたことを受け、2001年、2006年の二時点において推計を行なったものである。

　2010年には、無償労働に関する二つの取り組みがあった。一つは第54回国連女性の地位委員会（ＣＳＷ）北京＋15で採択された決議—女性の経済的エンパワーメントが、ジェンダーの視点を社会・経済政策につなげることを強調し、「経済計算の外に置かれている無報酬労働の量的・質的な計測を提言したことである。

　もう一つは、日本において、第三次男女共同参画基本計画に「ジェンダー統計の充実、ジェンダー予算の実現に向けた調査研究」とともに第二次基本計画で消えた「無償労働の把握」を盛り込んだことである。

　2013年6月、内閣府経済社会総合研究所国民経済計算部は、2011年社会生

図表 2−7 無償労働の貨幣評価額と対名目ＧＤＰ比率（時系列比較）

(単位：10億円、％)

	名目GDP	OC法 総額	OC法 GDP比	RC−S法 総額	RC−S法 GDP比	RC−G法 総額	RC−G法 GDP比
1981	261,068	53,264	20.4	52,412	20.1	37,339	14.3
1986	340,560	71,828	21.1	67,750	19.9	49,037	14.4
1991	469,422	98,858	21.1	90,983	19.4	66,728	14.2
1996	505,012	116,115	23.0	105,733	20.9	76,069	15.1
2001	505,543	128,815	25.5	110,777	21.9	86,946	17.2
2006	506,687	131,869	26.0	107,483	21.2	90,629	17.9
2011	470,623	138,506	29.4	108,194	23.0	97,383	20.7
(変化率)							
81〜86	5.5	6.2		5.3		5.6	
86〜91	6.6	6.6		6.1		6.4	
91〜96	1.5	3.3		3.1		2.7	
96〜01	−0.3	2.1		0.9		2.7	
01〜06	0.0	0.5		−0.6		0.8	
06〜11	−1.5	1.0		0.1		1.4	

備考） 1 変化率は5年間の年平均変化率である。RC−S法について、各活動に対応させる職種が年により異なることがある点に留意が必要である（参考資料の2.賃金率の④参照）。
2 名目GDPは、2001〜2011年（変化率については1996〜2001年を含む）は「平成23年度国民経済計算確報」（平成17年基準）、1981〜1996年は「平成21年度国民経済計算確報」（平成12年基準）による。いずれも、暦年ベースの値。

図表 2−8 性別にみた無償労働の貨幣評価額（時系列比較）

(単位：10億円、％)

	OC法 男性	OC法 女性	RC−S法 男性	RC−S法 女性	RC−G法 男性	RC−G法 女性
1981	5,082	48,182	3,505	48,906	2,395	34,945
1986	8,150	63,678	5,446	62,304	3,844	45,192
1991	14,528	84,330	10,125	80,858	7,044	59,684
1996	18,011	98,104	13,384	92,349	8,673	67,396
2001	22,704	106,111	15,812	94,964	11,603	75,343
2006	25,749	106,120	17,486	89,997	13,824	76,805
2011	27,726	110,780	18,251	89,942	15,667	81,716
(構成比)						
1981	9.5	90.5	6.7	93.3	6.4	93.6
1986	11.3	88.7	8.0	92.0	7.8	92.2
1991	14.7	85.3	11.1	88.9	10.6	89.4
1996	15.5	84.5	12.7	87.3	11.4	88.6
2001	17.6	82.4	14.3	85.7	13.3	86.7
2006	19.5	80.5	16.3	83.7	15.3	84.7
2011	20.0	80.0	16.9	83.1	16.1	83.9
(変化率)						
81〜86	9.9	5.7	9.2	5.0	9.9	5.3
86〜91	12.3	5.8	13.2	5.4	12.9	5.7
91〜96	4.4	3.1	5.7	2.7	4.2	2.5
96〜01	4.7	1.6	3.4	0.6	6.0	2.3
01〜06	2.5	0.0	2.0	−1.1	3.6	0.4
06〜11	1.5	0.9	0.9	−0.0	2.5	1.2

備考） 1 変化率は5年間の年平均変化率である。
2 四捨五入の関係上、男性、女性の合計が図表2−7の額に合わない箇所がある。

3 無償労働と女性の地位

図表2−9 活動種類別・性別の無償労働の貨幣評価額とその構成比

(1) OC法 (単位:10億円、%)

活動の種類	無償労働の貨幣評価額 全体	男性	女性	構成比 全体	男性	女性
炊事	50,207	6,074	44,133	36.2	12.1	87.9
清掃	18,834	2,913	15,921	13.6	15.5	84.5
洗濯	10,728	579	10,149	7.7	5.4	94.6
縫物	3,022	106	2,916	2.2	3.5	96.5
家庭雑事	5,807	1,388	4,420	4.2	23.9	76.1
家事合計	88,599	11,060	77,539	64.0	12.5	87.5
介護	3,422	1,020	2,402	2.5	29.8	70.2
育児	14,840	3,134	11,705	10.7	21.1	78.9
買物	27,164	10,036	17,128	19.6	36.9	63.1
社会活動以外の合計	134,024	25,250	108,774	96.8	18.8	81.2
社会活動	4,482	2,476	2,006	3.2	55.2	44.8
活動合計	138,506	27,726	110,780	100.0	20.0	80.0

(2) RC−S法 (単位:10億円、%)

活動の種類	無償労働の貨幣評価額 全体	男性	女性	構成比 全体	男性	女性
炊事	40,818	3,951	36,867	37.7	9.7	90.3
清掃	12,911	1,601	11,310	11.9	12.4	87.6
洗濯	7,636	309	7,327	7.1	4.0	96.0
縫物	1,856	48	1,808	1.7	2.6	97.4
家庭雑事	4,447	874	3,574	4.1	19.6	80.4
家事合計	67,667	6,782	60,885	62.5	10.0	90.0
介護	2,745	665	2,080	2.5	24.2	75.8
育児	12,170	2,066	10,104	11.2	17.0	83.0
買物	20,492	6,278	14,214	18.9	30.6	69.4
社会活動以外の合計	103,075	15,791	87,284	95.3	15.3	84.7
社会活動	5,119	2,461	2,659	4.7	48.1	51.9
活動合計	108,194	18,251	89,942	100.0	16.9	83.1

(3) RC−G法 (単位:10億円、%)

活動の種類	無償労働の貨幣評価額 全体	男性	女性	構成比 全体	男性	女性
炊事	36,127	3,497	32,630	37.1	9.7	90.3
清掃	13,395	1,661	11,734	13.8	12.4	87.6
洗濯	7,744	313	7,430	8.0	4.0	96.0
縫物	2,226	58	2,168	2.3	2.6	97.4
家庭雑事	4,012	788	3,224	4.1	19.6	80.4
家事合計	63,504	6,317	57,187	65.2	9.9	90.1
介護	2,369	574	1,795	2.4	24.2	75.8
育児	10,121	1,718	8,403	10.4	17.0	83.0
買物	18,487	5,663	12,823	19.0	30.6	69.4
社会活動以外の合計	94,481	14,272	80,209	97.0	15.1	84.9
社会活動	2,902	1,395	1,507	3.0	48.1	51.9
活動合計	97,383	15,667	81,716	100.0	16.1	83.9

図表2−10 性別にみた1人当たりの無償労働の貨幣評価額、無償労働時間
（年間、時系列比較） (単位：1,000円、時間、倍率)

	OC法 男性	OC法 女性	RC−S法 男性	RC−S法 女性	RC−G法 男性	RC−G法 女性	無償労働時間 男性	無償労働時間 女性
1981	116	1,038	80	1,053	55	753	106	1,464
1986	174	1,287	116	1,259	82	914	132	1,471
1991	292	1,607	204	1,541	142	1,138	179	1,440
1996	349	1,798	259	1,692	168	1,235	191	1,403
2001	429	1,890	299	1,692	219	1,342	227	1,390
2006	482	1,864	327	1,581	259	1,349	266	1,386
2011	517	1,928	340	1,565	292	1,422	284	1,381
（変化率）								
81〜86	8.5	4.4	7.8	3.6	8.5	4.0	4.5	0.1
86〜91	10.9	4.5	11.8	4.1	11.5	4.5	6.3	−0.4
91〜96	3.6	2.3	4.9	1.9	3.5	1.7	1.3	−0.5
96〜01	4.2	1.0	2.9	0.0	5.5	1.7	3.5	−0.2
01〜06	2.3	−0.3	1.8	−1.4	3.4	0.1	3.2	−0.1
06〜11	1.4	0.7	0.8	−0.2	2.4	1.1	1.3	−0.1
女性／男性(2011)	3.7倍		4.6倍		4.9倍		4.9倍	

備考） 変化率は5年間の年平均変化率である。RC−S法について、各活動に対応させる職種が年により異なることがある点に留意が必要である。

活基本調査のデータに基づき、「家事活動等の評価について─2011年データによる再推計」を発表した（【図表2−7、8、9、10】）。性別・活動種類別に見ると、家事合計のうち、男性は10〜12%程度であり、女性が9割程度を占めている（【図表2−9】）。女性の無償労働時間は、男性の4.9倍であり（【図表2−10】）、依然として女性が家庭内労働の9割を担っている状況が続いている。

2015年12月に発表した第四次男女共同参画基本計画には「無償労働」との言葉は見当たらない。しかし、無償労働の視点を持つことがジェンダー平等の実現につながるのであり、今後も無償労働の量的・質的把握は、必要不可欠である。

(4) 専業主婦優遇政策による無償労働への女性の囲い込み

日本では、男は仕事、女は家事育児という、性別役割分担の意識が根強いばかりでなく、構造的に無償労働を主婦の労働として、女性を家庭にとどめる専業主婦優遇政策が1980年代に進められた。

税制度は個人単位であるが、サラリーマンの妻が働く場合は家族単位と

なっていて、妻が働いても給与収入が103万円以下であれば、所得税は払わなくてよいだけではなく、夫の所得から配偶者控除をうけられ、さらに1987年には配偶者特別控除が作られた。妻は103万円の枠内で働くことを促進され、女性は税制上からも無償労働の担い手として囲い込まれている。

　1985年には、厚生年金の第3号被保険者は、働いても年収が130万円を超えなければ、保険料が免除される制度が作られた。「130万円（国民年金保険料免除の上限額）の壁」といわれるように、社会保険制度上も、妻が130万円を超えない範囲で働くことを促進し、家庭での無償労働の担い手として囲い込まれている。

　こうした政策は、無償労働を女性の負担とする構造をつくり、維持するものといえる。さらに、賃金制度そのものが、夫を稼ぎ手とするモデルが基本となっていて、女性の賃金は家計補助という位置づけとされ、低賃金に抑えられている。

(5)　今後の課題

　無償労働の「認識」は、男性の働き方の見直しも含めて急務の課題であることを示す重要な手がかりである。一方で、グローバル規模での市場競争の激化、金融経済の不安定化が進み、経済的、社会的環境が厳しく、先進国においても、無償ケア労働の女性への負荷が強められている。無償労働の視点を持つことがジェンダー平等の実現につながるのであり、アンペイドワークの視点を政策立案につなげる必要がある。

　既存の法律や制度は、性別役割分担世帯を標準につくられている。したがって、家族単位の現行制度から、ジェンダーバイアスを除去していくことが必要であり、税や社会保険制度上の専業主婦優遇政策を見直していくことや、標準世帯モデルを改め、個人単位としていくことが課題である。現在、政府は、早ければ2017年からの配偶者控除廃止へ向けて検討中ということであり、税制面からの改革が始められようとしている。

4　有償労働における男女格差

(1)　男女の賃金格差の存在

1)　正社員・正職員の男女格差

　厚労省の賃金構造基本統計調査によると、2015年の民営事業所および公営事業所における女性一般労働者（正社員・正職員）の所定内給与（労働契約、労働協約あるいは事業所の就業規則等によってあらかじめ定められている支給条件、算定方法によって支給された現金給与額から、超過労働給与額を差し引いた額）は、男性労働者の75.0％である（厚労省「賃金構造基本統計調査の概況」（2016年）第6表）。

　また、男性は年齢階級が高くなるとともに賃金も上昇し、50～54歳で440.5千円（20～24歳の賃金を100とすると208）と賃金がピークとなるが、女性は、50～54歳の298.7千円（同147）がピークとなっている。女性は、もともと賃金が低いうえに、賃金はほとんど上昇せず、横ばい状態であることがわかる。

2)　雇用形態別の男女格差

　このように、正社員・正職員であっても男女間には明確な賃金格差があるが、パートやアルバイト等の非正規雇用に従事する女性が多いことも、女性の賃金が男性に比して低くなっていることの大きな要因である。総務省の2016年の労働力調査（速報）によると、役員を除く雇用者のうち女性は、「正規の職員・従業員」が1078万人（構成比44.0％）、「非正規の職員・従業員」が1367万人（構成比55.9％）となっており、女性の半数以上が非正規雇用者として働いている。

　そこで上記の厚労省の賃金構造基本統計調査の2016年の結果から雇用形態別の賃金をみると、男女計の正社員・正職員が317.7千円（年齢41.4歳、勤続12.7年）であるのに対し、正社員・正職員以外は211.8千円（年齢46.5歳、勤続7.7年）となっている。これを男女別にみると、男性では、正社員・正職員349.0千円、正社員・正職員以外235.4千円、女性では、正社員・正職員262.0

千円、正社員・正職員以外 188.6 千円となっている。正社員・正職員の賃金を 100 とすると、正社員・正職員以外の賃金は、男女計で 66.7、男性で 67.4、女性で 72.0 である。

(2) 賃金格差の要因

賃金格差の要因は何か。厚労省よれば、男女間賃金格差の主要な要因は、①女性は男性に比べて年齢とともに賃金が上昇しないこと、②男女の平均勤続年数や管理職比率の差異である。そして、これらの要因をもたらす企業の賃金・雇用管理の実態については、①制度設計の段階では性の要素は入っていないが、基準等が曖昧であるため性別役割分担の意識をもって運用されることが必ずしも排除されない制度、家庭責任を持つ労働者にとって困難な働き方を前提とした制度が採用・配置等の面での男女差を生んでいること、また、②賃金・雇用管理の運用の段階で、採用、配置や仕事配分、育成方法の決定、人事評価や業務評価等の側面で、男女労働者間に偏りが生じていると、それらが男女間の経験や能力差に、さらには管理職比率の男女差につながっていることが指摘できるとしている（厚労省「変化する賃金・雇用制度の下における男女間賃金格差に関する研究会報告書の公表について・結果のポイント」）。

(3) 賃金格差の国際比較

世界各国の男女平等の度合いを指数化した世界経済フォーラム（WEF）の 2016 年版「ジェンダー・ギャップ指数」で、日本の順位は調査対象 144 カ国のうち 111 位だった。前年より 10 下がり、過去最低の水準になった。「男女の所得格差」で順位が大幅に下がった影響が大きい。同指数は女性の地位を経済、教育、政治、健康の 4 分野で分析する。日本は健康や教育で順位を上げたが、「経済」が 118 位と 12 も下げた。政治は一つ上昇したが 103 位にとどまった。項目別では「所得格差」が 75 位から 100 位に急落。WEF が収入の比較方法を改め、主に先進国で過小評価していた所得の差を実態に近づくように修正し、順位に反映したためだ。

第3章
問題の解消に向けた制度改革

1　はじめに

　女性の貧困をもたらしている主な要因として、女性や子どもに対する社会保障給付が貧弱であるという社会保障の問題と、働いても十分な生活ができないという労働の問題がある。

　これらの主な要因は、社会的な構造に起因する問題であり、各個人の自助努力によって克服できるようなものではない。したがって、貧困の問題を個人の責任に転嫁することは許されない。貧困に陥り、人間らしく生活する個人の権利が社会構造に起因して侵害されている以上、社会全体の問題として、その問題解消に取り組んでいく必要がある。そのためには、まず、国、地方自治体が上記のような女性の貧困問題をもたらしている各要因に対して、積極的に是正措置に取り組むことが求められる。

　したがって、国、地方自治体の役割として、まずは社会保障給付の充実を図ることが求められる。後述のとおり、わが国においては、とくに稼働年齢層における税と社会保険の所得再分配が十分に機能していない。そのため、稼働年齢層における社会保障給付を充実させ、所得再分配機能を強化していく必要がある。とくに子育て世代に対しては、子育てを親の個人責任として各親に任せてしまうのではなく、子どもを育てることは社会全体の責任であることを自覚し、子育てにかかる種々の負担を社会全体で平等に負担するという考え方にもとづき社会の諸制度を構築すべきである。

　また、働いても生活できるだけの賃金が得られないという問題に対し、これを是正するための各種方策を構築することが、国、地方自治体の役割として求められる。わが国においては、多くが長時間労働を強いられる正規雇用か低賃金の非正規雇用に従事せざるをえない現状がある。そのため、とくに長時間労働ができず非正規で働かざるをえない多くの子育て中の女性は、働いても子どもを育てるに十分な収入を得ることが難しい。また、正規雇用の男性も長時間労働により家事や子育てに従事する時間が確保できず、家事や子育ての負担が女性に集中してしまう問題もある。したがって、各個人が一定の収入を確保しつつ、かつ自分のライフスタイルに応じて柔軟な働き方を

選択できるような労働環境を整えることが必要である。そのためには、現在の労働環境を大きく変える必要があり、そのような大きな変化は各企業や労使交渉等に委ねるだけでは期待できない。したがって、このような大きな変化を伴う制度構築は、国や地方自治体が積極的に主導していく必要がある。国や地方自治体が主導的に労働条件を底上げするため、公契約条例ひいては公契約法の制定が求められるところである。

2　新たな法制度の構築

(1)　はじめに

　女性労働者には、非正規雇用、有期雇用、低賃金、育児との両立、社会保障給付の貧弱性等の多様な問題が存在している。非正規雇用の問題でいえば、正社員に比べて基本給が安い、諸手当・賞与・退職金がない、昇給・昇進がない、社会保険・労働保険に加入できないなどといった割合が非常に高く、社会的・経済的に不安定で、非正規雇用労働者が劣位に立たされている状況にある。加えて、非正規雇用の場合、ほとんどが有期雇用であり、雇止めの不安が常につきまとっている。そして、雇止めを免れたとしても、期間満了により職を失う場合もあり、いずれの場合も失職の不安を払拭することができない。

　一方で、妻は家庭に入り家事・育児・介護を担うべきという性別役割分担の意識により、女性は、家庭内労働や子育て等の無償労働の負担が男性に比べ格段に重くなっており、非正規労働を選択せざるをえない者も少なくない。また、賃金の問題でいえば、男性に比べ、女性の方が低賃金での労働を強いられているという大きな賃金格差がある。

　さらに、育児との両立、すなわち、仕事と出産・育児との両立困難によるＭ字型就労の問題でいえば、とりわけ女性の出産・育児期の労働力率の低さが目立つ。かかる労働力率を上げるためには、保育所を増やす必要があるが、いまだ多数の待機児童が存在しているのが現状である。

　最後に、女性や子どもに対する国、地方自治体による社会保障給付が貧弱

であるという社会保障の問題も存在している。

上記の女性の労働問題を解決するためには、女性労働者の正社員雇用、男女の賃金格差の是正、仕事と出産・育児との両立を企業側において支援する体制作りが必要となる。また、社会保障給付の問題については、国、地方自治体が女性の貧困問題の各要因に対応すべく積極的な是正措置に取り組むことが不可欠である。

(2) 正規雇用原則の重要性

憲法27条1項は「すべて国民は、勤労の権利を有し、義務を負う」と規定し、労働権（勤労権）の保障を宣言した。「労働権の保障は、生活の手段であり同時に労働者の生きがいでもあるという労働の二面性に対応して、二重の性格をもつ。すなわち、それは生活手段としての労働機会の保障と、労働そのものの権利の保障を含むものである。このいずれの側面においても、『労働』は働きがいがあり、正当な報酬を伴うもの、一言でいえば人間の尊厳に値する労働でなければならない。」（西谷敏『労働法（第2版）』日本評論社、2013年）のである。この「人間の尊厳に値する労働」を正規雇用と考えるべきである。したがって、正規雇用とは本来あるべき雇用の形態であって、①労働者が賃金を支払う使用者の指揮命令のもとで労務に従事する直接雇用、②期限が区切られていない安定した雇用、③生活するのに必要な賃金を確保できる十分な労働時間の確保、④人間らしい生活を営むことができる労働、という四つの要件を満たした雇用のことを言うと考えるべきである。

正規雇用を働き方の原則としてあまねく労働現場に行き渡らせていくための立法的課題について、以下言及する。

(3) 同一価値労働同一賃金の原則

1) はじめに

憲法14条は性別による差別を禁止し、労働基準法4条は男女同一賃金の原則を定めている。また、国は、1967年に同一価値労働についての男女労働者に対する同一報酬を定めたＩＬＯ100号条約を批准しており、同じく国が批准している女性差別撤廃条約11条1項（d）および社会権規約7条（a）（ⅰ）

号は締約国の義務として同一価値労働同一賃金の原則を掲げている。それにもかかわらず、男女間の賃金格差はいまだ大きく、労働基準法4条が規定する男女同一賃金の原則には同一価値労働同一賃金の原則が明記されていないため、同法の解釈上も不明確となり、わが国では同一価値労働同一賃金の原則はいまだ確立されているとはいえない。

　EUでは、すべての加盟国において、パートタイム労働指令、有期労働指令、派遣労働指令等が適用され、非正規労働者にも同一価値労働同一賃金原則にもとづく賃金制度が整備されている。わが国においては、正規雇用労働者と非正規雇用労働者との賃金をはじめとする処遇の格差が著しいのであり、その是正を図る実効的制度の実現が急務である。

　1951年に制定されたILO100号条約（「同一価値の労働についての男女労働者に対する同一賃金に関する条約」2条1項は「各加盟国は、賃金率を決定するため行われている方法に適した手段によって、同一価値の労働についての男女労働者に対する同一賃金の原則のすべての労働者への適用を促進し、及び前記の方法と両立する限り確保しなければならない。」と規定し、同一価値労働同一賃金原則を規定している。同条2項は、国内法令、法令にもとづく賃金決定制度、労使協定、あるいはこれらの手段の組み合わせのいずれかによってこの原則を適用することを規定し、さらに3条1項は、職務を客観的に評価する措置が、条約の実施に役立つ場合には、その措置をとるべきことを規定している。100号条約はILOの基本7条約のひとつであり、批准国も現在171か国に及んでいる。

　わが国も1967年に本条約を批准したのであるが、男性と女性、正規と非正規の賃金格差が先進諸国のなかでもきわめて大きくさらに拡大傾向にある。そのため、ILOの条約勧告適用専門委員会がたびたび日本政府に説明を求め続けており、2007年6月には総会委員会が日本政府に対して、国内法の整備を含む本条約の積極的促進のための政策を要請している。同一価値労働同一賃金原則は、日本が1979年に批准した国連人権委員会社会権規約7条にも「公正な賃金及びいかなる差別もない同一価値労働についての同一賃金」として定められている。

　派遣やパートなど正社員と雇用形態の異なる労働に従事する者が急増し、

こうした雇用形態の労働者の賃金が正規雇用労働者の賃金と比較して著しく低い状況を是正していくためには、早急に同一価値労働同一賃金原則実現のための国内法の整備が必要である。

わが国においては、労働基準法3条に「国籍、信条又は社会的身分」を理由とする賃金その他の差別的取扱いを禁止する規定が置かれ、4条に女性であることを理由とする賃金差別の禁止が規定されている。政府は、ＩＬＯ100号条約批准に当たって、同条約の国内法規定として労働基準法4条が存在すると説明していた。しかし、これまでわが国の裁判所においては、これらの規定は同一価値労働同一賃金の原則を規定したものとは解釈されていない。

わが国では、近年に労働契約法の改正やパート労働法の改正などによって正規雇用労働者と非正規雇用労働者の格差を是正する方向での一定の規定が新たに盛り込まれたのであるが、同一価値労働同一賃金の原則の実施に向けた法整備はいまだなされていない状態である。

労働基隼法および労働契約法において、同一価値労働同一賃金の原則の規定を創設すべきである。条文の文言としては、たとえば「使用者は同一価値労働の職務に従事する労働者に対しては同一の賃金を支払わなければならない。ただし、異なる賃金を支払うことに合理的な理由が存する場合はこの限りではない。異なる賃金を支払うことの合理性については使用者が立証しなければならない。」とすることが考えられる。

2) 職務分析・職務評価の制度確立の必要性

同一価値労働同一賃金の原則を実施していくためには、何が同一価値労働であるかを客観的に評価する基準の確立が不可欠である。すなわち、「職務」の価値評価基準の確立が必要である。

職務評価は同一価値労働同一賃金の原則を実施するためのツールであり、国際的には「得点要素法」にもとづき、ジェンダー平等の視点で、①知識・技能、②負担、③責任、④労働環境の四大ファクターを用いて客観的に評価する手法が確立されている。仕事は、どのような職種、職務であっても、四大ファクターを活用しなければ遂行できない。とりわけ、女性職の大半が対人サービス業であることから、負担（精神的、肉体的、感情的）のファクター

が重要である。

　職務評価とは、職務内容を比較し、その大きさを相対的に測定する手法であり、人事管理上よく用いられている人事評価とは異なる。職務評価方法にはいくつかの分類があるが、要素別点数法が優れている。職務の大きさを構成要素ごとに評価する方法である。評価結果を、ポイントの違いで表すのが特徴であり、要素別にレベルに応じたポイントを付け、その総計ポイントで職務の大きさを評価する。厚労省は、要素別点数法の一つである学習院大学が開発した「GEM Pay Survey System」をモデルとして説明をしている（厚労省「要素別点数法による職務評価の実施ガイドライン」2015年4月）。「GEM Pay Survey System」では、八つの評価項目（「人材代替性」、「革新性」、「専門性」、「裁量性」、「対人関係の複雑さ（部門外／社外）」、「対人関係の複雑さ（部門内）」、「問題解決の困難度」、「経営への影響度」）を挙げている。この八つの側面から職務の大きさを測定し、それぞれの評価項目ごとのウエイトを決定する。重要な「評価項目」であれば、ウエイトは大きく設定される。ウエイトを大きく設定することで、職務評価ポイントが大きく変化することになる。職務評価に当たっては、これらの職務評価項目の設定およびウエイトについての客観性・公平性をどう担保するかが課題である。

　2008年に国際労働機関（ＩＬＯ）が発行したガイドブック「公平の促進：平等な賃金実現のためのジェンダー中立的な職務評価（Promoting equity: Gender-neutral job evaluation for equal pay: A step-by-step guide）」では、①知識・技能（職務知識・コミュニケーションの技能・身体的技能）、②負担（感情的負担・心的負担・身体的負担）、③責任（人に対する責任・物に対する責任・財務責任）、④労働条件（労働環境・心理的環境）を職務評価項目として掲げている。わが国において、さらなる研究と検証作業の積み重ねによって、早期に客観的で公平な職務評価制度が確立されることが必要である。

　なお、わが国では格差是正のアプローチとして、「均衡」処遇という考え方が唱えられ、労働法制にもたびたび登場するが、「均衡」処遇は「同一価値労働同一賃金の原則」からは導き得ないものである。また、同一価値労働の評価基準要素として「人材活用の仕組み」を加えるべきであるとの見解がある。しかし、「人材活用の仕組み」は労働者が現在従事している職務とは別の要素

である。同一価値労働同一賃金原則における評価の対象である職務は労働者が現に従事している職務のはずであり、将来従事する可能性のある職務ではない。評価基準要素に加えることは賛成しかねる。また、仮に将来の職務の可能性すなわち「人材活用の仕組み」が異なるとしても、そのことによる全体の要素に占める割合が過大であることは許されない。現在従事している職務が同一であれば同一の処遇とすべきことが大原則である。

　均等待遇の実現には、法整備はもちろんであるが、労働審判申立て等を活用して速やかに是正するための独立専門機関が必要である。また職務評価を職場で具体的に実践するためには、企業側のコンサルタントではなく、都道府県労働局が職務評価のスキルを会得するために人材育成を行ない、スキルを持つ人が職務評価専門委員会を設置することが有効である。

　この専門委員会は労働組合や企業の労務担当者および労働者自身が活用できる機関として機能しなければならない。企業の利益を優先する職業能力評価制度ではなく、国際基準に則った公正で性に中立的な職務評価制度の確立こそが、男女賃金格差や雇用形態による賃金格差を是正する道である。そして、同一価値労働同一賃金の原則の確立は、何よりも、労働組合の正しい認識と積極的な取り組みがなければ実現できないことを付言しておく。

(4) 男女雇用機会均等法の改正の必要性

　労働における女性に対する差別をなくすためには、様々な法律の改正が必要であるが、とりわけ男女雇用機会均等法の改正が重要である。

　まず、男女雇用機会均等法6条の差別禁止に「賃金」を加えるべきでる。性別による賃金差別を規定する法文は労働基準法4条のみであるところ、同条の解釈では職務内容や職務遂行能力または勤続年数を理由として男女労働者間で異なる扱いをすることは禁止されていないとされ、女性であることを理由とする不利益取扱いであることが明白な事例以外の性別による賃金差別の救済が困難となっている。しかし、性別役割分担が解消されない日本において、家庭内労働の大部分を担う女性労働者が長時間労働を前提とする男性労働者と同じ働き方をすることは困難なため、女性労働者は就職時からまたは就職後に結婚や出産をきっかけに、男性と異なる働き方を選択せざるをえ

ない状況にあるところ、この選択が男女労働者間の異なる職務内容や勤続年数、雇用形態につながっている。このような、女性の働き方の選択肢が制限されている実情を考慮せず、賃金について職務内容や勤続年数を理由にして安易に男女労働者で異なる取扱いをすることは許されない。そして、男女労働者間で家庭内労働の分担が進んでも、出産等の女性特有の身体的負担があることからすれば、一定期間であれ、女性労働者が男性労働者と異なる働き方を選択せざるをえない状況が変わることはない。そこで、男女賃金格差のある現状を解消するため、労働基準法4条に定める男女同一賃金の原則に加え、女性労働者の男性と異なる側面を尊重しつつ、充実した職業生活を営むことができるようにすることを基本理念とする男女雇用機会均等法においても、男女の賃金差別を明確に禁止することが必要である。

　また、男女雇用機会均等法7条の「厚生労働省令で定めるもの」とした規定を改正し、女性に対する間接差別となる事項が、それに限定されるものではないことを明記するように改正すべきである。男女雇用機会均等法が、間接差別を限定的にしか禁止していないことやコース別雇用管理によって、女性の多くは、長時間労働や転勤を伴う基幹的労働や、昇格・昇進の機会から排除されている実態がある。そこで、立法の仕方として不適切な間接差別の限定列挙を廃止し、事実上、女性に対する差別につながる事項を広く性差別として認め、これらが禁止されるようにすべきである。

(5)　長時間労働の規制

1)　諸外国の規制

　わが国のフルタイム労働者の総実労働時間は過去20年ほど変わっていないところであり、労働者の健康保持のため、ワークライフバランス保持のために、総実労働時間を適切な範囲内に規制する制度を直ちに法制化すべきである。どのように規制すべきか。参考のために、諸外国における労働時間規制について紹介する。

i)　EU法による労働時間規制

　EU（欧州連合）における労働時間規制は、基本的に労働時間指令により

行われる。現在は、2003年の労働時間規制により労働時間が規制されているが、そこでの規制内容の概要は以下のとおりである。

① **24時間当たりの休息時間の規制**　24時間について最低でも11時間の休息時間を求めている。その結果、1日の拘束時間（労働時間と休憩時間を合わせた時間）の上限は13時間になるとともに、不規則な労働時間（たとえば、午後11時から翌日午前8時までの勤務をした後、その日の午後5時から勤務に入る等）も規制されることになる。

② **週当たりの休息時間**　7日ごとに原則として連続35時間の休息時間を求めている。この場合、変形制も認められているが、その算定基礎期間は14日間である。たとえば、2週間のうち、11日間連続して勤務されることは可能だが、その場合には必ず3連休を与えることになる。

③ **週労働時間**　7時間外労働を含めた7日当たりの労働時間が48時間を超えないことを求めている。この場合も変形制が認められているが、その算定基礎期間は4か月である。たとえば、3か月間、週の労働時間を40時間にした場合には、1か月間だけ週の労働時間64時間にすることができる。ただし、前記のとおり、休息時間の原則があるので、実際に週に64時間の労働時間を適法に行なうことができるかはかなり疑問である。

④ **加盟国の労働時間の状況**　前述のEU指令を受けて、法定の最長労働時間は、週当たりで、フランス、ドイツ、イギリス等は48時間であるが、フィンランド、ノルウェー、スペイン、スウェーデン等は40時間であり、ベルギーは38時間である。

1日当たりでは、フランスが10時間、ドイツが8時間、イギリスが13時間、フィンランドが8時間、ノルウェーが9時間、スペインが9時間、スウェーデンが13時間、ベルギーが8時間である。週平均の実労働時間もフランスが38時間、ドイツが40.5時間、イギリスが40.5時間、フィンランドが37.8時間、ノルウェーが37.5時間、スペインが39.4時間、スウェーデンが39時間、ベルギーが38.6時間である。

これらの国にも、一定の厳格な要件のもと、労働時間規制の適用除外とな

る労働者がいるが、そのような労働者は、ドイツで数％、フランスでも20％程度にとどまり、このような労働者について、日本のように「過労死」が問題となることもない。

ⅱ）　アメリカにおける労働時間規制

　アメリカの場合、ＥＵのような直接的な労働時間の規制はなく、日本と同様に、一定の労働時間を越えて労働をさせる場合には、時間外の割増賃金の支払が必要になる。アメリカの場合、40時間を超えて時間外労働をさせる場合には、通常の賃金の1.5倍の賃金を支払う必要がある。

　アメリカの場合、ホワイトカラー・エグゼンプションという規定により、ホワイトカラーの相当な範囲の労働者が時間外賃金の支払対象から除外されている。この規定は、日本において労働時間の規制緩和を進める際に、参考対象とされている。

　ホワイトカラー・エグゼンプションについて、まず確認すべきことは、ブルーカラーの労働者、具体的には、非管理的生産ライン被用者や保守・建設およびそれに類する職務に従事する非管理的な被用者には適用されないということである。また、ホワイトカラー労働者がエグゼンプトと認定され、時間外賃金の支払対象から除外されるためには、以下の要件、①一定水準以上の俸給額が支払われること（俸給水準要件）、②時間給ではなく俸給基準で賃金が支払われること（俸給基準要件）、③職務内容が管理能力や専門的知識を発揮する性質のものであること（職務要件）をすべて充足することが必要である。これらの要件については、法律レベルでもかなり細かく規定されているが、規則レベルまで見るとかなり詳細な規定となっている。

　アメリカで実施されているホワイトカラー・エグゼンプション制度は適用対象が広範に広がりすぎているとの批判があり、現在規則の改正がすすめられている。現行週455ドルである俸給基準を週970ドル（年間5万440ドル）に段階的に引き上げられる予定である。アメリカのホワイトカライグゼンプション制度が多くの問題を含んでいることは確かである。

2) 労働基準法改正法案について

　政府は、2015年4月「労働基準法等の一部を改正する法律案」を国会に提出し、2017年3月現在も継続審議中である。同法案は、「特定高度専門業務・成果型労働制（高度プロフェッショナル制度）」を創設し、高度専門的知識を要する業務において、年収が平均給与額の3倍の額を相当程度上回る等の要件を満たす労働者については、労働基準法で定める労働時間ならびに時間外、休日および深夜の割増賃金等に関する規定を適用しないものとしている。この制度は、わが国の長時間労働の蔓延、過労死および過労自殺が後を絶たない深刻な現状において、さらなる長時間労働を助長しかねない危険性を有するものである。また、同法案は、企画業務型裁量労働制について、対象業務を拡大するとしている。裁量労働制によれば、労働の量や期限は使用者によって決定されるため、命じられた労働が過大である場合、労働者は事実上長時間労働を強いられ、しかも労働時間に見合った賃金は請求し得ないという問題が生じる。よって、長時間労働が生じる恐れのある裁量労働制の範囲の拡大は慎重に検討されるべきである。

　なお、政府は、上記制度の創設や見直しと同時に、働き過ぎ防止のための法制度の整備を同法案の目的として掲げている。しかし、同法案には、労働時間の量的上限規制や休息時間（勤務間インターバル）規制のように、直接的に長時間労働を抑止するための実効的な法制度は定められていない。労働者の命と健康を守る観点からすれば、政府の議論の進め方そのものにも大きな問題があるといわざるをえない。

3) あるべき労働時間規制

　わが国では、一般労働者（フルタイム労働者）の年間総実労働時間が2013年時点で2000時間を超え（第103回厚生労働省労働政策審議会労働条件分科会資料および厚生労働省「毎月勤労統計調査」から）、他の先進国と比較して異常に長く、労働者の生命や健康、ワークライフバランス保持、過労自殺および過労死防止の観点から、長時間労働の抑止策は喫緊の課題であるが、これに対する実効的な制度が定められていないことは大きな問題である。

　早急に長時間労働を是正するための実効的な法制度を構築することが必要

である。1日8時間・1週40時間の労働時間規制の原則を維持しつつ、三六協定による労働時間の延長の限度について、月45時間を限度とすべきである。段階的に、1週・年間等の延長限度の各基準を厳格化するとともに、1日の労働時間の延長限度についても法定化すべきである。延長の限度基準としては、将来的には、1日2時間（1日の最大労働時間10時間）、1週8時間（1週の最大労働時間48時間）、年間180時間程度をめざすべきである。ただし、職務の性格等により上記の制限時間の超過が必要やむをえないと認められる場合、その限度において政令をもって職種ごとに延長可能時間の範囲を規定することができることとすべきである。また、1日の最終的な勤務終了時から翌日の勤務開始時までに、一定時間の間隔を保つことを保障する「勤務間インターバル規制」も導入すべきである。使用者は、始業時刻が固定されているか否かを問わず、勤務開始時点から24時間以内に連続11時間以上の休息時間を付与しなければならないとすべきである。

(6) 最低賃金・公契約条例

1) 最低賃金引上げの重要性

わが国における最低賃金額は、2016年全国加重平均823円であり、依然として先進諸外国と比較しても低い水準である。また、最低賃金の地域間格差が依然として大きいことも問題である。2016年の最低賃金時間額の分布は714円（宮崎県、沖縄県）から932円（東京都）と実に218円もの格差が生じている。地方での雇用確保と地域経済の活性化のためにも、地域間格差の縮小は喫緊の課題である。

最低賃金の引上げは、同制度の主な適用対象者である非正規労働者の賃金面における待遇改善および生活と健康の確保の点からも重要である。最低賃金の引上げにおいては、本来、1日8時間、週40時間の労働で、経済的な心配なく暮らしていけるだけの賃金を確保できるようにすることをめざすべきである。しかるに、全国加重平均の時給823円で1日8時間、月22日間働いた場合、月収は14万4848円に過ぎず、この水準では労働者個人の生活は安定しない。最低賃金の大幅引上げを実現することが必要である。

ちなみに、アメリカ合衆国では連邦最低賃金（7ドル25セント）とは別に

州法のレベルで州に適用されるべき最低賃金を定めることができる。現在、約30州が連邦最低賃金を上回る州最低賃金を定めている。この30州のほとんどは、ここ数年で引き上げたところが多い。シアトル市、サンフランシスコ市、ロサンゼルス市、カリフォルニア州、ニューヨーク州では、15ドルへの引き上げが議会で決定している。

アメリカでは、最低賃の引上げが地域経済に好影響をもたらしていることの検証論文が多数発表されている。中小零細企業に対する支援対策をしっかりと取りながら最低賃金大峰幅引上げを図ることが、拡がる貧困と格差の是正のための重要な政策と位置づけられている。

2) 公契約条例による最低賃金規定の意義

ILO94号「公契約における労働条項に関する条約」が公契約規制に関する条約である。1949年に成立し59か国が批准しているが、日本は未批准である。

同条約は、契約の一方当事者が公の機関である場合や公の機関による資金支出がなされている場合において、契約の他方当事者により労働者が使用されるものであって、土木建設、各種装置など製造、サービス提供等を契約目的とするものである場合には、地方レベルでの労働協約や法令などで定められている賃金・労働時間等の労働条件を労働者に確保することを各国に義務づけている。

国や地方自治体が労働者の賃金引上げに向けて率先して行動すべきことを規定している。現在、国や地方自治体が行なう事業のかなりの部分が民間に委託されており、その発注は競争入札によって行なわれるのが原則である。しかし、受注者が自ら事業を遂行するのではなく下請、孫請といった重層下請構造で受注事業を遂行する場合が多い。その際、下請、孫請の業者、労働者は、元請の圧力によって、きわめて劣悪な労働条件で働かざるを得ないことが多い。本来発注に当たって基準にもとづき算定され税金から支出される労務費が、現場で働く労働者に払われていない実態が存在する。こうした実態を改善し、公契約に携わる労働者の賃金を底上げすることによって、地域の賃金を底上げし、地域経済の活性化を図ろうとするのが公契約規制である。

最低賃金法にもとづく地域別最低賃金がきわめて低いわが国においては、国や自治体が労働者の賃金を底上げするために公契約規制をかけて公契約に従事する労働者の最低賃金を相当額に引き上げることが、拡がる貧困と格差を解消するためのきわめて有効な政策である。

　2009年9月の千葉県野田市での条例成立を受けて、その後、川崎市、多摩市、相模原市、東京都渋谷区、国分寺市、厚木市、直方市、東京都千代田区、三木市、我孫子市、加西市、加東市、高知市など全国に条例制定が拡がりつつある。さらに、いっそう全国各地で条例が制定されることを望むとともに、国においても公契約法の制定がなされることが必要である。

(7) 労働者派遣法の改正

　派遣という働き方は、使用者と雇用者が分離され労働者にとって好ましくない働き方である。労働は直接雇用が原則とされるべきであり、派遣という間接雇用は例外とされなければならない。1985年に導入された労働者派遣制度は、こうした考え方にもとづき「常用代替防止」を遵守すべきであるとしてきた。しかし、2015年の労働者派遣法改正法案は、この原則を葬り去り、派遣という働き方を直接雇用と並ぶ多様な働き方の一つとして広く認めるという方向に転じた。企業は、派遣労働者の入れ替え等を通じて恒常的に派遣労働を利用することができるようになろうとしている（2015年7月現在）。

　しかし、派遣労働者が、継続雇用の保障がないきわめて不安定な身分であり、多くが劣悪な労働条件であることに変わりはない。派遣労働は例外的なものであり、直接雇用を原則とする法改正が必要である。

　具体的には、まず、派遣対象業務を専門的業務に限定するポジティブリストに戻すことである。職業安定法は、事業主が雇用する労働者を他人の指揮命令下で就労させる労働者供給形態を禁止して直接雇用形態こそが原則であることを示している。

　次に、登録型派遣の廃止である。登録型派遣は、労働者があらかじめ派遣会社に派遣スタッフとして登録しておき、派遣先からの仕事があるときだけ派遣元会社に雇用されて一定の派遣期間のみ派遣先企業で働くという雇用形態であって、きわめて雇用が不安定であり、安定した賃金収入が得られる見

込みもない。登録型派遣の廃止を含む労働者派遣法の抜本的改正を行なうべきである。

(8) 有期労働契約の規制

1) 有期労働契約が増大した背景

　有期労働契約の増大は、恒常的業務における労働力を安価な非正規雇用へ転換するという企業のニーズにもとづくものであることは明らかである。契約締結に当たって優越的地位にある使用者が、有期労働契約の自動終了という機能の獲得を目的として有期労働契約を労働者に押しつけているというのが現実である。使用者は、とりあえず有期労働契約を締結し、必要だけ更新を繰り返して不要になれば更新せず、期間満了で辞めてもらおうとするのである。労働者は期限の定めのない労働契約の確保が困難なことからやむをえず、有期労働契約を選択せざるをえないという実情にある。従来、有期労働契約については「臨時的雇用」であり「景気の調整弁」としての役割が強調されてきた。しかし、現在では、景気の動向に関わりなく、多くの企業が、従来は期限の定めのない正規雇用労働者に従事させてきた職務を有期雇用労働者によって賄うように変化している。このような有期労働契約の実態に即した法解釈や立法政策が展開されなければならない。

2) 有期労働契約の規制について

　有期労働契約の規制の方法としては、入口である締結行為を規制する方法（入口規制）と出口である終了（雇止め）を規制する方法（出口規制）があり、諸外国においては様々な規制がなされている。フランスでは有期労働契約を締結できる場合を法律で限定列挙している。ドイツでも2年を超える有期労働契約については法律に列挙する客観的な正当理由が必要とされている。イギリス、フランス、デンマーク、韓国では有期雇用の最長期間や更新回数が制限されている。

　有期労働契約の締結自体について規制が図られるべきである。有期労働契約には人身拘束機能、雇用保障機能、自動終了機能の三つの機能があるとされるが、労働者にとってのメリットであるはずの雇用保障機能は、期限の定

めのない労働契約について解雇権濫用法理が確立したことからもはや有利なものではなくなった。労働者の権利保護の観点からすれば、労働契約は期間の定めのない契約が本来の姿なのであって、契約自由の原則を根拠とする自由な有期労働契約の締結を野放しにすることを認めるべきではない。

わが国では、労働契約法の改正により、5年を超える有期雇用の無期雇用への転換申込規定が創設されたが（労働契約法18条）、有期労働契約は合理的な理由がある場合にのみ締結できるとする入口規制を早期に確立すべきである。

3 ポジティブアクション（積極的差別是正措置）の創設

(1) はじめに

1) 女性の活躍推進に関する政策

政府は、2010年12月に閣議決定した第三次男女共同参画基本計画において、政策・方針決定過程への女性の参画を広げるため、「2020年30％」の目標達成に向けて、政治、司法、行政、雇用、農林水産、教育、科学技術・学術、地域・防災の分野における成果目標（24項目）等を設定した。内閣府男女共同参画局基本問題・影響調査専門調査会は、2011年3月から、ポジティブアクションワーキンググループを設置して、日本におけるポジティブアクションの推進方策を検討し、同年12月に「政治分野、行政分野、雇用分野及び科学技術・学術分野におけるポジティブアクションの推進方策について」と題する最終報告書を政府に提出した。同報告書において、ポジティブアクションは、男女に均等な機会を与えるという制度的対応に加え、女性を取り巻く社会的状況および職場環境の現状を理解し、女性の活躍を阻害している要因を取り除いて能力発揮につなげるための積極的な措置であり、社会のあらゆる分野における男女の格差を是正するうえで不可欠の制度であると指摘されている。なお、2015年12月に閣議決定した第四次男女共同参画基本計画においても、同様の目標が維持されている。

その後、2014年6月に閣議決定された『「日本再興戦略」改訂2014―未来への挑戦―』では、「女性の活躍推進に向けた新たな法的枠組みの構築」が提

言され、2015年8月28日、「女性が活躍できる社会環境の整備の総合的かつ集中的な推進に関する法律案（いわゆる女性の活躍推進法案）」が成立した。

2) 政策に対する疑念の声

しかしながら、これまで見てきたとおり、多くの女性労働者にとっては、まず、就労継続や正社員就業等が困難であるという問題が立ちはだかっているのであり、「活躍」どころか「自活」さえ難しいのが現状である。

このような現実をふまえると、女性管理職の積極的登用という政策は、それ単独では、女性労働者間の格差を拡大することに寄与してしまうだけであり、かつ、一部女性労働者の管理職登用によって、男女労働者間に生じている格差があたかも解消したかのように解釈される危険性すらある(内藤忍「企業の差別是正の取組を促進する法的なしくみのあり方――イギリスの規制手法を参考に――」生活経済政策2014年10月)。

とすれば、多くの困難な状況に置かれた女性たちが置き去りにされ、真の意味で必要な格差の是正や支援のあり方が歪められる危険があるのではないか。このような視点から、ポジティブアクションとは何か、関係する法律や政策にはどのようなものがあるのかについて確認し、各分野におけるポジティブアクションの手法はどのようなものが想定されるか、導入されているあるいは導入が検討されている政策にはどのような課題があるのか、ポジティブアクションによる差別是正に伴い女性の貧困は解決されるのか等について、検討する。

(2) ポジティブアクションとは

1) ポジティブアクションの定義

ポジティブアクションとは、一義的に定義することは困難であるが、一般的には、社会的・構造的な差別によって不利益を被っている者に対して、一定の範囲で特別の機会を提供すること等によって、実質的な機会均等を実現することを目的として講じる暫定的な措置のこと（内閣府男女共同参画局基本問題・影響調査専門調査会「最終報告」（2012年2月）より引用）をいう。

2) ポジティブアクションに関する条約・法律

ポジティブアクションに関連する主な条約、法律の規定は、以下のとおりである。

ⅰ) 女性差別撤廃条約

女性差別撤廃条約4条1項では、暫定的特別措置について規定している。具体的には、「締約国が男女の事実上の平等を促進することを目的とする暫定的な特別措置をとることは、この条約に定義する差別と解してはならない。ただし、その結果としていかなる意味においても不平等な又は別個の基準を維持し続けることとなってはならず、これらの措置は、機会及び待遇の平等の目的が達成された時に廃止されなければならない」としている。

ⅱ) 男女共同参画社会基本法

男女共同参画社会基本法（この項において以下、「基本法」）2条2号では、積極的改善措置につき「前号に規定する機会に係る男女間の格差を改善するため必要な範囲内において、男女のいずれか一方に対し、当該機会を積極的に提供すること」と規定している。当該積極的改善措置は、女性だけでなく男性も対象とするが、個別の措置については男性か女性のいずれか一方が対象となる。

ⅲ) 男女雇用機会均等法

男女雇用機会均等法では、8条において、女性労働者に係る措置に関する特例として「前三条の規定は、事業主が、雇用の分野における男女の均等な機会及び待遇の確保の支障となっている事情を改善することを目的として女性労働者に関して行う措置を講ずることを妨げるものではない」としている。これは、過去の女性労働者に対する取扱い等が原因で雇用の場において男性労働者との間に事実上の格差が生じている場合、その状況を改善するために女性のみを対象とした措置や女性を有利に取り扱う措置を行なうことが法違反にならないことを定めたものである。

同法14条は、「事業主が雇用の分野における男女の均等な機会及び待遇の

確保の支障となっている事情を改善することを目的」とし、一定の「措置を講じ、又は講じようとする場合には、当該事業主に対し」て国が援助できることを定めている。しかし、同規定は、あくまでも事業主によるポジティブアクションへの自発的取り組みを奨励するという程度に止まっており、事業主に対して、男女間格差の積極的是正に取り組むことを義務づけるものではない。

(3) ポジティブアクションの必要性

なぜポジティブアクションが必要なのか。その理由には、以下に述べるとおり、実質的平等の確保、民主主義の要請、そして国際社会からの要請という三つの視点がある。

1) 実質的な機会の平等の確保

日本では、性別役割分担の意識の根強さや過去からの経緯等によって、現状では男女の置かれた社会的状況において個人の能力・努力によらない格差が存在する。このようななかで実質的な機会の平等を担保するためには、単に形式的な機会の平等を与えるだけでは困難である。

2) 民主主義の要請

女性をはじめとする多様な人々が参画する機会を確保することは、社会のルールや資源配分を意思決定し、これらを実施する場である政治・行政分野において、多様な構成員が意思を公平・公正に反映させ、共に責任を担うとともに均等に利益を享受することができる社会の実現という民主主義の要請でもある。

3) 国際指標における著しい低位

世界各国の男女平等の度合いを指数化した世界経済フォーラム（WEF）の2016年版「ジェンダー・ギャップ指数」において、日本は、政治への関与において103位、経済活動の参加と機会において118位、教育において76位、総合すると調査対象142か国のうち111位と主要先進国の中で最下位という

図表 3-1　GGI ランキングトップ 20（2014 年）

ランキング	国名	GGI	
1	アイスランド	0.859	北欧
2	フィンランド	0.845	欧州
3	ノルウェー	0.837	アジア
4	スウェーデン	0.817	北中米
5	デンマーク	0.803	アフリカ
6	ニカラグア	0.789	
7	ルワンダ	0.785	
8	アイルランド	0.785	
9	フィリピン	0.781	
10	ベルギー	0.781	
11	スイス	0.780	
12	ドイツ	0.778	
13	ニュージーランド	0.777	
14	オランダ	0.773	
15	ラトビア	0.769	
16	フランス	0.759	
17	ブルンジ	0.757	
18	南アフリカ	0.753	
19	カナダ	0.746	
20	米国	0.746	
⋮			
59	シンガポール	0.705	
104	日本	0.658	
117	韓国	0.640	
—	グローバル平均（142 か国）	0.676	

出典：World Economic Forum（2014）より日興フィナンシャル・インテリジェンス作成

結果になった（【図表3-1】）。調査が始まった 2006 年には 80 位だったが、順位は毎年のように落ちており、近年は停滞している。諸外国が女性の参画を拡大しているなかでこの 10 年あまりの間に格差は拡大している。

　日本がランクを下げている大きな原因は、「経済活動への参加と機会」および「政治への関与」における男女格差の大きさにある。

4) **女性差別撤廃委員会による度重なる勧告**

　こうした状況に鑑み、国連の女性差別撤廃委員会は、女性差別撤廃条約に

もとづき、一般勧告のほかに、日本政府に対して、ポジティブアクション等の措置を講じるよう勧告を繰り返している。具体的には、以下のとおりである。

ⅰ）一般勧告 25 号（2004 年）

　事実上の男女平等を促進するための措置を導入することにより、条約を完全に実施するための行動をとる必要がいまだなおあることが明らかになった点に留意し、条約 4 条 1 項を想起し、締約国が、教育、経済、政治、および雇用の分野への女性の統合を促進するために、ポジティブアクション（積極的参画措置）、優遇措置、あるいはクオータ制（割り当て制）等の暫定的な特別措置をいっそう活用することを勧告する。

ⅱ）日本政府による第 4 回第 5 回報告に関する最終見解（2003 年）

　委員会は、国の審議会等における女性の登用拡大のための指針および社会のあらゆる分野において、2020 年までに指導的地位に女性が占める割合を 30％にするという数値目標が設定されたことを歓迎する一方、国会、地方議会、司法、外交官等のハイレベルの、選挙で選ばれる機関において、また市長、検察官、警察官への女性の参加が低いことについて懸念を有する。
　委員会は締約国（日本）が、公的活動のあらゆる分野、とくにハイレベルの政策決定過程に女性が参画する権利を実現するため、なかでも条約 4 条 1 項にもとづく暫定的特別措置の実施を通じ、政治的・公的活動における女性の参加を拡大するためのさらなる取り組みを行なうことを勧告する。

ⅲ）日本政府による第 6 回報告に関する最終見解（2009 年）

　委員会は、締約国（日本）において、とくに職場における女性や政治的・公的活動への女性の参画に関して、実質的な男女平等を促進し、女性の権利の享受を向上させるための暫定的特別措置が講じられていないことに遺憾をもって留意する。委員会は、本条約 4 条 1 項および委員会の一般勧告 25 号に従って、学界の女性を含め、女性の雇用および政治的・公的活動への女性の参画に関する分野に重点を置き、かつあらゆるレベルでの意思決定過程への女性の参画を拡大するための数値目標とスケジュールを設定した暫定的特別

図表3-2 各分野における「指導的地位」等に占める女性の割合

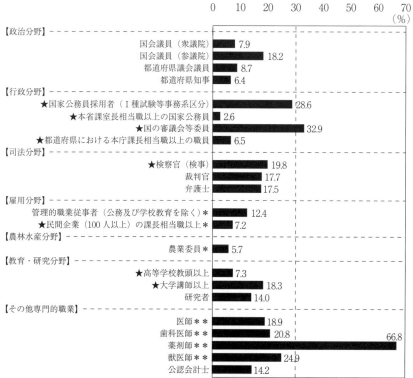

備考)「女性の政策・方針決定参画状況調べ」(平成24年12月)より、原則として平成24年のデータ。ただし、＊は平成23年、＊＊は平成22年のデータ。なお、★印は、第三次男女共同参画基本計画(平成22年12月17日閣議決定)において当該項目またはまとめた項目が成果目標として掲げられているもの。
出典：内閣府「男女共同参画局ホームページ」

措置を導入するよう締約国(日本)に要請する。

iv) 日本政府による第7回および第8回報告に関する最終見解(2016年)(仮訳)

　委員会は、前回の勧告を改めて表明するとともに、締約国(日本)に、選出および任命される地位への女性の十分かつ対等な参画を加速するため、一般勧告25号(2004年)ならびに政治的および公的活動における女性に関する同勧告23号(1997年)に従い、法定クオータ制度などの暫定的特別措置

をさらに取り入れること。

　議会、政府、地方自治体（首長）や司法、外交、学会を含むすべてのレベルにおいて 2020 年までに指導的地位への女性の参画比率を 30% トするという第三次および第四次男女挙動参画基本計画で設定した目標の効果的実施を確保すること。

5）　まとめ

　以上のように、ポジティブアクションの導入は、真の意味での男女の平等および民主主義の実現に必要なものであり、かつ国際社会からの要請でもあることが繰り返し確認されている。

(4)　ポジティブアクションと能力主義との関係

1)　能力主義に反するという意見

　企業、大学等における採用・登用は、いわゆる「能力主義」のもとで行なわれるのが一般的であるとされており、しばしばポジティブアクションと矛盾するといった意見もある。能力主義とは、採用・登用に当たって、本人の能力にもとづく評価を徹底し、性別、信条等の要素を考慮することを排除するという考え方である。一般的に能力主義のもとで採用・登用が行なわれる分野においては、女性も男性と同一の基準で評価されるので、女性に不利に働くことはなく、ポジティブアクションは不要であるという意見もある。

2)　能力主義の限界

　しかし、実際には、能力の評価基準が必ずしも客観的であるとは限らない。固定的性別役割分担の意識が根強く残っていること等によって能力以外の要素も考慮されることや、能力の評価基準は客観的であっても、固定的性別役割分担の意識が根強く残っていることなどから評価基準が女性と男性とで同じように適用されない場合が多々あるのが現状である。また、長時間労働を前提とした評価基準では時間制約のある人は評価されないという問題も大きい。このような場合には、採用・登用を決めるプロセスのなかで固定的性別役割分担の意識を解消する取り組みを進めるとともに、女性に対する実質的な機

会の平等が確保されるよう評価方法の見直しの取り組みを進めることが必要である。とはいえ、こうした取り組みは、ただちに効果を発揮し、またはただちに実施することができるものばかりではないため、女性に対する機会の平等を実質的に担保するポジティブアクションの導入なくして、現に存在する格差を是正することができないという実状がある（内閣府男女共同参画局基本問題・影響調査専門調査会「政治分野、行政分野、雇用分野及び科学技術・学術分野におけるポジティブアクションの推進方策について」2011年12月）。

(5) 諸外国の雇用に関するポジティブアクションに関する取り組み

1) 諸外国におけるポジティブアクション

諸外国において管理職や取締役における女性の参画促進に向けた新たな取り組みを導入する動きが見られる。

ⅰ) 取締役会におけるクオータ制

法律により、個々の企業に対し、取締役会の構成メンバーについて男女双方が一定の割合以上になることを求める取締役会におけるクオータ制を導入した国として、イスラエル、ノルウェー、スペイン、オランダ、アイスランド、フランスがある（【図表3-3】）。具体的には、上場企業や従業員数が一定以上の企業を適用対象とする国が多い。

一方、ノルウェーでは、すべての株式会社を対象としたうえで、取締役の人数に応じた割当を行なっており、取締役が2～3人の場合は取締役に男女両方含まれること、4～5人の場合は一方の性が2人を下回らないこと、6～8人の場合は一方の性が3人を下回らないこと、9人の場合は一方の性が4人を下回らないこと、10人以上の場合は男女双方がそれぞれ40％以上とすることが定められている。法律で定められた割合を遵守しない場合、オランダでは、企業に対し遵守しない理由の説明が求められている（なお、日弁連によるオランダ調査（後掲）では、この点について、ほんの一部の企業しか理由の説明を行なわず、また説明を行なった場合でも、その理由があまりに形式的で中身のないものであったため、法に実効性がないとして、2016年1月1日をもって廃止されるという残念な報告をうけた）。また、ノルウェーでは、割当

図表 3－3

国名	根拠法（制定年）	対象	割当の内容
イスラエル	国営企業法 （1993年）	国営企業	女性取締役がいない場合、担当大臣が女性を任命。
	会社法 （1999年）	企業	取締役に一方の性がいない場合、義務的に任命される社外取締役2名のうち1名はもう一方の性とする。
ノルウェー	会社法 （2003年）	・国営企業 ・複数州で活動する企業	男女それぞれ40％以上。
	会社法 （2005年）	株式会社	取締役の人数に応じて異なる割合を設定。 　取締役2～3名：男女双方 　同4～5名：男女とも2名以上 　同6～8名：男女とも3名以上 　同9名：男女とも4名以上 　同10名以上：男女とも40％以上 遵守できない場合、企業名の公示、企業の解散等の制裁あり。
スペイン	実践的男女平等法 （2007年）	従業員250名以上の上場会社	2015年までに女性の割合を40％以上60％以下にする。
オランダ	専務・常務取締役におけるジェンダー・クオータ法 （2009年）	・国営企業 ・従業員250名以上の有限責任会社	2015年までに男女それぞれ30％以上。 遵守できない企業は説明が求められる。
アイスランド	ジェンダー・クオータ法（2010年）	従業員50名以上かつ取締役3名以上の国営企業と株式会社	2013年9月1日までに男女それぞれ40％以上。
フランス	取締役および監査役の構成に関する法律 （2011年） ※2017年までの時限立法	・上場企業 ・非上場企業のうち最近3年間の年商が5,000万ユーロ以上かつ従業員を少なくとも500名雇用している企業	・2011年から上場企業は6年以内、非上場企業は9年以内に男女それぞれ40％以上。ただし、上場企業は3年以内に20％以上とする。 ・一方の性のみで取締役会が構成される企業は2012年度までにもう一方の性を少なくとも1名登用する。

備考）　内閣府「諸外国における政策・方針決定過程への女性の参画に関する調査」（平成21年）、各国資料、EU資料等より作成。
出典：内閣府「2011年版男女共同参画白書」

を遵守しない企業に対しては、企業名の公表、企業の解散という制裁を課すことを定めている。一方、スペインでは、割当を遵守しない企業に対する制裁は定められていないが、スペイン政府は法律で定められた割合を遵守している場合、その点を公共契約において考慮することを発表している(「2011年版男女共同参画白書」)。

ⅱ) EUクオータ指令

　EUは、2011年3月、加盟10か国の企業代表を集めた会合において、欧州の上場大企業取締役会における「過少代表的な性(事実上女性)を2020年までに40%に引き上げるための自主的な取組」を企業に要請し、1年後の2012年3月までにその努力が認められない場合には、一定割合の女性の取締役会の登用義務を加盟各国に義務づけるクオータ制に関する「指令」を検討する予定との決意を表明したが、女性比率40%実現に努力すると制約署名した企業はわずか24社に過ぎなかった。そこで立法によって義務化する方向で調整した結果、域内の上場企業等を対象に社外取締役の女性クオータ制を導入する指令案(EUクオータ指令案)が2012年11月に提出された。同指令案は、従業員規模が250人以上、年間売上高が5000万ユーロ以上の企業に対して、社外取締役(非常勤)の女性比率を2020年(公企業は2018年)までに40%以上とするよう求めている。ただし、各国・企業の個別事情に配慮し、上記にかわり、社内取締役(常勤)の女性比率に関する自主的な目標設定を認めたり、罰則内容も各国に委ねるなど、比較的柔軟な内容となっている。同指令案は、EUの立法機関である欧州議会および閣僚理事会に送付され、欧州議会本会議で2013年11月に賛成多数で可決した(柴山恵美子「2020年までに上場大企業の非業務取締役会の女性比率を40%へ—深化・拡大するEUクオータ戦略」労働運動研究復刊39号2014年12月)。2017年3月現在、役員会の承認待ちであり、間もなくその承認も得られEU域内の法制化が正式に決まるとの見通しもある。

2) 女性管理職に関する諸外国の取り組み

　アイスランドでは、2010年、従業員25名以上の企業に対し、男女別の従業

員数と管理職数の公表を求める法律が制定された（「2011年版男女共同参画白書」）。

　デンマークでは、2008年に政府と企業等の団体の連携により、女性の管理職を増やすための憲章が作成された。大企業、中小企業、大学、政府機関等がこの憲章に署名しており、署名した団体は女性管理職数の目標とその達成期限を設定し、女性管理職の増加に向けた自主的取り組みを行なう。さらに、署名団体は取り組みの進捗状況に関する報告書を2年ごとに提出することとなっている（「2011年版男女共同参画白書」）。

　ドイツでは、2015年3月27日、女性クオータ法が承認された。同法の成立に伴い、大手企業108社は、2016年1月から監査役会の女性比率を30％以上とすることが義務づけられた。さらに大手企業3500社には、役員や管理職の女性比率を高めるための自主目標の設定、具体的措置、達成状況に関する報告義務が課される（「2011年版男女共同参画白書」）。

　韓国は、2005年12月に「男女雇用平等及び仕事・家庭の両立支援に関する法律」（男女雇用平等法）を改正し、2006年3月1日から積極的雇用改善措置制度を導入した。2013年現在、常用労働者500人以上の民間企業および50人以上の公共機関等が対象となっている。積極的雇用改善措置の内容は、対象事業所に男女別雇用者数と女性管理職比率の提出を義務づけ、規模別産業別に平均値を算定すること、女性従業員や女性管理職比率が各部門別平均値の60％に満たない企業に対し、改善計画を策定・履行するよう指導することなどである。対象事業所は毎年3月末に雇用改善の目標値や実績、雇用の変動状況等を雇用労働部に報告するよう義務づけられている。しかし、同制度を導入してから6年が経過した2013年の調査においても、女性の雇用比率と管理職比率は依然として横ばいで推移しており、とくに従業員1000人以上の大企業では2012年に女性の雇用比率が低下するなど苦戦を強いられている（独立行政法人労働政策研究・研修機構労働トピック「女性の雇用比率、依然として足踏み—積極的雇用改善措置の導入から6年」2013年10月）。

(6) 日本の現状

1) 民間企業
ⅰ) 民間企業における女性の活躍促進の効果

内閣府男女共同参画会議基本問題・影響調査専門調査会は、「～女性が活躍できる経済社会の構築にむけて～」と題する報告書（2012年）のなかで、女性の活躍促進は活力ある日本を再生するための重要な鍵であると指摘する。

すなわち、「経済社会における女性の活躍促進は、女性の希望する生き方の実現につながり、ひいては結婚や子どもを持つことなど家族形成等に関する男女の希望の実現にもつながる。女性を始めとする多様な人々が、経済社会に参画する均等な機会を確保し、その能力を十分に発揮することは、生産年齢人口が減少する中で労働力の量的拡大という観点もさることながら、グローバル化や消費者ニーズの多様化に対応して持続的に新たな価値を創造するために不可欠である。女性の経済的エンパワーメントは、成長の恩恵がより多くの人々の及ぶ機会を高めることにつながり、世帯収入を増加させ、人々が生活困難に陥るリスクを低める。男女共同参画・女性の活躍が促進されなければ、人口構造変化に伴う課題への対応や少子化の流れを変えることが困難であって、経済成長や生産性向上も図れないということや、活力ある地域社会の構築もままならない、言い換えれば我が国の持続可能性が脅かされる、という危機感を持たなくてはならない。待ったなしの状況である。」と述べている。

ⅱ) 日本の現状とポジティブアクション導入の動き
① 日本の現状

雇用の場における男女共同参画の実現は、働く意欲と能力のある人が性別にかかわりなくその能力を十分に発揮することができる社会を作り、多様な人材の活用等による企業の競争力の強化や経済社会の活性化等にも貢献するものである。しかし、総務省「2015年労働力調査（基本集計）」によると、管理的職業従事者に占める女性の割合は、2015年は12.5％であり、諸外国と比べて低い水準となっており、職場における女性の地位は、全体的に低いといえる（【図表3－4】）。

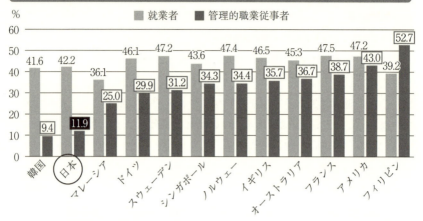

図表3-4 管理的職業従事者に占める女性の割合（雇用分野）

備考）1 労働力調査（基本集計）（平成23年）（総務省）、データブック国際労働比較2012（（独）労働政策研究・研修機構）より作成。
2 日本は2011年、オーストラリアは2008年、その他の国は2010年のデータ。
3 「管理的職業従事者」とは、会社役員、企業の課長相当職以上、管理的公務員等をいう。また、管理的職業従事者の定義は国によって異なる。
出典：内閣府「男女共同参画局ホームページ」

　雇用分野におけるポジティブアクションとは、男女雇用機会均等法14条の定義によれば、「雇用の分野における男女の均等な機会及び待遇の確保の支障となっている事情を改善することを目的とする」措置をいう。さらに、厚労省「雇用均等基本調査」によれば、固定的な男女の役割分担意識や過去の経緯から、営業職にほとんど女性がいない、課長以上の管理職は男性が大半を占めているなど、男女労働者の間に事実上生じている差があるとき、このような差を解消しようと企業が行なう自主的かつ積極的な取り組みをいう。すなわち、ポジティブアクションの導入は、事業主の自主性に委ねられており、法によって、事業主に対し、ポジティブアクションを義務づけるまでには至っていない。

　② ポジティブアクション導入の動き
　第三次男女共同参画基本計画では、基本的考え方として「ポジティブアクションの推進等による男女間格差の是正」に取り組む必要があることを指摘

し、成果目標として、民間企業の課長相当職以上に占める女性の割合を 2015 年までに 6.5%（2009 年）から 10% に、ポジティブアクション取組企業数の割合を 30.2%（2009 年）から 40% 超にすることを掲げている。具体的施策として、ポジティブアクションの好事例の収集、情報提供等の支援、公共調達における評価化や条件化をすること、その他の税制等を含む支援策を検討するとしている。支援策として報告されているのは、ポジティブアクションに関する総合的な情報提供や企業における女性の活躍状況の「見える化」、推進企業の表彰、経営者団体との連携（女性の活躍推進協議会）、中小企業両立支援助成金（経済的インセンティブの付与）などである。

厚労省「平成 26 年度雇用均等基本調査」（2014 年）によれば、過去の雇用慣行や性別役割分担の意識等が原因で男女労働者の間に事実上生じている格差の解消を目的として行なう措置、すなわち「女性の能力発揮促進のための企業の自主的かつ積極的取組（ポジティブアクション）」について、「取り組んでいる」企業割合は 57.1%（同 25 年度 20.8%）、「今後、取り組むこととしている」企業割合は 17.2%（同 14.0%）、「今のところ取り組む予定はない」とする企業割合は 24.7%（同 63.1%）であった。ポジティブアクションに「今のところ取り組む予定はない」とした企業の、取り組まない理由（複数回答）としては、「既に十分に女性が能力を発揮し、活躍しているため」が 49.1% と最も高く、次いで「女性の意識が伴わないため」17.1%、「業務に直接反映しないため」11.0% の順となっている。

また、「平成 25 年度雇用均等基本調査」（2013 年）において、ポジティブアクションに「取り組んでいる」と回答した企業について、具体的に取り組んでいる事項を見ると「人事考課基準を明確に定める（性別により評価することがないように）」というものが 68.0% ともっとも多くなっている。この点、性別による評価をすることは当然禁止されるべきであり、このような取り組みをもって積極的かつ実効的な差別是正措置とは評価しえないであろう。

独立行政法人労働政策研究・研修機構が実施した「採用・配置・昇進とポジティブアクションに関する調査結果」（2015 年 5 月）では、係長相当職以上の役職につき、女性の割合が 30% 未満のものがある企業について、その理由（複数回答）をみると、「管理職世代の女性（管理職登用の可能性のある職

種）の採用が少なかった（30％未満）」（24.0％)、「管理職世代の女性（管理職登用の可能性のある職種）の継続就業率が低く、管理職になる以前に辞めてしまっている」（18.8％)、「管理職世代の女性（管理職登用の可能性のある職種）の配置・育成が同世代の男性と異なっており、必要な知識・経験・判断力を有する女性が育っていない」（17.8％）といった「採用・育成・継続就業の課題」を回答する企業が多い。

　上記の結果から、これまで長年の間、使用者は、女性に対し、積極的に採用したり、管理職登用に必要なスキルを身に付けさせて来なかったことがわかる。企業の中には、これから女性労働者の育成に着手するところも多く存在することから、すべての企業内における女性比率を上げるためには、相応の時間を要することは否定できない。

　しかし、上記のような具体的取り組みの内容を見ると、積極的な差別の是正とはいえないものが多く、その実効性に疑問がある。現実に民間企業における管理職に占める女性の割合をみると、これらの支援策等は管理職の女性割合を増加させるには至っていない。このような現状からすれば、職場の現状と企業の認識・評価との間に相当の乖離があることは否定できない。

③　今後の課題

　日本では、根強い性別役割分担の意識等もあって、男女間の格差・差別の存在に無自覚な使用者が多い。使用者に取り組みの契機を与えることが難しいため、法律によって具体的な積極的是正措置を事業主に義務づけることが必要である。男女雇用機会均等法14条各号に定める措置は、雇用に関する状況の分析（1号)、計画の作成（2号)、計画で定めた措置の実施（3号)、措置の実施のために必要な体制の整備（4号)、措置の実施状況の開示（5号）であり、企業規模にかかわらず、十分実施可能な内容であり、むしろ雇用・経済分野における性差別を解消し、男女平等を実現するうえで、必要最低限の措置である。したがって、少なくとも同条各号に定める措置については措置義務の内容とすべきである。

　また、上記措置義務の実効性を確保するためには、以下のような施策が必要である。

◆男女雇用機会均等法14条に関する事項を15条の苦情の自主的解決の対

象とするとともに、国が履行状況の調査を行なうなど、積極的違反に対して厳しい制裁を設けるべきである。したがって、措置の実施についても、同法29条の報告徴収、助言・指導および勧告、30条の公表、33条の過料の対象とすべきである。
◆公的機関に対し、公共調達の際に、相手方事業主が差別是正の取り組みを行なっているかどうかを評価項目にすることを義務づけることが考えられる。
◆男女雇用機会均等法上の調停制度は廃止し、新たに、独立した行政救済機関として公労使委員で構成される男女雇用平等委員会を設置し、差別是正の取り組みの企画を協議し、運用状況をモニタリングするほか、男女雇用機会均等法15条等（苦情の自主的解決）で要請されている苦情処理機関としての任務、具体的には、救済申立ての受理、調査・諮問、斡旋・調停・仲裁の試み、差別に当たるか否かの判定、事業主に対する勧告・救済命令を行なうという制度を創るべきである。
◆男女雇用平等委員会による調査を拒否しもしくは虚偽の回答をした事業主に対し、企業名・違反行為の公表の他、国・地方自治体に対する公共融資・入札参加の停止・制限の勧告、公共職業安定所に対する一定期間の求人不受理・紹介停止の勧告等の制裁規定を設けるべきである。また、男女雇用平等委員会による差別是正命令に違反した事業主に対しては、過料ないし罰金の制裁規定を設けるべきである。

④　まとめ

以上のように、真の女性の活躍には、女性管理職登用にとどまらない、性差別や格差の是正をめざす幅広い取り組みが重要であり、法的には、これを促進する義務付け、罰則、法的インセンティブ、社会的評価への影響等の様々な規制戦略が必要となる（前掲内藤忍「企業の差別是正の取組を促進する法的なしくみのあり方─イギリスの規制手法を参考に─」）。

2) 行政分野

多様な行政ニーズや経済社会の課題に的確、柔軟に対応し、バランスのとれた質の高い行政の実現を図るためには、政策決定過程における男女共同参画

を通じて、新たな発想や多様な価値観を行政に組み込むことが不可欠である。

i） 日本の現状

　日本の女性国家公務員の採用・登用については、各府省の採用者や管理職に占める女性の割合は着実に増加しているものの不十分な現状にある。とりわけ職務段階が上がるにつれて女性職員の在職割合は低い水準にとどまっている。

　具体的には、国家公務員採用試験からの採用者のうち女性は2427名で、総数に占める割合は34.5％である（2016年4月現在）。そのうち、総合職試験からの採用者に占める女性は221名で、総数に占める割合は33.5％であるが、国家公務員の本省課室長相当職以上に占める女性の割合は7.6％に過ぎない（2016年9月現在）。また、審議会等における女性委員の割合は37.2％、女性の専門委員等の割合は27.7％である（2016年9月現在）。そのほか、独立行政法人、特殊法人および認可法人において、全常勤職員に占める女性の割合は38.1％、管理職は14.1％、うち課長相当職に占める女性の割合は15.2％、部長相当職に占める女性の割合は8.4％。女性管理職（課長相当職および部長相当職）がいない法人は8法人（6.1％）である（2016年9月現在）。（内閣府「政策・方針決定過程への女性の参画状況及び地方公共団体における男女共同参画に関する取組の推進状況について」2017年1月）。

ii） ポジティブアクション導入の動き

　第三次基本計画においては、女性国家公務員の採用について、国家公務員採用試験からの採用者に占める女性の割合を、試験の種類や区分ごとの女性の採用に係る状況等も考慮しつつ、2015年度末までに、政府全体として30％程度とすることを目標とすることを盛り込んだ。これを受け、女性国家公務員の登用については、2015年度末までに政府全体として、国の地方機関課長・本省課長補佐相当職以上に占める女性の割合について10％程度、国の本省課室長相当職以上に占める女性の割合について5％程度、国の指定職相当に占める女性の割合について3％程度とするよう努め、女性職員の登用を積極的に進めるとしてきた。

人事院は、第三次基本計画をふまえ、「女性国家公務員の採用・登用の拡大等に関する指針」を策定（2011年1月改定）し、これにもとづき、各府省は2015年度までの目標を設定した「女性職員の採用・登用拡大計画」を策定し、これにもとづく具体的な取り組みを進めた（同指針は2015年12月廃止）。

　2014年6月、国家公務員法（昭和22年法律120号）の改正をふまえた「採用昇任等基本方針」（2009年3月閣議決定）の改定が閣議決定され、女性職員の採用・登用の拡大や職員の仕事と生活の調和を図るための取り組みの促進が盛り込まれた。また、同月、内閣官房内閣人事局長と全府省の事務次官級で構成する「女性職員活躍・ワークライフバランス推進協議会」を設置した。2014年10月、この協議会において、「働き方改革」、「育児・介護等と両立して活躍できるための改革」および「女性の活躍推進のための改革」という三つの改革を柱とした「国家公務員の女性活躍とワークライフバランス推進のための取組指針」（以下、「取組指針」）を策定・公表した。

　第四次基本計画においては、国家公務員の本省課室長相当職および係長相当職に占める女性の割合、ならびに、地方公務員の本庁課長相当職および係長相当職に占める女性の割合についての平成32年度末までの成果目標が示された。

　内閣官房内閣人事局および人事院では、共同で、各府省における女性国家公務員の採用・登用の拡大等の取組状況についてのフォローアップを実施し、その結果を公表している。

　内閣府では、「女性の政策・方針決定参画状況調べ」において、国家公務員における女性の登用状況等について取りまとめて公表するとともに、内閣府ホームページ上で、国家公務員の府省別の女性の参画状況についてわかりやすい形式で公表を行なっている。

3）労働組合
ⅰ）労働組合に期待される役割

　使用者による積極的な差別是正の取り組みの実施に当たっては、労働組合や従業員の代表の関与を組み込むことが重要であり、労使が共同で取り組むという観点が必要である。そうでなければ、たとえ使用者に措置義務を課し

たとしても、その後の取り組みを促す主体がおらず、取り組みの実施に結びつかない。また、職場の問題の解決に労使で取り組むことで内容の公正性を保つこともでき、かつ、労使の事後の紛争を予防することもできる。

しかしながら、日本の労働組合のナショナルセンターである連合では、その組合員の約3割が女性であるにもかかわらず、女性役員は1割にも満たず、皆無の組合も存在する。多くの労働組合は男性化した、ともすれば男性正社員中心の運営になっているのが現状である。それは、非正規労働者への対応の遅れや組織率の低下とも無関係ではない。様々な立場の労働者が同じ組織にいる現実において、労働組合には、女性の活躍推進を阻む多様な課題に目を向け、現場の実態に即した対応を提案していく役割が期待されている。

ⅱ) 諸外国におけるポジティブアクション

① 国際的な労働組合における取り組み

国際労働組合総連合（ＩＴＵＣ）は、規約における原則の宣言のなかで、「あらゆる形態の差別は、各個人が生まれながらにして持ち、かつ生きる権利として人間の尊厳及び平等に対する侮辱であり、これを非難すると共に、職場並びに社会において多様性を尊重することを誓う」としたうえで、その目標において、「働く女性・男性とその家族の労働と生活条件を改善し、人権、社会的公正、ジェンダー平等、平和、自由、民主主義のために戦うことは、労働組合の歴史的役割である」とし、あらゆる労働者のニーズに対応できるようにするための活動の推進の柱として、「女性の諸権利とジェンダー平等を促進させ、労働組合への女性の全面的統合を保障し、労働組合のリーダーシップ機関と、あらゆる段階での完全なジェンダーパリティ（男女同数化）を積極的に推進する」としている。そして、「大会代議員について、2人以上の代議員を有する組織は半数を女性とすること」「最低目標を30％とすること」等を規約に定めている。

また、多くの国際産業別労働組合組織（ＧＥＦ）も規約に大会代議員のクオータ制を導入するなどして、ジェンダーパリティを推進している。

② イギリスの平等代表制度

イギリスでは、2006年、男女の賃金および機会における格差の原因を探る

ために首相が招集した独立の「女性と雇用委員会」が、労働組合の平等代表が各職場の平等達成に果たす役割の大きさについて指摘したうえで、政府に対し、平等代表に対する教育訓練の機会を与えるために500万ポンドを提供することを勧告した。これを受けて政府は8労組が実施した訓練プロジェクトに資金を提供し、2009年半ばまでに500人の平等代表が訓練を受け、各職場で活躍している（前掲内藤忍「企業の差別是正の取組を促進する法的なしくみのあり方—イギリスの規制手法を参考に—」）。

iii）日本の労働組合の現状

　連合は、2006年に決定した「第三次男女平等参画推進計画」（2006年から2012年）において、本部・構成組織・単位組合・地方連合会のそれぞれが全体として取り組む統一目標として、①運動方針への男女平等参画の明記、②女性組合員比率と同じ比率の女性役員の配置、③女性役員がゼロの組織をなくすという三つを定めた。

　しかしながら、第三次計画については、上記統一目標の未達と前進の少なさから、連合全体で理念と問題意識を共有化できず、取り組みを徹底できなかったことや、計画的な運動展開と点検が不十分であったこと等が反省されている。現状では、日本の労働組合における男女平等参画はとくに遅れていると言わざるをえない。

iv）今後の取り組み

　連合は、2013年5月の中央委員会において確認された「第四次男女平等参画推進計画」において、1.働きがいのある人間らしい仕事の実現と女性の活躍の推進、2.仕事と生活の調和、3.多様な仲間の結集と労働運動の活性化を目標とし、数値目標として、①2015年までに運動方針に男女平等参画推進と「三つの目標」の取り組みを明記している組織を100％とする、②2017年までに女性役員を選出している組織を100％とする、③2020年までに連合の役員・機関会議の女性参画率を30％とすることを掲げている。そして、上記目標を達成するために、a）組織・労働・政策課題と男女平等参画の取り組み、b）クオータ制の導入とポジティブアクションの強化、c）構成組織・単組・地

方連合会の取り組みを支援することを明記している。第三次計画実施時の反省を活かし、組合内での男女共同参画計画を着実に遂行し、実効的に女性比率を上げていくことが期待される。

　ポジティブアクションは、社内の現状把握から始まり、その分析を通じて女性の能力を阻害している原因・課題を見つけ、課題に沿った施作を検討し、それを着実に進めていくという女性活躍推進施策のＰＤＣＡサイクルを回していくなかで、労使双方の視点が重要である。ＰＤＣＡサイクルに労働者の代表も関与する体制を構築しなければならない。そのためには、労働組合あるいは労働者の代表自体における男女共同参画は必要不可欠である。男女が仕事と生活を両立できる環境を整えて、多くの人々が活躍できる持続可能な社会を実現するために、男女共同参画だけでなく、若者、非正規労働者、外国人労働者など多様な労働者を結集させ、力を発揮する組織とならなければ、組合の存在意義は損なわれてしまうと言っても過言ではない。

4） ポジティブアクションは女性の貧困の解決策となりうるか

　以上、政治分野・行政分野・経済分野そして労働組合におけるポジティブアクションの取り組みについて、概要を述べた。各分野における積極的な女性登用の取り組みについて、その対象となるのは、「チャック女子」、すなわち能力だけでなく、経歴（学歴・職歴・資格等）や環境（職場の理解や家族のサポート体制）に恵まれたスーパーウーマンで、女性の外見をした着ぐるみを身に着けてはいるが、チャックを下ろして着ぐるみを脱ぎ捨てると男性の意識がむき出しになり、男性と同じような働き方をする女性（経営コンサルタント岡島悦子氏）ばかりで、自活さえも難しい大多数の女性の問題の解決策とはならないのではないかという懸念が生じる。

　2015年12月に閣議決定した第四次男女共同参画基本計画においても、ポジティブアクションについては、あくまでも自主的な取り組みを促すという限度に止まっており、法による措置の義務づけの検討はいまだなされておらず、女性の参画という点で今後もさらに諸外国に遅れをとる結果となることが懸念される。

　他方で、女性であることそれ自体、あるいは性別役割分担の意識のもとで、

一定の制約を受けていた女性たちが、政策・方針決定過程に参入していくことは、最初はその対象が女性の中のほんの一部であったとしても、根強く存在している男性正社員中心主義や性別役割分担意識といった巨大な氷山を少しずつ溶解する力を有する。現実に、多くの労働現場で、女性比率の目標達成に向けて、長時間労働をはじめとするこれまでの男性的働き方の見直しを迫られている。

目標までの道のりはまだ始まったばかりだが、長期的視点をもって、忍耐強くかつ注意深く女性活躍推進施策のPDCAサイクルを回し続けていかなければならない。いつか巨大な氷山が溶けて流れたその先に、男女が仕事と生活を両立できる環境と、多くの人々が活躍できる持続可能な社会の実現があると考える。

目標実現の過程でもっとも重要なのは、それぞれの立場を超えた女性の連帯、ひいては労働者の連帯である。正規か非正規か、既婚か未婚か、子どもがいるか否か、有職者か専業主婦（夫）か、そして、女性か男性かといった個人の属性によって対立していては、ポジティブアクションの効果は限定されたものとなり、本来の目的を達しえないだろう。互いに生き方・働き方を尊重しつつ、目標実現に向けての柔軟かつ強固な結びつきが必要不可欠なのである。

4　社会保障制度の構築

(1)　「標準モデル世帯」の見直しと所得再分配機能の強化

1)　はじめに

わが国の税・社会保険制度は、性別役割分担を反映し、女性による無償労働を前提とした、主たる男性稼ぎ手とその妻子で構成された世帯を「標準モデル世帯」として構築されており、その世帯に属する女性が優遇されている。これは、結果的にその世帯に属する女性の就業抑制・調整につながり、性別役割分担の固定化を招いているだけでなく、標準モデル世帯を構成しない個人に対しては不利に働き、単身女性や母子世帯の女性を経済的に困窮させる

要因となっている。

　このような制度設計を見直し、諸制度を多様な家族の形態に応じたものに変革し、所得の再分配機能を強化すべきである。

2）　女性と税制
ⅰ）　配偶者控除

　配偶者控除は、納税者に所得税法上の控除配偶者がいる場合、所得税および住民税において、一定の所得金額の控除が受けられる制度である。控除対象配偶者の所得要件は年間38万円以下とされているが、給与のみの場合は、給与収入が103万円以下とされている。この配偶者控除については、女性の就業の抑制につながる等の問題点が指摘され、見直しが必要である。後述する年金の第3号被保険者制度にも同様の議論があるが、見直しに当たっては雇用分野における安定雇用や均等待遇の保証が前提として実現されるべきであり、経過措置や他の控除制度との整合性を図る必要がある。

ⅱ）　寡婦控除制度

　寡婦控除制度は、死別ひとり親や、離婚ひとり親等に適用される所得税法上の所得控除であり、年額27万円が所得から控除される。

　この寡婦控除制度は、法律婚の経験を条件としているため、「非婚の母」に対しては寡婦控除規定が適用されない。これにより、母親に法律婚の経験がある母子世帯に比べて、「非婚の母子世帯」の課税所得額が高く算出され、税負担が重くなる。のみならず、様々な社会福祉制度の利用資格や利用負担額が親の課税所得を基準として算出されているため、「非婚の母」は寡婦控除を利用できないことにより、様々な付随的な不利益を被っている。同様に、課税所得額を基準にしている住民税や保険料の算定に当たっても、同様の不利益、負担が生じている。

　社会保障を含む全収入を表す平均年間収入（1998年度全国母子世帯等調査の再集計データ）では、死別母子世帯は288.1万円、離別母子世帯は219.5万円、非婚母子世帯は171万円となり、非婚母子世帯がもっとも低収入である（前掲西本佳織「『寡婦』控除規程から見る非婚母子世帯への差別」）。このよう

に、もともと経済的に厳しい母子世帯のなかでも、さらに非婚母子世帯は最も低い経済状況にあり、その非婚世帯に寡婦控除が適用されないことによって、その経済的格差はより拡大していく状態にある。

　寡婦控除制度の目的が、「担税力」の弱い寡婦の保護にあるとすると、上記のとおり、客観的にはもっとも弱い立場にある者の多い非婚母子が、法律婚死別となった女性や、法律婚離別となった母子に比べ、担税力が強いという実態は認められないから、「法律婚を経た母子」と「非婚の母」とを区別する合理性は見いだし難い。したがって、寡婦（寡夫）控除によって所得控除ができる寡婦（寡夫）の定義を変更し、「離婚歴のないひとり親」にも適用されるようにすべきである。

3）女性と年金
ⅰ）短時間労働者への厚生年金適用

　女性が多数を占める短時間労働者への厚生年金の適用基準については、「1日又は1週の所定労働時間及び1月の所定労働日数が通常の就労者のおおむね4分の3以上である就労者については、原則として健康保険及び厚生年金保険の被保険者として取り扱うべきものであること」とされている。そのため、おおむね週の労働時間が30時間未満の労働者には、厚生年金が適用されない。2012年8月には、いわゆる「年金機能強化法」が成立し、短時間労働者への適用要件が現行の週30時間以上から週20時間以上に拡大となったが、賃金月額が8万8000円以上で、雇用期間1年以上、従業員501人以上の企業に限られている（施行日は2016年10月1日）。

　厚生年金が適用されない短時間労働者の受け皿となる国民年金は定額拠出性を採っているため逆進性が高く、賃金の低い非正規雇用者にとっては負担感が強い。結果的には経済的基盤が脆弱な人ほど、社会保険のセーフィネットからこぼれ落ちてしまい、高齢期の貧困につながる可能性が高くなっている。

　以上のことから、短時間労働者への厚生年金の適用を拡大すべきである。

ⅱ）第3号被保険者制度

　サラリーマンや公務員等の被用者（第2号被保険者）の被扶養配偶者で年

収が130万円未満の者は、国民年金（基礎年金）の第3号被保険者となり、自らの保険料の負担なしに基礎年金の給付が受けられる。

　この制度については、年金制度加入者間に不公平感をもたらしている、第3号被保険者の「年収130万円未満」という要件が女性の就労に対して抑制的に働いているという問題点が指摘されており、今後、見直しを検討すべきである。

iii) 育児期間への配慮義務

　世代間扶養の賦課方式を基本とする年金制度では、将来の支え手が減少することは制度自体を不安定にさせる要因となるため、多くの国において、出産・育児により離職あるいは収入が減少する期間について、子どもの養育者が年金制度上不利にならないよう様々な配慮をしている。

　日本では、厚生年金保険法において、育児休業を取得した被保険者に対し、次の三つの配慮措置が講じられている。①育児休業等期間中の保険料免除、②育児休業を終了した際の標準報酬月額の改定の特例（育児休業等を終了して復職した被保険者が、3歳未満の子を養育している場合には、年1回の標準報酬月額の定時決定を待たず、育児休業等の終了日の翌日の属する月の3か月間の報酬の平均額を報酬月額として標準報酬月額を改定する仕組み）、③3歳未満の子の養育期間における従前標準報酬月額みなし措置（3歳未満の子を養育する期間中は、復職後の報酬が低下した場合でも、子の養育を開始した月の前月の標準報酬月額を標準報酬月額とみなして、将来の年金額を計算する仕組み）。

　他方で、自営業者や厚生年金が適用されない短時間労働者等の国民年金第1号被保険者の育児期間については、特段の配慮措置が行なわれていない。また、配慮措置が育児休業取得と連動している点にも注意が必要であり、日本の場合、そもそも出産前に退職する者が多いという状況がある。

　このように、日本の年金制度における育児期間への配慮措置は、対象者が育児休業を取得した3歳未満の子を持つ、被用者年金の被保険者のみに限定されているため、出産・育児期における女性の様々な就業パターンに対応する配慮措置を検討すべきである。

iv) 遺族年金

　遺族年金制度については、「男性と女性で遺族年金の支給要件に違いがあるのはおかしい」、「個人単位の考え方を貫き、将来的には廃止する又は希望する者だけが加入する別建ての制度とすべきである」等の理由で、見直しを求める意見がある。

　ちなみに、下級審ではあるが、公務災害により死亡した地方公務員の夫である原告が、被告大阪府支部長に対して行なった地方公務員災害補償法にもとづく遺族補償年金等の支給請求につき、同法等の定める年金の受給要件（夫については職員の死亡の当時55歳以下であること）を満たさないこと等を理由としてされた不支給処分が、配偶者のうち夫（男性）についてのみ年齢要件を定めた同法等の規定が法の下の平等を定めた憲法14条1項に違反することを理由として、取り消された裁判例がある（大阪地判平成25.11.25）。

v) 離婚時の年金分割制度

　女性の賃金水準が男性に比べて低いことにより、夫婦双方の年金受給額にも格差が生じている。そのため、離婚後の女性の年金の増加を図るために、2004年の年金法改正により離婚時の年金分割制度が創設され、2007年4月以降の離婚から適用されている。離婚時の年金分割制度は、離婚後、請求期限内（原則2年）に、合意または裁判手続で按分割合を定めて年金事務所等に分割請求することにより、婚姻期間中の厚生年金等の保険料納付記録の最大2分の1までを一方当事者から他方当事者に分割する（以下、「合意分割」）制度である。

　法律の規定では、按分割合には幅があるが、実際には、審判や判決の附帯処分では、按分割合を0.5（50％）と定める実務が定着しており、調停や和解の場合にも、按分割合を0.5（50％）と定めることがほとんどである。
また、2008年4月1日以降の第3号被保険者期間に限り、第3号被保険者が請求期限内（原則離婚後2年）に年金事務所等に分割請求をすれば、合意や裁判が無くても、保険料納付記録の2分の1が分割される（以下、「3号分割」）。

　しかし、年金分割の申請数の推移は、【図表3－5】のとおであり、分割の件数は着実に伸びてはいるが、それでも離婚件数の1割にも満たない。制度の

図表3-5　離婚等に伴う保険料納付記録分割件数の推移

	総数（件）	離婚分割	3号分割のみ	【参考】離婚件数（組）
平成22年度	18,674	18,282	392	250,599
23	18,231	17,462	769	241,370
24	19,361	18,252	1,109	237,242
25	21,519	19,663	1,856	234,341
26	22,468	19,980	2,488	228,435

出典：厚生労働省（平成26年度）「厚生年金保険・国民年金事業の概況」

図表3-6　離婚分割　受給権者の分割改定前後の平均年金月額等の推移

	第1号改定者				第2号改定者			
	件数（人）	平均年金月額（円）			件数（人）	平均年金月額（円）		
		改定前	改定後	変動差		改定前	改定後	変動差
平成22年度	3,354	144,425	110,896	△33,529	2,336	46,054	79,679	33,625
23	3,068	140,756	108,795	△31,961	2,112	44,620	77,134	32,513
24	3,486	141,503	110,967	△30,536	2,432	48,241	79,595	31,354
25	3,524	141,176	110,733	△30,444	2,619	49,833	80,856	31,022
26	3,201	139,424	109,785	△29,640	2,515	51,528	82,622	31,094

出典：図表3-5と同じ

　周知が不十分であることもその一因であり、分割請求率を上げるためには、なんらかの対策が必要である。

　また、年金額は夫婦単位での老後の生活を支える制度設計になっているため、二つの世帯を支えられるほど給付水準は高くない。実際に改定後の年金を受給している人の数と改定前後の年金額の状況は【図表3-6】のとおりであり、分割による年金額の増加は、平均月額3万円あまりにすぎない。結局、離別女性の高齢期の貧困解消には一定程度の効果しかなく、将来への不安から離婚を思い留まらざるをえない女性も多い。

　さらに、分割請求には期限（原則離婚後2年）があり、按分割合を定めずに請求期限を徒過すると請求権を失ってしまうという問題がある。

　合意分割の場合、年金の按分割合（分割割合）を取り決めたうえで、原則として離婚後2年以内に、年金事務所等に年金分割の請求を行なう必要がある。すなわち、按分割合は、夫との話合いで取り決める場合と裁判手続（調停、審判、裁判）で定める場合とがあるが、これらの手続は、あくまで按分

割合を定める手続であって、年金分割の請求手続自体は年金事務所等で行なう。そのため、按分割合を定めた公正証書、調停調書、和解書、審判書、判決がありながら、年金事務所での手続を失念し、分割を受けられなくなる事例も生じており、制度の改善が望まれる。

3号分割についても、按分割合を定める必要がないだけで、請求期限内（原則離婚後2年）に年金事務所に分割の請求をする必要があるが、自動的に分割されるものと誤解し、請求権を失う場合も生じており、やはり制度の改善が望まれる。

前述のとおり、制度の周知が十分に図られておらず、離婚した夫婦の1割程度しか分割請求をしていない状況で、請求期限を設けることは、大きな問題である。離婚時の年金分割により、離別女性の高齢期の貧困を解消するためには、今後、夫婦単位の年金制度を見直すこと、制度の周知を図って分割請求率を上げること、期限の徒過により請求権を失う事態をなくすこと等を検討する必要がある。

なお、上乗せ分の企業年金、国民年金基金やその他の私的年金は、この制度で分割の対象とされていない。今でも財産分与として請求することは可能であるが、離別女性の高齢期の貧困を解消するためには、これらについても簡易な手続で分割できる制度を検討すべきである。

4）現金給付
ⅰ）児童扶養手当

児童扶養手当は、主に離婚など生別のひとり親に支給される手当である。所得により月額4万2000円（2015年4月現在、満額支給の場合）〜9910円が4か月に一回支給されている。児童扶養手当に母子世帯の貧困削減効果があることは研究でも明らかにされている。当初所得で80％程度の相対的貧困率である児童扶養手当受給者が、手当を支給することで貧困率が13.7ポイント程度下がることが実証されている（藤原千沙、湯澤直美、石田浩「母子世帯の所得分布と児童扶養手当の貧困削減効果―地方自治体の児童扶養手当受給資格者データから」貧困研究6号2011年）。児童扶養手当は、1962年から1980年までは制度の充実が進んだが、1980年からの30数年は、常に受給者

数が増加し、予算額が抑制され、支給要件が厳格化されてきた。

　1985年の改定では、死別であるか生別であるかによって母子世帯に対する公的給付額に大きな格差が残った。すなわち、児童扶養手当は年金と切り離され、独自の社会手当（福祉手当）となる一方で、死別母子世帯には遺族基礎年金が支給されるようになり、児童扶養手当の額の2倍以上になった。

　2002年8月には、満額支給の所得制限額が年ベースで192万円から130万円に引き下げられ、一部支給の額が年収365万円まで逓減する方式になり、別れた子どもの父親からの養育費の8割相当額を児童扶養手当法上の所得に算入することになり、寡婦控除、寡婦特別控除が廃止された。

　2003年4月には、改正母子寡婦福祉法が施行され、児童扶養手当は5年間受給後は半額を限度に手当額が削減されることになった。これは2007年秋に凍結となったが、2008年4月には、5年間受給後あるいは7年間経過後は半額に削減（一部支給停止）となり、ただし、働いている証明などとともに「児童扶養手当一部支給停止措置適用除外届」を提出すると継続支給できるようになった。

　2010年10月には、支給対象に父子家庭が加えられ、一定の前進があった。このように、児童扶養手当は、受給者の増加とともに削減され、繰り返し予算を抑える改定が行なわれてきた。しかし、児童扶養手当はひとり親世帯にとって生命線であり、貧困削減効果も大きいことが検証されている。そこで、改めて児童扶養手当の重要性を確認するとともに、以下の制度改善を行なうべきである。

- ◆半額支給停止を定めた児童扶養手当法14条を廃止または凍結すること。
- ◆現在は4か月に1回の支給を、2か月に1回の支給とすること。手当が4か月分支給されたらすぐに使ってしまうようなひとり親の家計を安定させることも必要である。
- ◆多子加算を増額すること。児童扶養手当は、子ども2人になると5000円の加算、3人になると3000円が加算されるが、子どもが多くなるほど家計に困難を抱えることは各種調査でも指摘されており、この加算額を増額すべきである。
- ◆満額支給の所得制限を増額すること。年収130万円が満額支給の限度額

になっているため、これ以下に就労を抑える人がいる。職業訓練を受けてスキルアップをしようという意欲を削がないよう、満額支給の所得制限を増額すべきである。
◆死別であるか生別であるかによって、ひとり親家庭に対する公的給付額に格差が生じないよう、長期目標として、遺族基礎年金と児童扶養手当を社会手当として統合することを検討すべきである。

ⅱ) 女性と生活保護

　生活保護においては、資産調査がなされることや、資産形成を認めないことが、母子世帯での学資保険や自動車の保有等の必要性を無視し、未来を描く生活を困難にしている。高校の就学費については、自立支援の観点から扶助が認められるようになったが、それは教育扶助ではなく、生業扶助としてであり、自立支援という視点での制約がかかることにも問題がある。また、生活保護受給世帯では、所得以外にも心理的問題や家族関係の問題もあり、ケースワーカーとしての機能の発揮も求められる。

ⅲ) 給付付き税額控除の試み

　給付付き税額控除とは、社会保障給付と税額控除が一体化した仕組みである。具体的には、所得税の納税者に対しては税額控除を与え、控除しきれない者や課税最低限以下の者に対しては現金給付を行なうというものである。諸外国の給付付き税額控除は、勤労税額控除、児童税額控除、消費税逆進性対策税額控除等に分類されることがある。

　勤労税額控除とは、主として低所得者の勤労意欲の促進を狙いとするもので、働けば働くほど手取額が増える仕組みになっている。

　また、児童税額控除は、母子世帯の貧困対策や子育て家庭への経済的支援を目的とするもので、一般に、子どもの数に応じて税額控除額が決定され、所得が一定額を超えると逓減される制度設計になっている。

　そして、消費税逆進性対策税額控除は、消費税が持つとされる逆進的な性質を緩和するための仕組みである。

　給付付き税額控除のメリットとして、制度設計によりターゲットにピンポ

イントで支援ができること、生活扶助等に比べてスティグマの問題が少ないこと等が挙げられる。

日本ではまだ経験のない仕組みであるが、日本における女性の貧困の状況をよく分析したうえで、検討する価値はあると思われる。

5) 女性にとっての健康保証と人権としてのリプロダクティブライツの保障

低所得者への医療券の無料化又は軽減や乳幼児の医療の無料化も必要である。妊娠出産を医療保険の範囲外としていることについても、無償化するかまたは診療報酬上に位置づけて現物支給することが求められる。つまり、母性保護に関するＩＬＯ183号条約の批准とともに、ＩＬＯ102号条約のうち日本が未批准部分である母性給付についての第8部の批准を早急にすべきである。

また、望む子どもを産み育てる環境が保障されない一方、望まない妊娠も多く、貧困女性の未受診による飛び込み出産や入院助産の受け入れ先の不足も問題となっている。そのため、妊産婦の健康とそのための環境整備（妊娠出産費用と検診の無料化、医師・助産師の増員、周産期緊急医療の充実）とともに、望まない妊娠回避のためのリプロダクティブヘルスサービスと性教育が必要である。

6) 住宅政策

日本の住宅政策は持家支援中心で進んできた。しかし、職が不安定で持家を持てない層や、無理してローンを組んだが離婚により持家を手放した人々が住宅に困っている。

現在、公営住宅については、母子世帯等に対する優先入居の取扱いができるとされ、都市機構賃貸住宅については、子育て世帯等への新規募集における倍率優遇、空屋募集における優先申込期間の設定がある。また、雇用促進住宅については、母子世帯等が就職もしくは就職が内定し、またはハローワークにおいて求職活動中である等の条件を満たせば貸与の対象者とする等の施策がなされている。

欧州では、健康で文化的に居住することは権利であると考えられ、福祉は家に始まり家に終わるとされる。

今後、公営住宅の増設、空屋住宅の活用、別居、母子世帯への実効性ある優先入居、地域間格差の是正、住宅手当等の支援の拡充が求められる。

(2) 育児・介護・教育の支援

1) 保育制度の充実

ⅰ) 十分な質と量を備えた保育の確保を

　子どもの安心・安全な育ちの場と、子どもを育てながら働き続ける環境を確保するためには、十分な質と量が確保された保育の提供が不可欠である。

　厚労省の2015年3月20日付け取りまとめによると、2014年10月1日時点の「保育所入所待機児童数」は4万3184人とされている。「保育所入所待機児童数」とは、認可保育所に入所希望を出しながら入所できなかった児童数を言い（2011年の定義変更により、自治体が独自に助成する認可外保育施設を利用しながら待機している児童数は除かれている）、潜在的な待機児童は85万人にも膨らむと言われており、政府は待機児童の解消について、2017年度末までに40万人分の保育の受け皿を確保すると掲げている。しかし、これまで保育の現場では、保育予算の削減と規制緩和が続けられ、その結果、子どもの育ちの場としての保育の質が危ぶまれる事態となっている。良質な保育が確保され、安心して子どもを預けられる条件が整わない限り、子育てを担う働き手の真の支援とはなりえない。十分な質と量を備えた保育の提供は喫緊の課題である。

ⅱ) 現場で起こっていること

　次に掲げるのは、小林美希氏の著書『ルポ保育崩壊』（岩波新書、2015年）に記載された保育現場のレポートからの抜粋である。

　「園児たちがあまりに泣き止まないため、保育士が1人で3人をおんぶに抱っこしている。新卒の保育士が、『どうしていいかわからない』と口にしながら途方に暮れていた。リーダー保育士は怖い顔をして『泣き過ぎ！』と子どもたちに向かって叫んでいる。」

　「30分、40分と過ぎても食べ終わらないと、待ちきれずに『早く食べよう』と言って、スプーンでさっさと残ったおかずを子どもの口に入れてしまう。

噛めないために飲み込めず、顔が頬を膨らませたリスのようになっていた。子どもが苦しそうにしているが、保育士の顔色を見ながら、それを吐き出すこともできないでいる。」

「スタイ（よだれかけ）を卒業した子どもたちが、ハンドタオルで作った前掛けを首から下げているが、そのタオルを首にかけたままタオルの先をテーブルに敷き、その上に食事の入った食器が並べられていた。子どもたちは、身動きひとつできないまま、スプーンで給食を食べていた。」

深刻な保育現場についての報告のほんの一部の抜粋だが、このようなケースは、決して珍しいものではないという。保育の質が低下しているのは、保育に十分な予算が確保されず、待機児童の解消ばかりに目が向き、両輪であるはずの保育の質、その根幹となる保育士の労働条件が二の次、三の次となっているからだ。

iii）予算削減・規制緩和の流れと「子ども子育て支援新制度」の課題

1980年代に保育予算の削減が続き、1989年には国庫負担率5割が恒久化した。1989年には保育所定員の弾力化が行なわれ、2000年には保育所の設置主体に株式会社が参入し、保育所運営費の弾力的運用が認められた。2001年には、園庭がなくても認可保育所の設置が可能になり（現在は鉄道の高架下等にも認可保育所が設置されている）、2002年には防火・避難基準の緩和で2階に設置される基準が準耐火建設物に引き下げられた。そして、2004年には公立保育所運営費が一般財源化されるに至った。

このようななか、2015年4月から「子ども子育て支援新制度」が本格施行された。同制度は、幼児期の学校教育・保育、地域の子ども・子育て支援を総合的に推進することをめざし、保育については、認定こども園、幼稚園、保育所を通じた「施設的給付」のほかに、待機児童が多い0〜2歳児のために、小規模保育（保育所分園やミニ保育園に近いA型、家庭的保育に近いC型、中間のB型がある）、家庭的保育（保育ママ）、事業所内保育、居宅訪問型保育（ベビーシッター）を通じた「地域型保育」という様々な形態の保育事業により、保育のニーズに対応しようというものである。「親の就労に関係なく子どもに保育と教育を」が掲げられているが、課題も多い。

まず、設置・運営基準が事業の形態によって異なることである。

たとえば、地域型保育については、小規模保育Ａ型以外は職員の資格は全員に保育士免許がなくても構わない点で、大きな規制緩和がなされている。家庭的保育では「家庭的保育者」として市町村長が行なう研修を終了した者で良いとされる。小規模保育Ｂ型は保育士が２分の１以上、小規模保育Ｃ型も「家庭的保育者」で良い。これに関し、国は、保育者の確保を狙って「子育て支援員制度」を発足させた。これは、育児経験がある主婦等が対象で、20時間程度の研修を受ければ、小規模保育を行なう施設などで保育士のサポートに当たることができるようにするものだが、「保育士の専門性を否定し処遇を低めかねない」、「保育者の階層化が進むことになる」等の批判がある。

保育所の最低基準は、戦後間もない1948年に定められて以来、現在に至るまで抜本的改正がなされておらず、他の先進国と比較してもきわめて低い基準にとどまっている。たとえば、保育所の床面積に関する最低基準は、子ども一人あたり０〜１歳で3.3㎡、２歳以上で1.98㎡となっているが、「対象面積に廊下や机・椅子等の可動式の収納設備の置いてある床面積を含まない」という記載がなされていないために、これらの床面積を差し引くと子どもの実際の活動スペースは更に狭くなる。このような不十分な基準に対してさえ、一連の地方分権改革のなかで規制緩和が行なわれ、厚生労働大臣が指定する地域においては、条例によって基準を緩和しうるという重大な例外が設けられた。その結果、指定地域の大阪市では、０〜５歳まですべて一人当たり1.65㎡（畳約１枚分）に引き下げることができるようにする条例を制定した。このような基準の緩和は、保育施設での死亡事故等の増加にもつながりかねない大きな危険をはらんでいる。

新制度においては、また、施設型保育を利用する際、私立保育園以外は、まず保育の必要性（利用時間）の認定を受け、次に個々の保育施設との間で直接契約を締結するという二段構えの手続をふまなければならなくなった。従来、市町村に対して、希望する全ての保育所への入所届を提出して承諾を求めるだけで良かったのと比べると、自分で保育施設を探して契約を締結しなければならない新制度は、とくに、困難を抱えた家庭の保護者には大きな負担となることが危惧される。

新制度については、他にも、「保育の市場化の促進によって株式会社等が利益を追求するあまり保育の質を低下させるのではないか」など、様々な課題が指摘されている。

iv) 保育士の労働条件

高まる保育の需要に人材確保が追いつかないため、現場は空前の保育士不足に陥っている。厚労省は、潜在保育士（保育士資格を持ちながらも就業していない人）を60万人以上としているが、その背景には、保育士の処遇があまりにも悪いことがある。

東京都の「東京都保育士実態調査報告書」（2014年3月）によると、保育士として働いている人のうち、離職を考えている人の割合は16％と約6人に1人にのぼるが、「給与が安い」、「仕事量が多い」がその理由の上位を占めている。低賃金・長時間労働のなかで、保育士の心身の状況も、深刻な状況に陥っている。ひたすら忙しい毎日と低い賃金に加え、良い保育ができなくなることも、保育士が辞める理由になっていると言う。保育士の非正規化も進んでいる。また、女性の多い職場である保育の現場では、人手不足から一般企業よりも妊娠に厳しい環境になっていると言う。正社員が多く、1人抜けても助け合えた時代とは違い、急速な非正規化、定員の弾力化、長時間労働で一人当たりの負担が増加している現在、保育士は20～30代が占める若者の職場になっており、出産や子育てを機に辞める女性が増えて、極端に中堅層が少なくなっているとの指摘がある。また、親が長時間労働を強いられ、延長保育が必然的に広がるなかで、シフトが複雑になり、休みが取りづらい、残業や持ち帰りの仕事の増加など、保育士の生活時間にも影響をきたす問題が生じている。

子どもだけでなく、親も育てていく保育士の仕事は、きわめて専門的で豊かな経験が求められる職業であり、長く勤められる労働条件や労働環境を整えることは、喫緊の課題である。

v) 働き方の多様性や子のニーズに合わせた保育制度の整備、充実

多様化する働き方や、子どものニーズに合わせた保育制度の整備と充実も

課題である。

　たとえば、働く親にとって、遅い時間まで子どもを預かってくれる延長保育は有り難い存在だ。親の働き方が厳しく長時間労働を余儀なくされるなかで、必然的に延長保育が広がっている。厚労省の「社会福祉施設等調査報告」から、開所時間別保育所の割合を1998年と2012年で比べると、「11〜12時間」は26.5％から63.4％まで増加し、「12時間超」は2.1％から12.5％に増えている。他方で、十分な人員配置がないなかで保育時間が長くなればなるほど、シフトが複雑化して休みにくくなり、職員への負担が高まってしまう。2015年4月から本格施行された「子ども子育て支援新制度」では、保育の必要性の認定において「保育の必要量」の認定を2区分で行ない、それぞれの最大利用時間を「保育標準時間」（最大利用可能時間1日11時間）と「保育短時間」（最大8時間）とに分けたことから、ますますシフトが複雑化することが懸念される。

　この問題の解決は、本来、家族的責任を果たすことが困難になるほどの長時間労働を法律で規制し、男女が共に家族的責任を果たす環境を保障することによって行なうべきである。しかし、現に存在するニーズに対応するためには、十分な人員配置と保育士の負担軽減を行なうことが必要である。

　子どもを育てながら働くときの障害として、子どもが小さいうちは病気をしがちだということがあり、病児・病後保育の充実も大切だ。これについて、NPO法人フローレンスは、毎年月極で会費を支払（利用しない月も支払う）、子どもが病気のときに派遣されたスタッフが子どもを自宅で見てくれる仕組みを作った。毎月の会費は6000〜7000円程度（1回分の利用料が含まれ、利用が少なければ減免される仕組み）で、朝8時までに連絡すれば保育スタッフが自宅に来てくれる。フローレンスの病児保育には「ひとり親支援プラン」もあり、月会費が1000円で同じように病児保育が利用できる。原資は企業による寄付（スーパーの西友が社会貢献事業として寄付）と、サポート会員による寄付で成り立っている。

　しかし、このような病児保育は、全国規模では存在しない。対象者を広げるには行政の積極的な支援が必須である。

　その他、一時保育、土日夜間保育等のニーズにも、保育士等の労働環境の

改善と財政的支援を併せて行ないつつ、対応する必要がある。また、働く者の職場環境の改善の観点からは、質を伴った企業内保育所の充実も望まれる。

vi) 保育料の負担

　収入に応じた負担の少ない保育料の実現も重要な課題だ。自治体によっても大きな差が生じており、公費負担の増額によって利用者負担の軽減を図る必要がある。

　なお、夫と別居中のシングルマザーの場合、法的には婚姻状態にあることから保育料は夫と合算の所得にかかり、そのために保育料が高くなって保険料が支払えない等の問題が生じており、対応が必要である。

vii) 保育の必要性とは何か

　「子ども子育て支援新制度」においては、保育所、認定こども園、小規模保育等について保育の必要性を認定する場合、就労、介護等「家庭において必要な保育を受けることが困難である」ことが認定事由となる。従前、「保育に欠ける」との文言との関係で、公務員や正規労働者等は、就労等による保育の必要性が認められやすかったのに対し、短時間労働等のパート労働者や、これから保育を利用して仕事を探そうと思っている人は、この文言との関係で、保育所等への入所がしづらく、ますます安定した仕事に就くのが難しくなるという問題点が指摘されてきた。新制度では、幼稚園、認定こども園の一部の利用形態では、この認定事由は求められていないが、そもそも利用できるサービスが制限されることに変わりはない。

　非正規労働者から正規労働者をめざす人や、改めて就職をしようとする人が保育の必要性の認定において不利益を受けないようにすべきである。また、成長・発達の場としての良質な保育は、何よりも子どもにとって有益であることに照らせば、保育の必要性とは何かを、子どもの保育を受ける権利の視点から、考え直す必要がある。

viii) 学童保育

　学童保育は児童福祉法にもとづく事業で、留守家庭の小学生に「適切な遊

び、生活の場」を与えるものとされる。その利用者は増え続け、厚労省のまとめによると、2014年5月時点で利用児童数は93万6435人と過去最高になり、待機児童も9945人と3年連続で増加したとされている。政府は学童保育の定員を大幅に増やす方針を打ち出しているが、学童保育施設で、子どもが性的被害に遭う事件が相次いでおり、質の維持向上が求められている。2015年4月からは、「放課後児童支援員」の制度が新設された。保育士、社会福祉士等の資格を持つ人や、高卒以上で2年以上児童福祉事業に従事している人、教員免許を持っている人等が、都道府県知事が行なう研修を修了することで「放課後児童支援員」の資格を取得でき、学童保育に2人以上の「放課後児童支援員」を設置することが義務づけられた。ニーズの増加に伴い、今後、さらなる質と量の改善が求められる。

2) 介護の支援

　介護の負担の軽減も、女性が仕事を続けるうえで重要である。

　2000年にスタートした介護保険制度は、サービスの受け手に見合った多様な介護の可能性をもたらしたが、依然として重い家族介護が前提とされており、また、働き手の経済的自立の視点は置き去りにされてしまっていた。現在でも、介護分野の賃金水準は産業全体と比較して低い傾向にある。厚労省「2013年賃金構造基本統計調査」によると、全産業の平均賃金が年295万7000円で勤続年数が11.9年であるのに対し、ホームヘルパーは平均賃金が年204.3万円で勤続年数が5.6年、福祉施設介護職員は平均賃金が205.7万円で勤続年数が5.5年となっており、賃金水準の低さだけでなく、勤続年数が大幅に短いことがわかる。これに関して、介護保険開始前までは、特別養護老人ホームの職員の給与は措置費制度のもとに置かれ、社会福祉法人の職員は、公務員の8掛け、7掛けなど、公務員に準じた給与体系とされていたのが、介護保険制度の導入によって、この歯止めがなくなり、それ以外の歯止めは、最低賃金などしかないとの指摘もある。

　ＩＬＯでは賃金の評価方法として「分析的職務評価」という手法を提唱し、欧米では「同一価値労働同一賃金」の基準にこの評価方法を用いている。これは、スキル、責任、労働環境、負担度という四つの客観基準で労働者の職

務を分析して評点を付けるもので、最近では、ケア労働等の「感情労働」、すなわち「顧客に特定の精神状態を作り出すために、自分の感情を調整することを職務にする人が行う、精神や感情による労働」の重要性も注目されている。このような視点から、無償の家事の延長として低く抑えられがちだった福祉労働をより正当に評価する必要がある。

　また、賃金ばかりでなく、職場の環境整備も重要である。

　たとえば、デンマークでは、在宅介護を開始する際に、責任者が訪問介護者に同行し、この家は利用者にとっては自宅だが、訪問介護者にとっては職場であることを説明し、働きやすいように家具を移動するなど、環境を整えたうえで介護を開始するという。また、同国の労働局の指針には、腰痛対策等のため、持ち上げ制限重量が明記され、水平方向の移動ができない場合にはリフトが義務づけられるという。これに対して、日本では、「労働者」としての環境整備の発想がなく、トイレを使わせないというような人間の生理を無視した行為がなされる事態をも招いていると言う。労働環境の改善は急務であり、働き手の人権に配慮した介護の場作りこそが、利用者の人権を保てる介護の土壌を作ることになる。

　現在のような介護労働者の労働条件の問題は、これを放置すれば、結局、利用者へのしわ寄せとなることを認識する必要がある。

　介護等の家庭内労働について、国は外国人を家事支援人材として受け入れようとしている。しかし、家庭内労働が家庭内の閉鎖的な環境のなかで行なわれることに鑑みても、外国人家事労働者を受け入れる場合には、当該外国人労働者が差別や虐待を受けないよう特別な考慮が必要であり、外国人の人権保障の観点から慎重な検討が必要である。また、家庭内労働に対する正当な評価をしないままこのような施策を推し進めれば、安い労働力への依存を強めるおそれがあることにも留意する必要がある。

　なお、介護・育児等のケア労働については、ケアから解放されることの保障とともに、身近な人のケアを担当したいと希望する人にはケアができる環境と権利を保障することが必要である。そのためには、一方でケア労働の社会化とともに、家庭内において男女が平等にケアのための時間を確保できるようにすることが必要であり、またケア労働に携わることを不利益に扱わず、

むしろ事後的に社会的な評価をする仕組みが必要である。

3） 教育費の負担の軽減
ⅰ） 重い教育費の自己負担

　日本は、教育費の自己負担が非常に大きい国である。OECDの調査によれば、2009年時点の全教育段階における教育への公財政支出の対GDP費は、OECD各国の平均が5.4％であるのに対して、日本は3.6％であり、高等教育に至っては0.5％に過ぎない。

　このような教育費の高負担は家計に重くのしかかり、その費用を確保しようとすれば、長時間労働を前提とした男性の労働に頼らざるをえなくなる。その負担は、貧困を増大・深刻化させるとともに、貧困家庭の子どもから教育の機会を奪い、世代間での貧困の再生産につながる。社会全体で子育てを支援し、男女が共に家庭的責任を果たすことができるようにするには、教育費の負担を大幅に軽減することが不可欠である。

ⅱ） 就学援助

　就学援助制度は、「教育費は無償」とした憲法26条など関係法にもとづいて、小中学生のいる家庭に学用品費や入学準備金、給食費、医療費等を補助する制度である。子どもの貧困が広がるなか、文部科学省によると、就学援助の受給率は増え続け、1997年には6.6％だったものが2011年には15.58％にまで上昇している。

　就学援助制度は、2004年度まで、市町村が実施するときはその費用の半額を国が補助する仕組みになっていたが、2005年度から、国の補助金を生活保護世帯と要保護世帯に限り、それ以外の準要保護世帯については用途を限定しない交付税交付金（一般財源）になった。

　就学援助制度については、幾つかの問題点が指摘されている。

　もっとも大きな問題は、各自治体が所得制限や支援する内容を決定するため、どの自治体も就学援助費が必要な経費のすべてをカバーしているとは限らない点である。

　二つ目の問題は、所得制限をわずかに上回ったり、急激な所得の変化等に

よって急きょ必要となっているのに、給付資格がない子どもが存在することである。

　三つ目の問題は、所得制限が生活保護基準の1.1倍から1.3倍など生活保護基準とリンクしている自治体が大半であるため、生活保護基準が引き下げられると援助費の所得制限も引き下げられてしまう恐れがあることである。就学援助の申請手続は、教育委員会に直接申請する場合と、学校を通して申請するやり方があり、支給方法も教育委員会が銀行振込などで保護者へ直接支給する方法と、学校を通して現金や現物を渡す方法が取られている。このうち、学校を通す方法は、利用がしにくくなるとの指摘がある。そのため、教育委員会への直接申請を認め、どこに申請するかは申請者の判断を尊重すること、給付は現物を子どもに渡すのではなく、銀行振込など子どもが差別感を持たず心を痛めない方法にする必要がある。

iii）　高等学校等就学支援金制度

　公立私立を問わず、高等学校等に通う一定の収入額未満の世帯の生徒に対して、授業料に充てるため、国において支援金を給付する制度である。

　この制度は、当初、家庭の状況にかかわらず、すべての意思ある高校生が安心して勉学に打ち込める社会を作るため、家庭の教育費負担を軽減するとして、所得制限を設けずに、公立高校の授業料無償化とともに、私立高校生などへの高等学校等就学支援金としてスタートした。その後、2014年4月から所得制限が設けられ、制度も高等学校等就学支援金制度に一本化された。公立高校の授業料無償化の場合は、授業料不徴収の方法が採られていたが、これが所得制限付の就学支援金となったことに伴い、申請手続が必要になった。

　所得制限の導入については、日本は2012年9月に国際人権A規約における中等教育の漸進的無償化条項の留保撤回を行っており、後退禁止原則に反するのではないか、申請手続が必要になったことで、困難な家庭ほど給付に支障を来すのではないか等の批判がある。

　高校生活を送るためには、通学費用や制服代、課外授業の積み立て、クラブ活動費など、様々な経費が生じる。授業料の支援に止まらない、通学費や生活費なども含めた支援を検討すべきである。

ⅳ） 高騰する大学の学費と奨学金返済の負担

　学びのために信頼して利用した奨学金が、学資ローンと化し、人生の大きな負担となって利用者を苦しめ、結婚や出産、親許からの独立、自由な職業の選択など、人生の選択肢を奪う。そんな深刻な事態が、公的奨学金である独立行政法人日本学生支援機構（旧日本育英会）の奨学金で起こっている。

　1970年代以降、受益者負担論により、高等教育への公的支援が削減され、学費の値上げが続けられてきた。文部科学省の「学校基本調査」によれば、大学の初年度納入金の平均は、1970年には国立で1万6000円、私立で17万5090円だったのが、2010年には、それぞれ81万7800円、131万5600円となり、物価の上昇率をはるかに超えて高騰した。いまや日本は、高等教育の学費が世界でもっとも高い国の一つとなってしまった。他方で、家計の状況は苦しさを増している。機構の学生生活調査によれば、2000年度に156万円程度あった家計からの給付は2012年度には121万円にまで落ち込んでいる。したがって、大学に行くためには奨学金に頼らざるをえず、今や大学生の約2人に1人がなんらかの奨学金を利用し、約3人に1人が機構の奨学金を利用している。学費の高騰とともに借入額も増大し、大学4年間で数百万円を借入れることが一般的になっている。諸外国では奨学金は給付を意味し、貸与は学資ローンと呼ばれるが、日本の奨学金と言われるもののほとんどは貸与であり、機構の就学金は留学生向けのごく一部を除いてすべて貸与である。したがって、卒業後、これを返済しなければならないが、非正規労働など不安定労働の拡大は、返したくても返せない人を多く生み出している。

　このような状況であれば、制度は利用者の負担を軽減する方向で改善されるべきであるが、実際には、負担を大きくする方向で制度の改変が進められてきた。

　機構の奨学金には、無利子の第一種と有利子の第二種とがある。「きぼう21」と呼ばれる大型の有利子奨学金は、当初、財政が好転したときには廃止するとの約束で導入されたが、その後、有利子が拡大を続け、今や事業規模で有利子が無利子の3倍となっている。その背景には財源の問題がある。第一種の財源は返済金のほかは国庫貸付金であるのに対し、第二種の財源は返済金のほかは、多くが民間借入金、財投機関債、財政融資資金等の広い意味での

民間資金である。国は、自ら資金を出さずに、民間資金に頼って奨学金を増大させてきたことになる。民間から資金を調達するには、回収率を上げなければならないから、返済能力を無視した回収が行われることになる。延滞金の負担も重く、2014年3月までは年10％の、同年4月以後も年5％の賦課率である。

　奨学金が他の借金と違うのは、利用時には将来の仕事や収入がわからないことにあるから、返済困難に陥るリスクはもともと制度に内在しているところ、低賃金・不安定労働の拡大により、そのリスクは飛躍的に増大している。したがって、返済困難者に対する十分な救済制度は制度の根幹であるはずだが、一応は存在する制度内救済制度は、利用基準が厳しいばかりか、運用による様々な制限があって、返済困難者をカバーするものになっていない。例えば、経済的困難や病気などで返済が困難な人には、返済を猶予する制度があるが、利用期間に制限があり、また、従来、延滞がある場合にはすべて解消しないと利用ができない等の運用がなされてきた。批判を受けて、2014年4月からは、一部延滞者について延滞金を据え置いたままの猶予が認められるようになったが、同年12月には、法的手段を講じた場合や消滅時効を援用された場合等には、延滞金を据え置いた猶予の利用を制限するとの運用が、同年4月に遡って行なわれるようになった。

　回収も強化されており、信用情報機関への登録、債権回収会社や支払督促を利用した無理な回収が日常的に行なわれている。最後の手段である自己破産も、親や親族等の保証人に対する影響をおそれて利用できない人が多い。

　奨学金の負担に苦しむ人は、構造的に生み出されている被害者である。この問題の解決には、制度を根本的に変える必要がある。日弁連は、これまで学費の無償化を求めつつ、以下のような制度改革を求めてきた。

◆給付型の奨学金を早急に導入し、拡充すること。
◆所得に応じて返済額を変える、利用者の立場に立った所得連動型返済制度を導入すること。
◆貸与型奨学金は無利子を原則とすること。延滞金は廃止すること。
◆返済困難者の実態に合った十分な救済制度を具備し、運用等による不当な利用制限を止めること。

◆保証の制度をやめること。

　日本は 2012 年 9 月に国際人権 A 規約における高等教育の漸進的無償化条項についても留保撤回を行なっており、無償化は国際公約となっている。真に学びと成長を支える学費と奨学金制度の実現は、待ったなしの課題である。

5　税と社会保険料についての問題

(1)　所得再分配機能の回復

　わが国の社会保障は、財源不足等を理由に、「適正化」という名目のもと、その削減が続いている。しかし、不安定低賃金労働に従事する女性の現状を鑑みれば、社会保障の充実は喫緊の課題であり、その解決のためには、税と社会保障による所得再分配機能を回復・強化をしなければならない。

　そこでまず、税制を中心に、所得再分配機能回復のための視点を検討する。

(2)　財政の憲法原理

　憲法は、財政民主主義および租税法律主義を規定しており（憲法 83 条以下）、建前上、わが国の税財政は民主主義により規律されている。しかし、民主主義は国民の人権保障のための制度的担保であり、民主主義を理由に人権侵害が容認されることはなく、すべての税財政は、国民の人権保障に資するものでなければならない。また、生存権等の保障には、税と社会保障を通した所得再分配が必要となる。

　したがって、税制については、憲法 13 条（幸福追求権）、14 条（実質的平等）、25 条（生存権保障）、29 条（財産権の公共の福祉による制約）等から、「応能負担の原則」が導かれる（日弁連「希望社会の実現のため、社会保障のグランドデザイン策定を求める決議」2011 年 10 月 7 日参照）。

　このように、応能負担による税と、充実した社会保障を通して所得再分配を行なう。これが憲法の要請する税財政であるはずである（日弁連「貧困と格差が拡大する不平等社会の克服を目指す決議」2013 年 10 月 4 日参照）。

(3) 応能負担に反する税制

2011年度の申告納税者の所得税負担率は、国税庁「申告所得税標本調査結果（税務統計から見た申告所得税の実態）」によると、所得1億円の人の28.9％をピークに、10億円では23.5％、100億円では16.2％まで低下する。つまり、所得1億円以上の高額所得者に関しては、応能負担の原則に反し、実質的に逆進課税になっているのが現実である。この原因については、株式譲渡益や株式配当の所得が、低率・分離課税の対象となっている点を指摘するものがある。

昨年度、これらの税率が改正されたものの、改正後でも所得税率は15％（別途住民税が5％）であり、改正前においては、なんと所得税率はたったの7％（別途住税が3％）だった。

他方で、分離課税が適用されない給与所得等については、課税所得330万円超695万円以下の所得税率が20％である。

なお、2011年の平均所得金額は555万円であるが、税率を比べると、勤労所得は平均所得以下の年間400万円前後でも20％なのに対して、資産性所得、すなわち不労所得である株式譲渡益や株式配当に関しては、どんなに多額の所得があったとしても7％だけだったのであり、現在でも15％に過ぎない。

加えて、狭義の租税ではないが、社会保険料についても、原則として、所得に比例して納付することになっているものの、一定の収入を超えると「頭打ち」となり、応能負担の原則に反しているといえる。

たとえば、厚生年金の保険料は、月収が62万円を超えるあたりで頭打ちとなり、どれだけ高額の所得があっても、月に5万数千円だけ納付すればよいこととなっている。

勤労所得は、稼働時間に制約があり、生計に当てられるのが一般であって、不労所得である資産性所得の方が担税力があるとされているが、その資産性所得の方が、所得が高くても税率が低いというのは、応能負担の原則からすればきわめて不公正である。

(4) 不公正税制による影響

以上のような応能負担原則に大きく反する不公正税制が続いていることに

より、貧困の拡大の陰で、一部の富裕層への「富の集中」が加速している。

まず、財務省の統計によれば、企業の株主に対する配当額は、2001年の4兆4960億円から2010年には10兆円超と2倍以上となっているが、いわゆる「大株主」は資産家や企業役員が多くの割合を占めているはずであり、配当による「富」の集中が生じていると考えざるをえない。

また、国税庁の統計によれば、1999年においては8070人だけだった年収5000万円以上の給与所得者は、2009年には2万7315人と3倍増となっている。

そして、財務省の統計によれば、法人企業の役員賞与は、1998年の7693億円から2005年には約2倍の1兆5225円となっており、役員賞与を含めた企業役員の報酬増額等により、高額所得者の急増という「富」の集中が生じているといえる。

このような「富」の集中の一方、非正規雇用の増加等による不安定・低賃金労働が蔓延する実態を考えれば、この不公正な状態の放置は許されず、租税における応能負担の徹底・強化が不可欠である。

(5) あるべき税制

貧困が拡大する一方、「富」の集中が顕著な現状においては、応能負担の原則を徹底・強化する税制と社会保障の拡充による「所得再分配」が重要である。応能負担の原則を徹底・強化するための税制としては、様々な意見があるかと思われるが、考えられる方向性を検討する。

1) 所得税

まず、所得税についてであるが、不労所得と言われる株式譲渡益や配当所得に対する優遇税制については、応能負担の原則に反するのは明らかであり、早急に見直すべきである。

また、累進制の徹底・強化という観点からは、分離課税自体を見直し、所得総額に対して累進課税を行なうことも検討する必要がある。

加えて、税率自体についても、本年から最高税率が40％から45％に引き上げられたものの、最高税率の適用は4000万円以上からであって、必ずしも高額とは言えないし、最高税率についても、1988年までは60％以上だったので

あり、最高税率の適用範囲とその税率の引上げなど、累進性のさらなる強化も検討するべきである。

2) 住民税

所得と連動する住民税についても、最高税率が引き下げられ、現在の最高税率は10％であるが、1988年以前の最高税率は16％以上であり、所得税と合わせた最高税率は76％以上であった。

累進性をここまで強化すべきかどうかについては議論のあるところと思われるが、所得税と同様に、株式譲渡益や配当所得に対する優遇税制の廃止や、分離課税の廃止などは早急に検討すべきである。

3) 相続税

相続税についても、過去は75％だった最高税率は、2003年以降引下げが続き、本年1月には引上げがなされたものの、現在の最高税率は55％である。最高税率の適用も6億円と、「富の集中」が続く現状では高いとは言えない。死亡保険金や死亡退職金も一定の範囲で課税対象外とされ、小規模宅地の特例などもあるが、このような特例の要否、累進性強化の必要性、とくに6億円をはるかに超える遺産がある場合の税率等については、検討の必要性がある。

4) 消費税

「逆進性」が指摘される消費税については、「応能負担」や「所得再分配」という観点からは、その強化には問題があり、所得再分配のための社会保障財源としては資産性所得の課税強化等を検討すべきである。

5) 法人税

わが国の法人税基本税率は、25.5％から23.9％（2015年）に引き下げられた。名目の基本税率の高さが指摘され、今後も「引下げ圧力」が続くものと思われる。

たしかに、法人にも様々な業態、規模、経営状況のものがあり、個人経営

に近いような中小零細企業については、その経営者の生活等を考えれば、その負担軽減の必要性がある。しかし、法人には様々な租税軽減措置もあり、たとえば研究開発費については、試験研究費の総額の税額控除、特別試験研究費の税額控除、中小企業技術基盤強化税制等が設けられ、その控除額等の合計は、3726億円にのぼるとされている（2010年度国税庁会社標本調査）。

また、個人事業主にはない「純損失の繰越控除」も認められており、その結果2011年度においては、64.3％が欠損法人とされ、当期の控除額は約9兆7000億円とされている。

この点は2011年12月の税制改正において見直しがなされたが、依然として、実際に課税対象になる法人の利益は限定的なものとされ、いわゆる実効税率（実質的な所得税負担率）は高くないと指摘されている。

加えて、企業が負担すべき社会保険料負担の負担割合も考慮すれば、わが国の法人の公的負担の割合は高くないとの指摘も存在する。

したがって、名目的な税率を引き下げるのであれば、様々な特別措置の廃止、所得や規模等に応じた累進性の導入等を検討すべきと思われる。

6) 基礎控除

わが国における基礎控除額は38万円であるが、この制度の目的は「裏返しの生存権」であり、健康で文化的な最低限度の生活を営めるようにするためのものである。しかし、この額で1年間の生活を営むことはできない。税と社会保障による所得再分配機能の強化を考えるには、この金額の大幅な引上げを行なうべきである。

7) 負担軽減の手法

生活困窮者向けの税負担の軽減策として、所得控除や税額控除等が行なわれる場合があるが、生活困窮者の場合には「所得」がないことも多く、その場合は、所得控除では軽減策の恩恵を受けられない。

また、税額控除でも、非課税の生活困窮者にとっては恩恵がなく、イギリスのタックスクレジット等の制度を参考に、わが国でも「給付付き税額控除」の導入を検討する必要がある。

(6) 所得の海外移転への対策

　大企業や高額所得者への課税を強化しようとする場合、「企業の海外移転」等の反論がなされることがある。また、贈与の場合に贈与者の課税する国と受贈者に課税する国があるなど、国ごとに違う税制を利用しての課税逃れの指摘もある。このような場合を念頭に、所得の海外移転自体に課税することや、課税に対する国際的な連帯を検討することも必要である。

　わが国では 2015 年 7 月からいわゆる「出国税」が施行され、有価証券等または未決済デリバティブ取引等に係る金額の合計額が 1 億円以上である者で、出国前 10 年以内の居住者である期間の合計が 5 年超であれば、出国時に、当該有価証券等の譲渡または当該未決済デリバティブ取引等の決済をしたものとみなして、事業所得の金額、譲渡所得の金額または雑所得の金額を計算することとなった。

　このような税制を今後も制定していくには世論の支持が必要であるところ、アメリカにならって「タックスギャップ」（予定された税額と実際に納付された税額の差額）の推計額を公表すること等も検討すべきである。

(7) 税財政における民主主義の回復

　憲法においては、租税法律主義、財政民主主義が採用されているが、主権者である国民が正確な情報を共有したうえで、税財政の決定過程に実質的に関与できることが不可欠である。

　そもそも、審議の過程においては、例年 12 月に発表される与党の税制改正大綱に先立って、政府の税制調査会が首相に対して答申を行っているが、これは中長期的な視点による抽象的な内容にとどまり、具体的な税制改正については、与党自由民主党の税制調査会で行なわれている。そのうえ、この会議には、同党所属議員とその秘書しか入室できず、報道関係者も閉め出したところでの議論となっており、議事録もない。このような非公開の密室においてとりまとめられた「与党税制改正大綱」にもとづいて、その数日後には財務省が「大綱」を作成し、閣議決定後に国会に提出される。つまり、税制改正の骨格は自由民主党の税制調査会でとりまとめられるものの、そこはあ

くまでも「党」内での議論であり、公開の場による討論を経たものでもない。

「租税法律主義」は、単に「法律」という形式を徴税に求めたものにすぎず、「国民の手で決める」という実質をも要求したものであり、国民による監視は不可欠の要件と考えるべきである。

また、国民主権の具体化である租税法律主義、財政民主主義の実質化には、国民全体に対する主権者教育が重要であるとともに、適切な情報の共有が不可欠である。

したがって、税制調査会や財政制度等審議会等の議論が、公開された場で行なわれて透明性が確保されることとともに、そのような公式な議論の場に、使用者、事業主、労働者、消費者など関係当事者が対等に参画できるような制度を構築すべきである。

さらに、学校教育課程等における主権者教育の一環として、税制および財政等の教育についても充実させていくことが重要である。

終　章 〜もう一歩先へ進むために大切なこと

　「女性問題」と聞くだけでつい話を避けてしまう人、自分には関係のないことだと考えてしまう人がたくさんいる。これは日本に限ったことではない。しかし、女性が直面している貧困や格差、様々なハラスメント、ＤＶを含む暴力の問題等は社会全体に影響を及ぼす「みんなの問題」であり、早急に解決すべき重要な課題である。

　女性問題解決のために取り組むべき課題は多々あるが、男女雇用機会均等法制定から30周年を迎えた2015年は、女性の貧困問題解決をめざし、貧困の大きな原因である労働問題を取り上げることとなった。

　女性の労働問題は、男性の労働問題でもある。女性が家庭内労働の多くを負担しなければならないゆえに、就労して経済的自立をすることが困難な状況にある一方で、男性は主たる稼ぎ手として長時間労働が当然視されてしまっているため、家族的責任を果たす時間を確保することができずにいる。この男女間の権利と負担の歪みが様々な問題を生み出している。

　政府は「女性の活躍」をうたい、2015年8月には女性活躍推進法が成立し、2016年4月1日施行となった。しかし、女性の労働問題を解決しないまま労働市場への参画を促すことは、女性に過剰な負担を強いることにつながるおそれがある。

　男女労働者が負担を分かち合い、平等に権利を享受すること、そして、すべての人が貧困から解消されることを強く願う。

資　　料①

全ての女性が貧困から解放され、性別により不利益を受けることなく働き生活できる労働条件、労働環境の整備を求める決議

日本国憲法は、性別による差別を禁止し、国民の健康で文化的な生活を営む権利及び人間らしく働くための労働条件を保障することを求めている。また、国が1985年に批准した女性に対するあらゆる形態の差別の撤廃に関する条約（以下「女性差別撤廃条約」という。）は、「人間の奪い得ない権利」としての労働の権利を女性に保障し、女性に対する差別を撤廃するための全ての適当な措置を採ることを求めている。しかし、これまで国は、雇用の分野をはじめとして、広く男女の平等を実現するための法の制定、改正等を行っているが、いまだ十分ではない。
　この30年間に、女性労働者は急増したものの、その多くがパート・派遣・契約社員等の非正規の職員・従業員（以下「非正規労働者」という。）であり、正規の職員・従業員（以下「正規労働者」という。）は微増にとどまる。また、正規・非正規を問わず女性労働者と男性労働者との間の賃金格差は大きいが、同性間でも、正規労働者と非正規労働者との賃金格差は著しい。女性労働者の半数近くが経済的自立の困難な年収200万円以下で、その大半は非正規労働者である。女性労働者の過半数を占めている女性非正規労働者は、性別による差別と雇用形態の違いによる差別という二重の差別を受けているのが実情であり、特に勤労世代の単身女性や母子世帯が深刻な貧困にあえいでいる。
　女性非正規労働者の急増の原因の一つとして、「男は外で働き、女は家庭を守る。」といった性別役割分担の意識が現在でも社会的に強い影響力を持ち、多くの女性が家事・育児・介護等の家庭内労働を担っているという現実がある。そのため、女性にとって時間外労働が当然視される正規労働者として働くことが難しくなっており、多くの女性が結婚や出産、育児、介護等を契機に離職せざるを得ず、その後、再就職をするにしても、身分が不安定な上、低賃金の非正規労働者として働くしかない状況におかれているのである。
　また、現行の税・社会保障制度は、主たる男性稼ぎ手とその妻子で構成された世帯（以下「標準モデル世帯」という。）をモデルに構築されているが、これは、結果的にその世帯に属する女性の就業抑制・調整につながっている上、主たる男性稼ぎ手の存在を前提とすることで性別役割分担の固定化を招き、かつ、単身女性や母子世帯を更に困窮させる要因になっている。

女性が直面する格差と貧困を克服するためには、雇用形態等の違いによって不当に格差をつけられず均等待遇を受けること、男女共に就労と家事・育児・介護等の家族的責任を両立しながら安定、継続して働けること、性別に基づく差別をなくすこと、性別役割分担及びそれに基づく不利益をなくすことなどが必要であり、当連合会は、特に以下の諸方策が実施されることを求める。

1　全ての女性が、人間らしい生活を営むに足る賃金を得るとともに、均等待遇を実現するため、国及び地方自治体は、いかなる雇用形態であれ、同一価値の労働についての男女労働者に対する同一報酬に関する条約（以下「ＩＬＯ100号条約」という。）及び女性差別撤廃条約第11条1項(d)並びに経済的、社会的及び文化的権利に関する国際規約（以下「社会権規約」という。）第7条(a)(i)号を遵守し、
　(1)　客観的な職務評価基準を整え、同一価値労働同一賃金の原則が確保される立法を含む措置を早急に構築すること。
　(2)　雇用の分野における男女の均等な機会及び待遇の確保等に関する法律（以下「男女雇用機会均等法」という。）第6条の差別禁止事項に「賃金」を加えること。
　(3)　男女雇用機会均等法第7条の「厚生労働省令で定めるもの」とした規定を改正し、女性に対する間接差別となる事項が、それに限定されるものではないことを明記すること。
　(4)　全ての人が、その属する世帯の形態、性別にかかわらず、人間らしい生活を営むことができるように、「地域別最低賃金」を大幅に引き上げること。また、国及び地方自治体は、国や地方自治体が事業主と締結する契約（公契約）において、使用者となる事業主が使用する労働者の最低賃金を定め、これを遵守させる措置を採ること。
2　全ての女性が安定して働き続けることができるように、就労と家族的責任を両立し得る環境を整備するため、国は、家族的責任を有する男女労働者の機会及び待遇の均等に関する条約（以下「ＩＬＯ156号条約」という。）及び男女労働者特に家族的責任を有する労働者の機会均等及び均等待

遇に関する勧告（以下「ＩＬＯ165号勧告」という。）を遵守し、
  (1) 男女労働者の労働時間は1日8時間、週40時間を上限とすることが原則であって、これを超える時間外労働は例外的なものであることを改めて確認し、男女労働者が家事・育児・介護等の家族的責任を分担できるような措置を講じるとともに、時間外・休日・深夜労働について、法律によって、労使間協定によっても超えることができない労働時間の上限時間等を1日及び週単位で設定すること。
  (2) 雇用形態にかかわらず、全ての女性労働者が安心して妊娠・出産し、そして、全ての男女労働者が家族的責任を分担する機会を確保できるように、そのために設けられた諸制度の利用を積極的に促進する措置を設け、かつ、事業主に対しては労働者が諸制度を利用することを制限しないよう指導・監督し、その違反に対しては制裁措置を採ること。
3 不当な格差を是正し、男女雇用機会均等法違反による不利益を受けた労働者を実効的に救済するため、国は、
  (1) 男女雇用機会均等法等に、差別の存在に関する推定規定、違反した場合の法的効果、裁判所が命じることができる救済措置を明記すること。
  (2) 救済制度として、独立した行政委員会を新設し、あわせて、行政委員会の発する是正命令違反に対し科料ないし罰金による制裁を強化すること。
4 性別役割分担及びそれに基づく不利益を解消するため、国及び地方自治体は、男女共同参画社会基本法の定める理念を実現し、
  (1) 税・社会保障制度において、女性による無償労働の提供を前提とした、主たる男性稼ぎ手とその妻子で構成された世帯を標準モデルとする制度設計を見直し、諸制度を多様な家族の形態に応じた制度に変革し、所得の再分配機能を強化すること。
  (2) 性別役割分担の問題を解消するため、学校、職場、家庭、地域におけるジェンダー平等教育の制度を整えるとともに、その実施を支援すること。
5 国は、国及び地方自治体、並びに事業主が、これまでの性差別の結果を是正するため、積極的差別是正措置を行うことを法律で義務付け、その実

効性を確保するための具体的な規定を策定すること。

　当連合会は、全ての女性が貧困から解放され、性別により不利益を受けることなく働き、健康で文化的な、人間らしい豊かな生活を営むに足る労働条件、労働環境を享受できるように、上記諸課題の実現に向けて全力を尽くすことを決意する。
　以上のとおり決議する。

2015年（平成27年）10月2日
日本弁護士連合会

資　料②
オランダ調査の報告～法制度の光と影

調査の目的と概要

　オランダは男女共にパートタイム就労の進んだワークシェアリングの国として知られている。かつては既婚女性のほとんどが専業主婦であったオランダにおいて女性の就業率が上昇した要因やその影響、またパートタイム就労の制度構築の経緯、現状を調査することは、日本における女性の労働問題を解決するために意義が大きい。そこで、オランダの労働法制、女性の権利保護、保護者の労働条件が子どもの生活に与える影響など、様々な視点からオランダの実情を調査すべく、2015年4月に訪問調査を行なった。

調査報告①

アムステルダム大学ヒューゴ・ジンツハイマー研究所(1)
Hugo Sinzheimer Institute

【訪問日】2015年4月13日（月）
【対応者】フェアフルプ教授

【概　要】

　オランダには労働時間調整法という法律があり、労働者は1年間労働を継続すると、希望の労働時間を申し入れることができる。使用者はよほどの理由がない限り、労働者の希望を拒否することはできない。オランダでは、労働者の権利は国が強行法規で定めて保護するというものではなく、労働者・使用者の協約によるのが原則である。

【聴取内容】

(1)　オランダの就労・労働組合の状況

　オランダの一番大きな労働組合はＦＮＶで、加盟者は120万人であり、就労人口の20％の労働者が加盟している。オランダの労使関係は比較的安定しており、ストライキは2008年で従業員1000人あたり1.018日。フランスでは、労働組合加盟者は7％しかおらず、労働組合がさほど影響力を持たないため、交渉が進まず、抗議行動が多くなる。
　女性の就労率は男性に比べて低いが、2020年頃には、男性と女性の就労率は同じくらいになるといわれている。オランダではパートタイム就労で女性

の就労率が向上した。女性の75％がパートタイムで働いている。オランダの男性の25％がパートタイムで、ＥＵの平均に比べると多いが、女性に比べると低い。女性のパートタイム就労率が高いのは、保育体制が不十分で、子どもの世話をする必要があるからである。

(2) 労働時間調整法について

　労働時間調整法は、パートタイム労働を推進する法律である。労働者は一年間労働を継続すると自分で労働時間数を希望することができ、使用者は原則それを拒めないというもので、2000年に成立した。ただ、この法律を導入する前後で、実態にとくに変化はない。これはパートタイム労働が法律制定の前からすでに根付いていたことによる。国によっては、パートはキャリアを下げるものだが、オランダでは、「柔軟性ある労働者」とみなされ、そのような影響はあまりないといわれている。

　労働時間調整の始まりは育児休暇である。子の世話をする親に対しては育児休暇という権利が与えられており、雇用主にはその付与が義務化されている。育児休暇中は労働時間がフルタイムの約半分になっているので、休暇終了後に「パートでは困る」という理屈は通らない。その結果、労働者は引き続きパートで働くという素地ができる。

　労働時間調整法を活用しているのは女性が多い。女性がパートを選んでいる大きな理由は、女性が家事・育児の多くを担っているためだろう。女性のフルタイム労働者を増やすには、家事・育児の分担についての認識・考え方への対処も必要であるし、社会政策として保育制度の整備なども検討すべきであろう。総合的な政策が必要だが、「具体的」対策があるわけではない。法律があることでパートは保護され、フルタイムとの均等待遇も守られているが、それらの法律があるだけでは足りない、ということである。

　雇用主は、フルタイム労働者に比べてパートのほうが生産性が高いため、パートタイマーの採用に問題は感じていない。ＥＵが出している1時間あたりの生産性のデータを見ると、オランダの生産性は136.5ユーロとＥＵ２位である。１位はルクセンブルクだが、銀行が多いからではないかとの指摘もあり、このデータの信憑性には少し問題がある。専門分野ではないが、労働政策と

して解雇制限があるから、労働者が雇用主に貢献しようと考える結果、生産性が高いのではないかと考えている。

ヨーロッパの平均労働時間は週37.5時間で、減少してきている。オランダでは、主たる仕事での労働時間が短くなった（週30.6時間）ことから、副業が見られるようになった。副業の労働時間はこの統計上の労働時間には含まれない。メインの仕事を基本的な収入源とし、副業は自分の幸せを追求するための仕事やボランティアなどをする。

失業率を下げようとしているが、経済状況が芳しくないので、失業率は現在8％と比較的高い。なお、失業率に男女差は見られない。

パートタイマーについての明確な定義はなく、一般労働者の労働時間は週36時間から41時間と分野や協約によって異なる。権利として認められているのは、時間数の調整だけで、労働日や時間帯については労働者が使用者と交渉して決めていくことになる。労働時間を増やす方向での調整も可能だが、休息の時間が確保されていることが必要である。労働者は労働時間の増減を請求できるが、雇用主からはできない。労働時間を希望に応じて調整するのは雇用主の責任で、その穴埋めを他の労働者に求めることはできない。パートは時間外に働いても残業代は出ない。雇用主は労働時間が短ければ社会保険料の負担が減るが、それ以外の利益はない。解雇時にパートがフルタイムより先に解雇されることや昇進差別はないはずだが、現実にはあるのではないかと考える。自分も昔はパートタイムだったが、今、フルタイムになり、待遇がよくなったと感じている。パートにはやはり、ガラスの天井があるのではないかと感じる。

(3) オランダの労働慣行・法体系

オランダの法制度はフランス革命の時から続いていて、自由・平等・博愛がスローガン。オランダでは自由・平等だから交渉ができるという意識もある。昔は男性中心の社会で、女性は1917年にやっと選挙権が付与された。オランダ民法もフランス法にもとづいている。1795年からフランスに統治され、産業革命というほどものもなく、労働者を「守る」という制度がないままに来ているので、ベルギーやドイツと違い、「公法」で労働者を守る仕組みは作られず、私法で守るように法が整備されてきた。それが近隣諸国との違いである。

オランダでは、労働条件は労使の合意によるのが基本で、均等待遇でも何でも、何か権利を獲得しようとするなら、自分で交渉しないといけない。女性の権利も同じだろう。オランダには人権研究所という機関があり、提訴も含めた権利主張のための支援活動が行なわれている。国が労働者保護に関与する場面は少ない。

　オランダの法律はEU指令に縛られていて、差別はいかなる場合であっても許されないのが基本。他にオランダ憲法、均等待遇法や同一賃金法などの法律がある。

【質疑応答】

Q　オランダでは、子どもを保育園に4日も預けるのはかわいそう、3日が限度と言われていると聞くが、そのような実態はあるのか？

A　週4、5日子どもを預けるのは「悪い親」という認識は40年前にはあったかも。今はない。実際は3日くらい預けていることが多い。子どもを保育園に預ける費用がとても高い。フルタイム労働で5日分の高い費用を払って子どもを預けるか、パートで働いて週3日子どもを預けるかという選択で、後者を選ぶという人はいる。

Q　ケア労働に関する男女差について女性に不満はないか。負担の有無で昇進の差別にもつながりそうだが、どうか？

A　よくわからないが、ケア労働について女性が不満を持っているかというと、必ずしもそうではない。子どもと接する時間を持てることが良いと考えるのかもしれない。

Q　離婚したときの貧困化の問題の原因として女性のパート労働があるのではないか？

A　そうだと思う。結婚すると男性がフルタイムを継続し、女性がパートになることが多い。男性の方が女性より教育水準、収入が高いカップルが多いため、どちらがパートになるかといえば女性のほうだろう。年金の金額などにもパートタイマーであることが影響するから、離婚した場合の悪影響は大きい。自分のキャリアにも影響する。ただ、年金をはじめ、収入が低い場合には手当があるので大丈夫という考え方もありうる。

調査報告②
アムステルダム高等裁判所
Courts of Appeal

【訪問日】2015年4月13日（月）
【対応者】マリアナ・プールガイスさん（裁判所広報担当）
　　　　　フェアフルプ教授
　　　　　アンネ・マリーさん（弁護士）
　　　　　レネーヴエセルさん（見学案内）

【概　要】

　オランダに四つある高等裁判所のうちの一つで、主に刑事事件、民事・家事事件、経営商業事件という三つの分野の事件を扱う控訴審裁判所である。アムステルダム高等裁判所には現在、約120人の判事が所属し、年間約14000件の事件を扱っている。EUの輸出入の権利や消費者団体等による裁判も担当する。

【聴取内容】

(1)　アムステルダム高等裁判所の概要

　裁判所の所長の役割を務めるのは3人で構成された運営委員会で、3人のうち2人が判事である。判事のうち1人が副所長である。この組織によって判決のレベルが管理されている。
　アムステルダム高等裁判所は、控訴された案件を主に扱っており、刑事裁判、民事・家庭裁判、経営商業裁判の三つの分野の裁判を行なっている。
　高等裁判所でマスコミの焦点が集まるのは、経営者の権利についての裁判があるときである。さらに、このアムステルダムの高等裁判所は非常に多くの刑事事件の裁判も受理している。高等裁判所の職員数は350人、うち120

人が判事である。裁判所も社会のニーズに答える形で運営する必要があり、クオリティーとイノベーションがキーワードになっている。2020年にはすべてに書類の内容をデジタルで提供できるようにする予定である。

(2) 労働事件について

1) 労働事件の概要と労働事件の事件数について

ⅰ) 解雇について

　解雇についての紛争は、オランダ全体で年間約10万件あり、そのうち裁判で争われるのが2万件、あと6万件はＵＷＡ（政府の労働管轄機関）が扱っている。オランダでは労働法の改定が決定されていて、その施行は段階を追って行われる。2015年7月1日までは、雇用主が裁判所かＵＷＡで争うのかを決めることができる。

ⅱ) 給与・休暇など

　別の労働条件、たとえば昇給や有給休暇の日数など解雇以外の紛争は、年間2万件から3万件である。業界ごとの労働協約についての審判は先の件数に入っていない。産業ごとの判定委員会の数は明確にはつかめていない。

2) 紛争件数の多い労働問題

　雇用契約を締結するときに、解雇の方法についても合意するにもかかわらず、オランダでは解雇についての裁判が一番多い。昇給や有給休暇の日数について紛争になることも多い。この高等裁判所では、労使間に限らず、失業者と給付機関との間の裁判も多い。オランダでは即時解雇を受けると公的な失業保険を受けることができないため、即時解雇を受けた人が即時解雇できない場合に当たると主張して雇用主を訴えるケースもある。国によっては労働専門の裁判所があるが、オランダでは社会保障の権利も、解雇に関する紛争も同じ裁判所で扱われる。オランダでは、民事専門の地方裁判所が23か所ある。大きな都市には一つある。裁判を起こすことの敷居は低い。地方裁判所の裁判官、とくに民事関係の裁判官はあらゆるタイプの労働裁判を扱っており、労働案件についてもよく知っている。民事専門の地方裁判所はカントン

と呼ばれ、本人訴訟が可能である。この民事専門の地方裁判所の判決に対して不服がある場合は、こちらの高等裁判所に控訴することができる。ただし、高等裁判所における控訴審では弁護士代理が必要で、最高裁判所では最高裁専門の弁護士に依頼する必要がある。高裁や最高裁での訴訟費用は高い。なお、弁護士費用の賠償、つまり敗訴者負担のシステムはない。このため、ほとんどの経営者や労働者が法的支援保険・弁護士費用保険に加入しており、多くの場合に保険で費用がまかなわれている。オランダは紛争解決手段として裁判を選択することが比較的簡単である。もっとも、別の意見を持つ人もいると思う。

3） 通常の労働事件での審理期間

雇用主が解雇を請求したが労働者が解雇に同意しないというケースでは、文書で申立書を提出すれば良く、2か月から3か月で審理される。このようなケースが年間約2万件ある。UWA（社会保障労働局）の裁定によって解雇が認められた場合、労働者に不服があるときは裁判で争うことになるが、判断を変えることは難しい。UWAに申し立てられる紛争は、解雇事件よりも、賃上げ、有給休暇の日数についてのものが多い。これらは、1年ぐらいかかることがある。裁定に不服があって、これについて提訴すると、地方裁判所で1年、控訴した場合は更に1年以上がかかる。さらに、上訴することも可能だが、最高裁は高等裁判所の法令適用についてのみ審理することになっている（2015年7月1日より制度が大幅に変更する。）。

4） 性差別の事件

アムステルダムの高等裁判所に係属している案件の一つにアムステルダム大学における事件がある。この事件は、性差別の問題がどれだけ難しいかの見本である。当事者は経済学の女性研究者で、アムステルダム大学に13年間勤務し、同大学でPHDを取得した。経済学でのポジションが空いたのでそこに応募した。ほかに6人の女性研究者と19人の男性研究者が応募した。当該女性は、採用面接に呼ばれもせず、最終的にポジションを得たのは男性研究者であった。この選定手続に性差別があった疑いが投げかけられた。その

理由は、採用を決定する委員会の構成メンバーが全員男性であったこと、委員会には学部以外から選ばれたメンバーがいなかったこと、最終候補者に残っていたのは全て男性だったことである。この事件で、高等裁判所は「差別がなかったことを立証する責任を負うのはアムステルダム大学の側である」という判断をした。

5）同一価値労働同一賃金の原則の審理の仕方

同一価値労働同一賃金の原則は、多くの場合、統計数で判定される。応募者、最終候補者の男女の比率、男女の賃金格差について統計的に判定する。ただし、その判断は難しい。例えば、航空業界では、フライトアテンダントには女性が多く、パーサーは男性が多かった。それぞれの職種が女性、男性の双方に開放されていくと、パーサーにも女性が就くことになるが、比較対象となる男性は勤務年数が長いことになる。勤務年数の短い女性と長い男性とを比較し、平等な給与がいかなるものかを判断するのは容易なことではない。

【質疑応答】

Q 女性の権利について一人が争ったときにその判決の結果が他の人に影響を与えること、あるいはクラスアクション的なことはあるのか？

A 判決の効力は他の人には及ばないが、影響は与えるでしょう。

Q 週に40時間働く人と週に4時間働く人がいるときに同一価値の労働をしているのかどうかをどのように判断しているのか？

A 仕事の内容で判断する。たとえば、秘書という同じ役職だとしても、女性労働者は電話応対だけで、男性労働者は報告書作成や取締役会への出席をしているかもしれない。

Q 仕事の価値が同一かどうかはどのように判断するのか。給与の額で判断、というわけにはいかないと思うが？

A 同じ仕事をしていても面接で上手に交渉することでより高い給与を得る人もある。ずっとパートタイムをしてきた人は、交渉がうまくないことが多い。

Q 裁判所で同一価値の仕事であるか否かを争っている事件はあるか？

A 判断しにくい事項なので、あまり裁判の対象にはなっていない。

Q 女性が昇格上の差別を受けていると争っている裁判はあるか？

A 先ほど説明した女性経済学者の案件がある。数的にはあまり多くはない。しかし、事態は改善されてきていると思う。大学では若い女性研究者が増えており、彼女たちが管理職に進む可能性は高く、女性教授は増えるはずである。法律関係の分野では変化はすでに起きている。地方裁判所の判事の多数は女性である。ただ、高等裁判所の女性の判事は半分以下で、最高裁判所はいまだ男性組織である。

Q アムステルダム大学の事件では、大学は「最終候補者名簿に男性だけが載っていたのは成績が優秀だったからにすぎない」と主張したと推測するが、裁判所の判断は？

A 裁判所が中心的に検討したのは手続きについてである。先の事件では、選考委員に学部外の人が入ることが重要であったが、外部委員はいなかった。

Q 裁判手続を利用する際の裁判所の手数料はどうなっているのか。日本では差別が深刻で請求金額が大きくなるほど費用が高くなり、提訴の際に問題となる。

A 手数料は大きな問題ではない。審級が上がるほど手数料が上がるために正当な裁判を受けにくいということは事実だが、それは男性も女性も同じである。フェミニスト・ケースでは基金を提供している組織があり、その基金から支援を受けることができる。

Q 原告が差別の存在を主張する場合、差別がないことを被告が立証するのか、不合理な差別のあることを原告が立証するのか？

A 原告が差別が存在する疑いを提示できれば、被告に差別では無かったことを証明することが要求される。

調査報告③
人権研究所
COLLEGE VOOR DE RECHTEN VAN DE MENS

【訪問日】2015 年 4 月 14 日
【対応者】ローレン・コスターさん

【概　要】

　人権研究所は、学校、職場などの特定の場面における市民間の差別（均等待遇）の問題を取り扱う独立行政機関である。調査権限を有し、申し立てられた事案等において差別（ジェンダー、妊娠、年齢、宗教、性的志向、人種、国籍、障害または慢性疾患の有無、婚姻歴、労働時間、個人の信条、政治的思想など）の存否を判断する準司法的役割を担う。

【聴取内容】

(1)　沿革および組織

　人権研究所は、国連人権理事会（United Nation Human Rights Council）の理事国に選任されることを目指し、2012 年に設置されたオランダで初めての国家機関としての人権救済機関である。政府からの自立性を有する独立行政機関で、2015 年には障害者権利条約の監視団体になる予定。

(2)　権限と役割

　オランダにおける人権状況を改善することを使命とし、市民間の横の関係

における均等待遇（差別）の問題を取り扱う。学校（生徒と教師、教師と学校）、職場（雇用者と被用者）、消費者（サービス提供者とサービス受給者）、住居、スポーツなどの特定の分野において、差別の存否を調査・判断し、人権が守られるようにすることを役割とする。差別の理由としては、ジェンダー、妊娠、年齢、宗教、性的指向、人種、国籍、障害または慢性疾患、婚姻歴、雇用形態、信条、政治的思想などが考えられる。

　均等待遇や差別の問題が裁判所に持ち込まれることは少ない。人権研究所は均等待遇に関する専門機関であり、優れた調査能力を有し、綿密な調査を実施している。個別事案を調査するだけでなく、複数のケースを横断的に掘り下げることもある（たとえば同じ職場からセクハラに関する複数の申立てがあった場合）。

　人権研究所はすべての人に対し例外なく調査権を有し、調査対象者は回答義務を負う。また、個人の自宅を除くあらゆる施設（工場、学校、介護施設など）へのアクセス権を与えられている。公的な機能を担う場所（病院や刑務所など）へは立入権限もあり、強制立入も可能であるが、警察同伴の強制立入の実績はない。

(3)　対応件数

　フロント・オフィスのスタッフは、電話で人権や均等待遇に関する質問に回答し、必要に応じ適切な他機関を紹介する。2012年10月から2013年10月までの間に対応した質問は2519件であった。同期間に差別の存否につき判断を求める申立ては499件あった。申立てのあった差別の理由は、多い順に人種（95件）、ジェンダー（94件）、障害または慢性疾患（87件）であった。受理するケースのほとんどが労働に関する事案である。同期間に人権研究所が判断を下したのは164件で、差別の理由として多い順に、年齢（38件）、ジェンダー（35件）、障害または慢性疾患（29件）であった。

(4)　個別のケースへの対応

　人権研究所は、個別の申立てを受理し、調査して差別に当たるのか否かを判断する。この手続きは無料で、組織からの「この施策は差別にあたるのか

どうか」という問い合わせにも回答する。

　裁判所に提訴した場合、まずは申立人側が差別的な取扱いのあったことを推定させる事実を立証する負担を負うが、人権研究所への申立てにおいては、均等待遇法において定められた特定の状況の指摘をすれば足りる。たとえば、1年間の有期雇用契約で働く女性が、3か月、6か月および9か月の時点において素晴らしい評価を受けており、契約更新を期待すべき状況にあったにもかかわらず、10か月目に妊娠が発覚し、11か月目に評価が下がって不更新となったというケースの場合には、「妊娠を契機に評価が下がった」という状況を指摘することにより立証責任が転換し、雇用者側が、評価が低下した理由は妊娠を理由とするものではないことを立証する責任を負う。

　人権研究所の判断に法的拘束力はないが、2014年には相手方の83％が判断に従った。たとえば、差別に当たると判断された場合、相手に対する謝罪、損害賠償の支払、妊娠を契機とした解雇の場合には職場復帰もありうる。

(5) 男女同一賃金に関する実例

　94の総合病院のうち18の病院において、男女の賃金格差を調査した。個人の給与ファイルを収集し、類似する仕事をする男女、および同等レベルにある男女の賃金を比較し、同一賃金になっているかどうか比較した。初期段階の給与額・給与の構成からその後の昇給状況を調査するという技術的な調査であった。昇給の基準として、中立的なもの（例：特定の資格の取得）と非中立的なもの（職の価値に対して客観的な理由付けがないもの、例：昇給を求めてきた労働者のことを好きだから）が存在した。非中立的な基準には、男性に有利な場合が女性に有利な場合の2倍あることが分かった。勤続年数が長い女性労働者につき、正当化できない男女の賃金格差が見受けられた。そのような場合の男女間の賃金格差の原因の48％は賃金に関する交渉の有無であると考えられる。男性の方が賃金について交渉をする傾向があり、女性はなんらかのガイドラインに沿って支払われるだろうと考え、あまり交渉をしない傾向がある。しかし、本来、女性労働者が賃金に関する交渉をする義務を負うわけではなく、雇用者側が男女労働者に同一賃金を支払う義務を負う。

(6) 女性に対する人権侵害として、オランダで問題になっている事柄

1) マタニティ・ハラスメント

　女性に対する人権侵害の一つとして、妊娠による差別の問題がある。差別の形態としては、採用されない、労働契約が更新されない、解雇、出産前に就いていた役職に出産後に復帰できないなどがある。差別禁止法により妊娠による差別も禁止されるが、実態としてはマタニティ・ハラスメントが生じている。

　2012年春に人権研究所が実施した調査によれば、女性労働者の45％以上が妊娠または乳幼児をもつ母親であることを理由として、職場において差別を受けていることが分かった。人権研究所が妊娠を理由とする差別的取扱いであるという意見を公表したケースは、2011年から2012年にかけて60％増加している。人権研究所は、雇用者は採用時に出産予定の有無を質問するべきではないこと、女性にはそのような質問に回答する義務はないこと、妊娠を理由とする差別に屈するべきでないことなどの知識を広めたり、政府や労働組合に対し妊娠を理由とする差別に対策を取るように提言したり、全国放送で前述の調査結果を報告して議論を巻き起こすなど、あらゆる形での認知・認識の向上に取り組んでいる。

2) 女性に対する暴力

　他の西欧諸国と同様、女性に対する暴力も深刻である。トルコ人やモロッコ人の移住者に多いのは強制結婚や名誉殺人などである。在留資格をオランダ人の夫に頼っている移民女性の場合には、ＤＶがあっても簡単に家を出ることができないという問題もある。

3) 経済・政治問題

　女性が経済的に自立できないという問題もある。これは、女性労働者の多くがパートタイムで働いていることによる。介護システムの改革により、多くの女性が仕事を辞めて家族のケアを担うようになった。また、政治的・公的な立場における女性の代表者の割合が少ない。いまだ女性に対するステレオタイプの評価があり、意識の変革が難しいと感じる。

調査報告④
クララ・ウィッチマン研究所
Clara Wichman institute

【訪問日】2015年4月14日（火）
【場　所】アムステルダム大学
【対応者】アニーク・デ・ラーターさん

【概　要】

　クララ・ウィッチマン研究所は女性の権利の向上・改善を目的とするNPOで、重要な案件では資金援助し、裁判を支援するなどの活動をしている。

【聴取内容】

(1)　クララ・ウィッチマン研究所について

　女性の権利擁護を目的とするNPO組織で、オランダの女性弁護士からの寄付金が財源になっている。民法上、公益のために自ら原告となって裁判をできると認められた最初の組織である。個人から援助を求められた場合、将来的に女性の権利向上に影響を及ぼすと認められる事件ならば裁判資金を援助し、事案によっては最高裁まで援助する。アメリカの市民運動から派生してきた活動で、目的は法律の改正や制度の改善などである。創設期（1980年代）は権利獲得の闘いであったが、現在は政策を改革するための活動が中心。

(2)　実際に関与した事件や活動の内容

【事例1】　大学の研究職（教授）に応募したところ、男性のみで構成された選

考委員会で、男性が選ばれた。選考基準や過程が不明確で、途中で選考要件が男性に有利な内容に変更されていた。研究所は、その分野に女性の割合が少ないこと、全体でも女性の教授が７％しかいないこと、女子学生の割合とトップとの関連性がないことを明らかにした。この事案では選考基準を規定する選考委員会を男女で構成すること、選考基準に透明性を持たせることなどを獲得目標とした。本事例は、法はあったが実態の改革が必要だった。

【事例2】　オランダのキリスト教系の政党が女性を候補者リストに載せないことに対し、欧州の人権裁判所に提訴し、勝訴した。団体として提訴したケースである。

【取組1】　女性に出産する場所や時期について自由（柔軟性）を与える活動。

【取組2】　テレビCMでの女性の扱われ方について改善するため、テレビCMを規制する政府の倫理委員会での基準を変える取り組み。

(3)　一般的な女性の権利に関わる活動について

　女性の権利を話題にすること自体が敬遠される傾向がある。男女とも、自分の世界観を根底から覆されるのではないかという恐怖心を覚えるためではないかと考えられる。たとえば、教授といえば初老で白髪の男性を連想する。このようなイメージの変更を強いられることへの恐怖があるのではないか。女性自身も女性の自立がうたわれているなかで、現実（実際は教授になるのは困難）を突きつけられることを敬遠している。

(4)　オランダの状況について

　最近の傾向として、家庭内労働の分担やパートを希望する男性が増えており、そのような男性は自分自身をフェミニストと呼んでいる。オランダでは、産後3か月から子どもを預けて復帰することができる。週のうち3日は保育所に子どもを預け、1日は女性、1日は男性が育児をするのが主流である。保育所は民営で、収入1500～1600ユーロの家庭の場合、週3日預けると月額600～700ユーロかかる。ただし、税控除で300ユーロくらいは還付される。収入が低いほど、補助金は多い。低収入の家庭では必要にかられて共働きしているのが現状である。保育所に対して国が援助することはなく、設置基準・

公衆衛生・安全面（質）をチェックするだけである。ここ7～10年の間に、非営利で運営されていた多くの保育所がアメリカのヘッジファンドにより運営されるようになったが、費用対効果から見て非効率である上、間接的ではあるが、大企業に税金が流れるという弊害もある。介護や医療すべてが民営化により同様の問題を抱えている。多くの親が保育所の質に不安・疑問を持っている。ほかに、父親が主夫として毎日子どもの送迎をしているにもかかわらず、学校は何かあれば母親に連絡をする、というような「子育ての責任者は母親」という意識が、働く女性に負担を与えているという問題もある。

調査報告⑤
ウイレム・フィッサート・ホーフト博士のレクチャー
Dr. Willem Visser't Hooft

【訪問日】2015 年 4 月 15 日
【対応者】ウイレム・フィッサート・ホーフト博士

【概　要】

　ホーフト博士はオランダ最大級の法律事務所に所属する弁護士でもある。同法律事務所は企業法務を中心に、経営、税務部門も含めたワンストップサービスを提供している。

【聴取内容】

(1)　オランダ労働市場の特徴

　オランダ労働市場の特徴として、①オランダ人従業員の生産性は高く、ＥＵ内で上位にあること、②政労使の協力により、フランスなどと比べてストライキが非常に少ないこと、③フレキシブルワーカーが多く非常に柔軟な労働力であること、④オランダ人従業員は高学歴であること（ＥＵの中でも大学院卒の労働者が多い）、⑤オランダ語は外国で通じないため外国語が堪能であること、⑥パートタイマー（週 35 時間未満の労働者）が就労人口の 4 割と多く、とりわけ 10 年前からはいっそうの増加傾向にあること、などが上げられる。そして、オランダでは、パートタイム労働とフルタイム労働が均等待遇ということが重要である。

(2) オランダ労働法の重要事項

　EU法による最低限の保護は統一されているが、労働法、とくに解雇規定は未統一の分野である。ただし、統一への動きはあり、均等待遇は統一されてきている。

　オランダは、いわゆる「ポルダーモデル（Polder Model）」の枠組みで従業員を保護している。オランダ政府、使用者団体、労働組合が協力して評議をするということがオランダの一つの特徴である。交渉に重きを置くがゆえか、労使が労働時間や賃金の抑制に協力的であることも特徴といえる（オランダ労働法における重要な法律等として、オランダ民法、従業員協議会法、集団解雇法、最低賃金および最低休暇手当に関する法令、労働時間調整法、労働協約、判例、EU法、がある）。

(3) 従前のオランダ労働法下の重要事項・課題

　フレックスワーカー対する解雇規制が問題である。フレックスワーカーは正社員に比べ解雇に関する十分な保護がないが、オランダでは使用者が事前に政府機関、裁判所に解雇の認定を得る必要がある。解雇問題は協議による解決が多い。

(4) 労働法の改正

　労働法の改正があり、2015年1月1日以降、段階的に施行されている。政府の説明では法改正の目的は、①雇用契約終了の際の手続きの迅速化、コスト削減、公平化を図ること、②フレックスワーカーの保護を強化すること、③失業保険法の改正によって復職の機会を早めて失業手当の抑制を図ること、である。

(5) ワークシェアリングについて

1) ワークシェアリングの特徴

　労働者は労働時間の短縮を希望する傾向がある。労働時間調整法の制定以降、法律の適用が争われ、判例も増えてきた。労働者が労働時間の短縮を要

求できる場合の条件は、①書面で行なうこと、②勤続1年以上であること、③勤務先が10人以上の従業員がいる法人であること、である。使用者には拒否権があるが、拒否権行使の要件はきわめて限定されている。一般的に、使用者は労働者の時短勤務の要求を認めており、拒否事例は少ない。

2) ワークシェアリング問題点
ⅰ) 使用者側の問題
年金制度適用者が増えるためコストが増加してしまう。また、仕事の配点、代替要員確保の問題もある。

ⅱ) 労働者側の問題
パートタイムでは昇給・昇格の可能性が少なくなる。また、労働者が連携しにくく、コミュニケーションが図りにくくなる。男性は5日勤務している人が多い。週3日は勤務し、4日は休みたいとの希望が出された場合、使用者が拒否できる可能性が高いが、オランダでは労使が交渉を重ねることが大切だと考えられている。

3) ワークシェアリングのメリット
女性の就労率が上昇し、男性も育児に参加するようになった。ワークシェアリングの当初の目的は失業率の減少だったろうが、国全体の失業率が高いため、効果ははっきりしていない。また、今後の問題として高齢化がある。

【質疑応答】

Q 残業代請求事件はあるか？

A 残業代の請求事件はないわけではないが、ほとんどない。労働契約書からみると残業代込みの給料だとアドバイスする事案が多い。労働時間が60時間を超えると違法となるし、2年間の私的病欠でも賃金保障が必要なので、病気になるほど長時間労働をさせたくないという雇用主が多い。契約外の時間外労働が恒常的になると、契約と仕事が合ってないということになる

ため、労働時間の修正、賃金の保障を交渉できる。契約改定について交渉が決裂した場合、裁判所で争うことはある。恒常的に持ち帰り残業がある場合も同様で、労働時間を増加修正してほしいという交渉はある。

Q 「改正法」の新解雇規制の目的は何か？

A 有期契約から無期契約への転換につながることを政府は期待している。

Q 解雇の解決金はどの程度か？

A 従前は、法律の規定はないが裁判所のガイドラインがあった。新法では上限を定めてガイドラインを法制化した。解雇補償金は解雇の理由が弱いと金額が高くなる。解雇の交渉では弁護士が代理人になることも多く、弁護士費用特約保険もある。今後の実務に対する影響はまだ不明である。契約書に解雇解決金が規定されることはありうる。

Q ほかに労働協約に関し問題はあるか？

A オランダでは最低賃金を下回る賃金での協約はできないので、ドイツの「協約賃金」問題は起きていない。

調査報告⑥
オランダ労働組合連盟
FNV

【訪問日】2015 年 4 月 15 日
【場　所】労働博物館会議室
【対応者】クララ・ボーンストラ教授（国際労働法）

【聴取内容】

(1)　オランダにおける男女間の均等待遇の到達度

　1960 年代、女性は結婚したら労働市場から撤退していた。女性の就業が本格化するのは 1980 年代後半以降で、経済危機による男性の減収が大きな原因である。

　オランダでは移民への差別問題が重要課題で、性差別はさほど大きな問題ではなかった。女性が職場進出しても、性別職域分離があったため、男女間の平等は問題にならなかった。

　女性の大学進学率が上がり高学歴化すると、男女が同じ職種につくようになった。ただし、工学部などの技術系はいまだに男性が多い。

　現在、女性は男性と同じ条件で入社するが、フルタイムからパートタイムに転換することが多い。いわゆる「1.5 モデル」（男性が 1、女性が 0.5 働く）は、現在も続いている。女性はパートタイムに転換することで家庭内労働の時間を確保できるようになるが、昇格・昇進の機会を得にくくなる。1.5 モデルには望ましい面もあるが、リスクも大きい。働く女性のうち、経済的に自立できるだけの収入を得ている人の割合は、およそ 5 割である。離婚する場合などは経

済的に厳しい立場におかれる。

　オランダ政府はＥＵ指令等、ＥＵ法を導入しようとしている。1957年の欧州条約（ローマ条約）に、男女均等待遇の原則の適用確保が入っている。当時は労働市場への女性の参加が進んでいなかったので、男女均等待遇の原則を導入してもさほど問題はなかった。女性の進出が進むにつれ、ＥＵ法の判断基準を国内法に導入するよう求めるようになった。オランダ国内でも均等待遇に関する法律はたくさんある。性別だけでなく、派遣労働者についての差別禁止法もある。

　オランダではいまだに「ガラスの天井」がある。女性がCEOや教授職に占める割合は低く、女性の割合を高めるよう基準を設定すべきであると考えている。とはいえ、多くの女性が1.5モデルで満足しており、母親が子どもの面倒をみるという文化が根付いているから、実際問題として女性が高い地位につくことを望むかどうかはわからない。

(2) 労働組合の現在の課題

　労働者の約3分の1がフレックスワーカー、つまり、派遣労働者・有期雇用者である。フルタイム雇用の前段階という場合もあり全部が悪いとは言えないが、組合・政府の仕事は、フレックスワーカーの法律上の地位を強化させることだと考えている。

　1990年代以降、デジタル化が進むとともに雇用形態が変化した。人ではなく仕事が焦点になり、長期雇用は一般的ではなくなった。とくに低レベル（低学歴・低収入）の職種では、家族を扶養できないという問題が生じている。

　労働時間調整法（2000年）は、1年以上働いた労働者に適用される。労働者が時短の要求をした場合、使用者は業務上の必要性を立証しなければ、要求を拒むことができない。女性は、この制度を利用して、産前産後休業・育児休業後にパートタイマーへ転換希望する場合が多い。

　オランダでは法律で最低基準を定めているが、実際は産業別の労働協約で労働条件等が決められていて、全労働者の8割に労働協約が適用されている。法律に例外規定があれば法律を下回る協約を結ぶことができるが、最低賃金法には例外規定がない。

フレックスワーカーには1年以上の勤務を適用要件とする労働時間調整法が適用されないことが多く、保護への取り組みが必要と考えている。また、移民、シングルマザーなどの周縁化されているグループの平等の推進も必要である。組合未加入者も多く、組合として、このような人々をどのように代表し、組織化していくのかが大切だと考えている。
　成功例として、清掃業従事者のストライキがある。清掃業従事者の労働条件は最低レベルだった。組合では、当事者にどのような要求があるのか聴き取りに行った。清掃業では移民労働者がその大半を占めており、組合に入るとお金がかかるのではないかと心配していた。労働組合の連合体であるFNVが協力し、金属労組など他の労組の資金援助を受けてストライキを断行した。9週間のストライキでスキポール空港がゴミだらけになり、マスコミなどでも大きく取り上げられた。スキポール空港CEOのボーナスが取り沙汰され、なんらかの改善策を講じるべきであると批判された。ストライキの成果は、第一に労働条件が良くなったこと、第二に、派遣先・派遣元・労働者という三角形の仕組と各々の責任について、普通の人々に今までより理解されたことである。労働条件改善のためには、政治的行動も大切である。

調査報告⑦
社会経済評議会

【訪問日】2015 年 4 月 16 日
【場　所】デンハーグ社会経済評議会

【概　要】

政労使の三者で構成された、産業組織法にもとづいて設置された政府機関。労使が自律的に問題を合意により解決できるよう支援することを目的とする。

【聴取内容】

(1) オランダの労使協議の構造

オランダでは労使協議は企業内、産業部門別、経済社会評議会の三層構造になっている。オランダでは労使間の紛争は協議、合意による解決が望ましいとされている。

(2) 設立の経緯

第二次世界大戦直後の1945年、復興の基盤の一つとして全国の労働組合連合の代表、使用者団体の代表が共通の目的のために協議する場となる「労働財団」が設立された。1950年には労使だけでは難しい社会政策の実現にも取り組むため、公益を代表する立場で政府の代表者が参加することになり、社会経済評議会が設立された。

(3) 活動目的・内容

　労使が自律的に管理運営するのを支援することを目的とする。たとえば、企業間の合併を合併規則（合併を律する倫理コード）にもとづき規制するとともに、規則にもとづき労使が自律的に合意に至れるように支援する。労政使それぞれから11人の代表者が参加しており、現在の評議会の代表者は元国会議員の女性である。評議会の第一の任務は、主要な社会経済問題についての諮問であり、最近の案件としては定年退職年齢を67歳に引き上げたことがある。何年もかけて交渉し、社会的な混乱を起こすことなく定年を引き上げることができた。各分野で活躍する市民団体も含めて広く意見を集め、協議を重ねて合意に至るようにしている。社会経済評議会は①バランスの取れた経済成長、②移民・女性等をはじめとしたより広範な労働参加、③より公平な所得分配を主要な三つの目的とする。運営のための費用は企業からの拠出金で、年間約1500万ユーロである。現在の主要なテーマは年金問題である。

(4) オランダの労働市場

　就労可能な年齢人口のうち71％が就労しており、失業率は7.1％。パートタイムの就労率は49.1％で女性が多い。パートタイムが標準になってくると、フルタイムで働くことが難しくなるという問題が起きる。労働組合は加入率が低下傾向で現在は20％程度。労働者全体の利益のために活動をしているのに、組合に会費を払って支えているのは労働者の20％程度しかいないという危機的状況にある。

(5) 新たな労働環境づくり

　労働法を柔軟化し、労働者が容易に転職できるような体制を作る。2013年の政労使合意は画期的な社会合意と考える。これまでのオランダの安定はなくなるかもしれないが、将来へ向けた大きな一歩である。皆に意識の変革を求めることになる。

(6) 女性と労働の問題

　女性の53％が経済的に自立しているとの統計がある。管理職の割合等については時間がかかる問題。これから問題になると思われるのは育児・介護が有料ケアから無償のインフォーマルケアが奨励される形になると推測されること。無償のケア労働を担うのは女性が多く、女性が就労、育児、介護を担うとなると、過労死につながりかねない。

調査報告⑧
オランダ全国使用者連合 AWVN

【訪問日】2015 年 4 月 16 日
【場　所】デンハーグ AWVN 事務所

【概　要】

850 の企業メンバーと 130 の団体メンバーで構成されている。創立から現在までに関与した団体協約は約 500 件ある。専門分野ごとにアドバイザーがおり、法律部門は弁護士が担当している。

【聴取内容】

(1) パートタイマーとフルタイマーの相違点

オランダでは、パートタイム労働者はフルタイム労働者より労働時間が短いだけで、正規社員である。日本のように正規労働・非正規労働の問題ではない。給与その他の待遇も、労働時間に応じ平等に取り扱われている。

(2) オランダにおけるパートタイム労働者の割合

男性労働者、専門職でもパートタイムが増えてきている。労働者全体の約 50％がパートタイム労働者で、女性労働者では 65％が、男性労働者では 17％がパートタイマーである。

最近は、専門職である弁護士でも、男性も含めて週 4 日労働が多くなって

きている。

(3) 労働時間を調整する権利

オランダでは、雇用の安定とフレキシビリティの調和をめざし、労働者に労働時間調整の権利があると考えられている。専門職に就く高学歴の女性にも、育児休暇期間終了後も労働時間を減らしたままにしたい、仕事一辺倒の生活に戻りたくない、と考える人が出てきている。夫婦の所得は少し減っても、子どものために家事・育児をする時間を確保しようと考える。この背景には、オランダでは「子どもは親が育てるもので、他人に任せきりにするものではない」との意識がある。なお、保育にかかる費用は、親の個人負担分のほか、政労使で、3分の1ずつ負担するというシステムがある。さらに、若年層も週4日勤務を希望する者が増えている。彼らは「仕事だけの人生は嫌だ。」と考えている。ワークライフバランスや夫婦間の家庭内労働の分担は、国家の政策というよりは私生活の尊重という個人の選択に基礎を有する。

(4) 労働時間調整の実際

今回の法改正で「1年間以上その企業で働いていれば」労働時間の増減を請求できるようになった。これまでは、申請の要件が「3年以上の勤務」だったので、権利行使がより容易になった。なお、使用者は「重大な理由がない限り、労働時間の変更申請を拒否できない」とされるが、双方で交渉の余地もある。政府は、全員の労働市場への参加を求めており、有職・無職の二者択一ではなく、働く人を少しでも増やすという目的に沿って柔軟に運用されることになる。

(5) パート労働者と生産性

オランダの労働の生産性は非常に高い。未熟練労働の場合、労働時間を分割しても全体として生産性が低下することはない。たとえば、パン屋でパート労働者が毎日交代しても、生産性が下がるわけではない。製造業・小売業は、小さな単位でのパートをつなぎ合わせることで、繁忙の調整がしやすく、生産性が上がる。そこで、このようなパートも正規の仕事として取り扱われ

る。高学歴を要する職種では労働時間が週20～28時間の場合に生産性がトップになるという統計がある。ただし、弁護士の場合は週24時間以下の労働時間では知識不足になるという話もある。

(6) 労働時間の選択の現実的可能性

フルタイムの求人広告に対し、応募者がパートを希望する場合もある。他方、労働者がフルタイムを希望してもパートの仕事しかなく、パートをかけもちしている場合もある。経済的自立が困難な賃金に従事している労働者は、他に主たる稼ぎ手がいることが多い。

(7) パートタイム差別の禁止と女性差別の禁止

フルタイムとパートタイムの均等待遇については、男女差別と同様に禁止されている。しかし、実際はプロジェクトメンバーの選考ではフルタイム労働者を優先する傾向があり、女性の昇格・昇進へのコースは男性に比べて狭いのが実情である。

(8) 個人の価値観の尊重

政府は女性の労働市場進出を促進する政策をとっているし、女性が昇格・昇進するための支援も引き続きなされることに変わりはない。しかし、女性の意思も重要な要素だろう。優秀な女性が、取締役会から何度も誘いを受けたが、「4人の子があるので」と断った例もある。そもそも、人が人生の最後に悔いるとしたらどんなことだろうか。仕事に時間を費やさなかったことか、家族のために時間を費やさなかったことか。人生の価値をどう考えるのかの問題である。なお、オランダでは、男性がもっと家事・育児に参加すべきと考えられているので、父親になった男性がパートタイムに変更しても評価は落ちない。

(9) フレキシブルな発想への転換

パートタイムで働く人がいると、フレキシブル、ということが身に付いて、労働時間を融通しあうことが容易になる。パート労働者でも、必要があれば、

出勤予定日でなくても会議に出席するなどの積極性が出てくる。パートタイムで働く時期があっても、その後の昇格・昇進にはそれほど影響しない。ポジションが与えられた場合にはフルタイムに戻る労働者もいると思われる。

(10) 同一労働同一賃金の建前と実際

　オランダでは、パートタイム労働者は、有給休暇・年金など、労働時間に応じて均等な待遇を受けることになっている。しかし、「男女の賃金格差」は現実に存在し、時間給にして18％程度になる。原因としては、①女性の少ない分野（技術系、金融系等）の給料が全体として高い傾向にあること、②女性の多い分野（教育・看護・介護等）の給与が全体として低い傾向にあること、③女性は自らの給与についての交渉力が不足していること、などが指摘されている。ほかにも、女性が育児のためキャリアを中断する、パート労働を選ぶ、ということが原因としてあげられる。しかし、格差は少しずつ減りつつある。大学進学率は女性の方が高く、女性が専門職につく機会も得られるようになって来た。また、社会全体が、労働は週4日で十分である、と考える社会となってきていることも大きい。

> 調査報告⑨
> アムステルダム大学ヒューゴ・ジンツハイマー研究所(2)
> Hugo Sinzheimer Institute
>
> 【訪問日】4月17日
> 【対応者】フェアフルプ教授

【概　要】

初日に行なわれた講義の補足および質疑応答。

【聴取内容】

(1) 労働法改正について

　2013年の政労使の合意にもとづき、労働法の改正、失業保険支給の改正等が行なわれた。
　政労使の合意には、政府は緊縮財政（社会保障の縮小）に対する理解を、使用者側は失業者のための職業訓練や研修の充実化を、労働側は労働組合への支援、フレックス労働契約の行きすぎの抑制を求めているという背景事情があった。

(2) 無期限の労働契約における使用者の責任

　使用者が無期限の労働契約を締結することをためらう理由として、フレックス労働の需要が増えていること、無期限の労働契約は規制が厳しいため、なるべく締結したくない、ということが挙げられる。無期限の労働契約を締

結した場合に使用者の負担となる義務として、病気の原因を問わず、労働者が病欠した場合に2年間、給料を支払続けなければならないことが挙げられる。これはヨーロッパ諸国の中では一番重い責任である。制度が導入された理由としては、病気が仕事に起因するものか否かの区別は困難だからである。職業にもとづく病気に限定した場合、原因をめぐって紛争が生じ、訴訟に持ち込まれる件数が増えるなどの問題が生じる。オランダは、そのような負担（あるいは不確定要素）よりは、給料を支払続けるという選択をした。もっとも、中小企業では負担が大きくなるため、社会的な問題となっている。しかし、このような制度は労働者に対する使用者の責任感を意識させる契機ともなるし、労働者もなるべく早く仕事に復帰しようと意識する。

(3) 有期契約に関する法改正

有期契約の場合、期間終了により契約は終了するが、無期契約の場合、解雇には一定の手続（解雇予告等）が必要となる。使用者は、必要に応じ有期労働者を雇い入れ、不要な場合には契約を更新しないことで厳しい解雇規制を免れることができるため、有期契約が利用されてきた。しかし、有期契約の複数回更新は雇用の安定の面から望ましくないため、制限が厳しくなった。契約を更新しない場合は解雇予告通知が必要で、手続違反があった場合、使用者は1か月分の給与を労働者に支払わなければならなくなった。また、有期の場合、原則として退職後の競業避止義務を設けることができなくなり、半年以下の契約の場合は試用期間を設けることもできなくなった。

これらの改正により、使用者にとって短期の有期契約の魅力が少なくなったため、有期契約数が減るのではないかと期待されているが、2015年1月から順次施行されたばかりなので、改正による影響はまだわからない。

(4) 解雇手続きの概要

無期契約を締結している労働者を解雇する場合、事前に解雇許可を申請する必要がある。具体的な解雇手続としては、①ＵＶＷ（社会保障労働局）に解雇許可を申請し許可を得てから解雇予告をする、②簡易裁判所に労働契約の解約を申し立てる、の二つがある。これらは法的効果に相当の違いがある。①

の場合、補償金の支払は義務づけられていないものの、予告期間中は、給料を支払わなければならない。②の場合は、通常、解雇補償金の支払が命じられる。裁判官は、これまでは解雇補償金の金額をガイドラインにもとづいて判断していた。解雇手続においては、使用者が選択した手続の違いにより解雇補償金の有無が分かれ、労働者間に不公平感が生じることもある。

2015年7月1日から法改正がされる。以降も上記二つの制度は維持されるが、リストラ、長期病欠（2年間）の病欠期間後の場合はUWVで、それ以外の解雇事由は簡易裁判所で判断されることが法に明記され、解雇補償金の算定方法は定式化された。手続に要する時間は、ほぼ同じである。

(5) 失業給付

使用者から解雇補償金を取得した場合でも、失業手当は支払われる。失業手当の給付財源は使用者の拠出で、税金の負担はない。合意退職の場合でも、即時解雇に当たるような重大な原因がない限り、失業手当は支払われる。支給期間は勤続年数により異なり、支給額は最高で月給の70%、上限は月額5000ユーロである。

(6) 法改正の評価・影響など

解雇補償金が改正前よりも少なくなるが、組合から大きな反対はなかった。現行法の場合と補償金額がそれほど大きく変わるわけではない一方、フレックス労働者の保護を盛り込むことができたからである。これまでの裁判所での手続では、解雇原因がなくても解約申請をすることができ、裁判所の広範な裁量権にもとづいて判断されていたため、使用者側からすると、お金を払いさえすれば解雇できるという面があった。改正により解雇事由が明記されたため、裁判所の役割は解雇事由の有無の判断のみとなった。また、解雇補償金の定式化により、裁判官の裁量権はなくなった。改正後は、使用者は解雇補償金を上乗せするなどして、合意による解決をより好むようになる可能性がある。

解雇補償金は少なくなったが、解雇事由について具体的に主張しなければならないので、解雇が改正前より容易になったというわけではない。

裁判所で解雇が認められなかった場合（現行では2％程度）、雇用契約は終了しないので労働者は職場に復帰する権利がある。しかし、現実には職場復帰することは難しいため、契約終了に向けた交渉を行なうことになる。

【質疑応答】

Q 労働法改正についての評価は？

A
改革の方向性は、フレックス労働者の保護、正規社員の解雇規制の修正（解雇条件の平均化）である。オランダの労使関係は安定しており、ストライキも少ない。使用者は、ストライキが1日でもあると経済的損失が大きいので、フレックス労働者の保護を行ない、解雇時の条件も平均化することが得策であると考えているのではないか。法改正後、労働市場がどう反応するかは予測できないが、高学歴の専門職につき、現在は短期の有期契約（1年くらい）後、無期限の契約に変更することが多いが、無期契約の締結までの時間が少し早くなるのではないか。低学歴・低所得が多い職種（製造業、飲食業など）に関しては、メリット・デメリットのどちらが現れるかまだはっきり言えない。

Q 最低賃金について何か動きはあるか？

A
オランダの最低賃金は既に相当高いので、さらにそれを引き上げるという動きはない。もっとも若年層、自営業者については最低賃金が問題となっている。自営業者も労働協約の適用を受けるべきだと組合は主張しているが、EU指令は競争について厳しく規制しているので、自営業者がまとまることは難しいかもしれない。欧州司法裁判所で、2014年12月、自営業者も労働協約に参加できるという判決があったが、これは純粋な自営業者は対象ではなく、表面上の（名ばかりの）自営業者に該当する場合という条件付きのものだった。実態は労働者である自営業者を保護・規制する必要がある。そこで、自営業の定義づけなどの検討を始めたが、とても難しい。

Q ストライキの可能性についてはどうか？

A オランダの労働組合は争いを好まないが、このような組合の態度に不満を持つ人もいる。今後はストライキを行なう組合も出てくる可能性がある。

Q オランダ社会の現状についてはどうか？

A かつての労働市場はピラミッド型で、労働組合は中間層を土台としていた。当時は、低所得だった人たちも中間層のレベルまで引き上がれるという夢があった。オランダの左よりの政党（労働党、キリスト教）も中間層を基盤としていた。しかし、現在は、柱状（下が厚くて、中間が薄い）である。これまで労働組合の支持基盤であった中間層は、中等技術学校などの学歴の人だったが、IT化により労働の場が減ってきてしまっているため、中間層から下に落ちる人が多くなった。社会は二極化し、格差は拡大している。組合費は月18ユーロ、年220ユーロ程度である。加入の有無にかかわらず、労働協約はすべての労働者に適用されるため、加入によるメリットがあるか疑問だが、それでも加入する人はいる。

Q 社会合意（2013年）に対する人々の反応はどうか？

A 交渉が行なわれていることは知らされていたが、内容の詳細は報道されていないので、あまり知られていなかった。草案ができた段階で、労使それぞれの組織で承認を得たので、その過程では議論されている。組合加入率は高くないが、労働者の90％は組合の意見に賛同している。

Q オランダにおける人材派遣業についてはどうか？

A どのような業種であっても成り立つが、簡単に入れ替えができる職種では派遣労働者を多く入れている。特殊な技術が必要な業種等でも利用されている。同一労働同一賃金の原則があってもなお、派遣労働者を利用するメリットはあるといえる。

調査報告⑩
ハウストフ・ブルマ法律事務所
HOUTHOFF BURUMA

【訪問日】2015 年 4 月 17 日
【場　所】ハウストフ・ブルマ法律事務所
【対応者】ロルフ・デ・ワイスさん（弁護士）
　　　　　エドワード・デ・ボックさん（弁護士）

【聴取内容】

(1)　ハウストフ・ブルマ法律事務所について

　オランダの大手法律事務所の一つで、国際的な法律事務所の格付けにおいても、非常に地位の高い事務所として位置づけられている。

(2)　業務の内容等

　労働事件は使用者側 60％、労働者側（組合、従業員個人の案件）40％の比率で受任している。労使間の団体交渉等に関する弁護士費用は使用者が全面的に支払をする。
　男女間の平等賃金、平等な年金の権利、差別待遇等に関する案件は、現在、14 件ほど扱っている。なお、オランダの弁護士は時間給がほとんどである。

(3)　同一価値労働同一賃金の原則について

　同一価値労働同一賃金に関するケースは非常に複雑である。訴訟にした場合、長期化が予測され、多額の費用がかかる。立証責任は労働者側にあり、統計学等にもとづく専門的な意見が必要となる。とくに差別待遇の立証は非

常に難しい。

　裁判以外の救済手続として人権研究所や調停といった方法がある。マスメディアに情報提供することにより、相手方企業の評判を落とすという方法も時々使われる。

(4) 所属弁護士のパートタイム率等について

　パートナー（50人以上）のうち、パートタイムは1人（男性）で週4日あるいは4日半の勤務である。パートナー以外は正確な人数はわからない。パートタイムでも、最低限フルタイムの60％（3日間）の勤務が要求されている。パートナー弁護士の男女比は、男性85％、女性15％である。

(5) 女性の地位について

1) 国内法

　オランダ国内における女性の労働市場参画率は、1998年に52.2％、2014年に65.4％で、女性の収入は男性に比べて18.5％低い。とくに女性の進出が遅れているのはビジネスの分野で、女性の比率は全体でも31％程度である。企業のトップとなると10％程度で、取締役・監査役等の役員を含めても14％程度（7人に1人）である。

　女性の社会進出が遅れている理由として、①まだ紋切型の男女差別があること、②男性支配的な文化が続いていること、③任命・採用の手続きに透明性がないことなどが挙げられる。

　オランダには女性に関する法律として、①均等待遇に関する一般法、②男女間の均等待遇を定める法律、③嫌がらせ禁止法（全てのハラスメントを禁止する法律）の三つが定められており、男女間における採用・解雇・賃金・年金受給権に関する差別が禁止されている。2013年10月には、政府の女性の社会進出奨励政策として、ガラスの天井を打ち破るという目的のもと、企業に対し、取締役会メンバーの30％を女性とする努力義務を課すとともに、達成できない場合は説明義務を課す、という法律が制定された。2013年10月以降、いくつかの会社が上記法律にもとづき説明を行なったが、取るに足らない数であった。また、その説明も単なる言い訳に過ぎないものが多かっ

た。たとえば、教育訓練を受けた女性がいなかったとか、現状の取締役会の構成を守る必要がある等々である。努力義務、説明義務の双方について、なんの制裁もなかったためうやむやになってしまった。この規定は2016年1月1日をもって廃止される。現在は、どうしたら女性をトップにできるのかを検証するための委員会設立の動きがある。

2） EU指令

　トップに女性を就任させることにより、副次的効果として女性比率を高めていくという方法にはあまり効果がないことがわかった。そこで、EU条約自体に積極的差別是正措置を認めるべきではないかという意見がある。積極的差別是正措置による女性優遇政策には、以下のような方法があると言われている。①同じ資格なら女性を優先する、②女性がとくに優れていると思われる資質や特性を定義し、当該分野では女性を雇用する、③女性がより良く能力を発揮できる職種あるいは職場に配置する、という三つである。

(6)　男女平等に関する具体的ケースについて

　EU司法裁判所では、女性を絶対的に優遇することは許されない（カランケケース）、全般に通じる一般的なガイドラインはあり得ず、個々のケースについて客観的な判断をしなければならない（マーシャルケース）、男女間で女性を優遇して採用するのは男女間に同一の資格があり同一の適正がある場合にのみ女性を優先的に採用することができる（アイブラハムソンケース）といったいくつかの判断がなされている。

(7)　人権研究所のケース

　人権研究所では男女均等待遇の問題を専門的に扱っている。研究所は欧州司法裁判所の判例にもとづいて事件を判断することがほとんどである。具体的ケースとして、女性の候補者だけが応募できるという条件は認められない（ホローニンゲン大学のケース）、女性の研究者はいない分野の担当講師募集で女性のみの募集は認められる（デルフト工科大学）がある。

(8) 女性人材に関するデータベース

　トップにふさわしい女性を推薦し合うという試みがあり、当事務所も署名した。具体策として、女性人材に関するデータベースの作成があるが、個人のプライバシーに関わる問題があるという指摘や、「トップに適した人材」の定義ができるのかという問題もある。政府には、「企業の人員採用にあたり、女性定足数の定めを設けよ」等と主張する人もいるが、一般的には受け入れられていない。

(9) 妊産婦の労働条件

　積極的差別是正措置のほかに、女性の問題として挙げられるのは、妊産婦の労働条件である。オランダでは妊娠した女性の解雇を禁止する非常に厳しい法律がある。どんな理由であっても妊娠中の女性を解雇するのは難しく、労働者には、出産後最長16週間まで母性休暇を取得する権利が認められており、この間の月給は100％支給される。労働条件法において、母親には労働時間短縮の権利や育児休暇請求権が認められる。

(10) 同一価値労働同一賃金

　オランダ民法は同一価値労働同一賃金について定めている。しかし、それでも女性の収入は、同じ労働をしている男性よりも約18％低い。ネックになるのは、立証責任である。仕事内容は細部まで検討すれば違いがあり、年功の関係もあるため立証はきわめて難しい。

　政府は、男女間格差の是正と同一賃金の実現のため、従業員代表会議で年に1回は男女の格差の有無を調査、報告することを義務づけることを提案している。また、一定以上の規模の企業には男女間賃金差を年次会計報告の中に開示するよう促す法案が検討されていた。

　しかし、政府の政策に対しアドバイスを行なう国家立法審議会は、上記二つの法案について、国内における男女間格差はそれほど大きなものではないため緊急性が認められないとして「必要なし」という判断をした。

調査報告⑪
子どもオンブズマン

【訪問日】2015 年 4 月 13 日
【場　所】国家オンブズマン局（ナショナルオンブズマン）会議室
【対応者】マイケ・デランケさん

【概　要】

　2011 年 4 月 1 日にオンブズマン法が制定され、子どもオンブズマンが設置されることになった。子どもオンブズマンは、独立性を守られており、政府、議会に対して、現在ある法律だけでなく、これから組み立てていくべき法律についても早い段階でアドバイスできる。主要な活動は電話相談で、大きな問題のある案件では個別調査を行なっている。

【聴取内容】

(1)　子どもオンブズマンの設立経緯

　子どもの権利条約には、「子どものオンブズマン」を置いたほうがいいとの助言がある。議会は、10 年間議論し、最終的にオンブズマンを置くことになった。2011 年 4 月 1 日にオンブズマン法が制定された。
　子どもオンブズマンは、政府や議会に対して、現在ある法律だけでなく、これから組み立てていくべき法律について早い段階でアドバイスできる。活動の対象となっているのは 18 歳未満の子どもである。国家オンブズマン局と違って、私立学校を含め、民間の機関に対してもアドバイスができる。

(2) 子どもオンブズマンの権利

　子どもオンブズマンには議会と国家オンブズマン局という二人の上司がいる。
　2014年に「子どもの権利に関するモニター」という報告書を出している。子どもたちの公的な状況を報告するもので、ライデン大学に委託して行った。これは、子どもたちの権利に関する状況を指し示すコンパスになるもので、非常に重要なものである。
　現在の問題として、福祉の責任が国から地方自治体に移譲されたことがある。各自治体がどのような形でケアを行なっていくのかをモニターすることになっている。子どもオンブズマンのような政治的に独立の団体が、政治的に影響力のある何らかの結論を出す、これはとてもセンシティブな問題である。
　子どものための政策を考えるなら、子どもの声も聞くべきであるが、実際には子どもの意見は取り入れられていない。

(3) 活動内容

　重要な活動として電話相談がある。子どもでも保護者でも祖父母でも、子どもに関わる人は相談できる。非常に厳しいケースの場合、個別に調査を行ない、子どもの権利条約違反の有無を調査する。
　一つの例であるが、未成年の男の子が窃盗の容疑で捕まった。取調べが終わらず、警察の留置場に一晩拘束された。未成年ということが考慮されていない。そこで、警察に対し未成年であることを考慮すべきだと述べることにした。個別事案だが、広い範囲で同様な問題が行なわれていると思い、取り上げた。
　オランダではほとんどの子どもは幸せな環境にいるが、難しい状況にいて支援を必要とする子どももいる。

調査報告⑫
リヒテルズ直子さんによるレクチャー

【訪問日】2015年4月13日
【場　所】デンハーグ
【対応者】リヒテルズ直子さん

【概　要】

　コーディネーターであるリヒテルズさんより、各訪問先の概要の説明と共にオランダの公共政策の概要と趨勢に関してレクチャーを受けた。

【聴取内容】

(1)　学校教育制度の要点

　オランダでは教育の自由（理念・設立・方法の自由）が保障されている。国家による統一的な教育に反対し、私的教育を認めさせる考えが背景にある。カトリックもプロテスタントも一致し、法律が制定された。教育費はどの学校でも無償である。
　オランダ教育における一つの趨勢は、個別対応教育の重視である。なんらかの障害のある子を含め、すべての子どもに最もふさわしい教育を提供することをめざしている。

(2)　福祉制度の特徴と趨勢

　オランダは、福祉国家としては北欧諸国並みのレベルを達成している。し

かし、北欧諸国と違うところは、市場原理を活用している点である。もともと商業により発展してきた国であることから、市場原理を前提にした社会に親和性がある。もっとも、市場原理と言っても、新自由主義的な考えとは違う。新自由主義はスタートの不平等を無視して競争させる。

オランダの市場原理とは、まずは規則でルールを固める。たとえば、学校には公立私立を問わず平等にお金を配り、職員の勤務条件も等しくする。各学校は、そのなかで特徴を活かし競争する。子どもたちにいい教育を提供できるかは学校次第というシステムである。

福祉分野も同じような市場原理が導入されている。オランダも緊縮財政が続いている。高齢者人口の増加もあり、福祉分野を国がすべて管理するのは無理だという議論になった。2015年1月から福祉に関する国家の責任を地方自治体に移譲する制度改革が行なわれ、参加型福祉を導入することになった。地方自治体に資金を与えて、そのなかで各自治体が自由に工夫して福祉を実施していくという市場原理が導入された。

オランダでも経済成長が止まり、とくに低所得者層の競争が顕在化してきている。白人の貧困層が移民を排斥するという風潮が生まれている。オランダも含め、これまで移民に対し寛容であった国ほど移民排斥の風潮が強まっている傾向にある。オランダでは、すべての人に一定の保護を与えて社会を安定させるほうが社会全体の利益になると考えられている。機会の平等という前提があるからこそ、どのような生き方をするかは個人の選択の自由と言える。また、オランダは天然資源が少なく、交易、商業で国を支えてきた。だからもともと企業が社会の重要な構成メンバーであった。そのため、企業も一定の社会的負担負うことは当然という発想がある。

調査報告⑬
アトリア

【訪問日】2015 年 4 月 14 日
【場　　所】アトリア（atria）事務所
【対応者】レニー・ロムケンスさん（CEO）
　　　　　ヤミラ・メジェダウビさん（研究員）
　　　　　ナムラタ・デ・レーブさん（政策担当）

【概　要】

　アトリアは、女性解放運動、女性の権利に関わる組織である。女性の労働参加は大きく前進し、同一価値労働同一賃金が実現されている。しかし、ケア労働を女性が担うものとする意識が社会内に根強く存在しており、就業する労働セクターや労働時間の選択において男女の違いが現れている。それが結果的に、離婚や失業等における女性の不利にもつながっている。政府としては、女性の労働参加を促進しようとしているが、そのためには、さらに社会の意識やインフォーマルなケアの分担などを是正していく必要がある。

【聴取内容】

(1)　組織について

　アトリアは、女性解放運動、女性の権利に関わる組織である。目的は男性と女性の平等の実現である。女性に関する情報を集めて、議論し、社会的な議論に発展させていく活動をしている。①図書館、②リサーチ研究機関、③公的機関として公的コミュニケーションを行うという、三つの要素から構成されている。図書館は 80 年間の歴史を持っていて、女性問題関係の本を揃え

ている。活動資金の80％は政府からの資金援助で、残り20％を自分たちのファンドを起こしてやっている。

　女性の権利には、政府も強い関心をもっている。国際的な条約、ヨーロッパの条約等に調印しているので、政府としても積極的に関わらないといけないという意識がある。政府も非常にがんばっているが、まだ改善されなければならない問題がある。一つは給料の問題で男女間の給料には平均18％の差がある。もう一つは組織のトップポジションにつく女性が少ないことである。

(2)　女性の労働参加について

　女性の労働参加は政府の女性問題に関する中心的な課題である。オランダの周辺国やアメリカに比べて女性の労働参加率は高いが、労働時間は非常に短いことがわかっている。政府としては、女性の就業率を上げ、より長く働いてほしいと考えている。さらに政府は、女性が学歴を身に付けること支援したいと考えている。女性にとっても、自分の力を生かし、独自の収入源を得ることは、パートナーに対する依存度が下がるので、望ましいことである。家族にとっても、収入が安定するというメリットがある。ただ、同時に、家庭内労働と労働のバランスが問題になる。とくに移民系の家庭では、女性の就業率が低いということがわかっている。

(3)　労働における男女間の違いについて

　男性と女性の就業状況を見てみると、女性はフルタイムが25％にすぎない。男性は80％がフルタイムなので、女性はパートタイムが多いことがわかる。国際比較で見ても、オランダ女性の就職率は高いがパートタイムが多い。ただ、移民の女性たちは30％がフルタイムで働いていて、平均よりも高くなっている。失業率は男女ほぼ同じである。週の平均労働時間は、女性が26時間で、男性は38時間となっている。女性は母親になると労働時間が短くなり、男性は父親になると長く働くようになる。男女間の賃金格差は、ヨーロッパ平均が16％に対し、オランダは18％である。

(4) 家庭内のケア労働の分担について

　介護や育児等を担っている人の60％が女性で、40％が男性である。ケア労働のため、女性はフルタイムで働くチャンスが低く、結果的に経済的に自立するチャンスも減る。とくに違いが出てくるのは介護である。介護は娘の役割という慣例がある。家庭内のケア労働に割く時間が増えれば、それだけ女性の自由時間が奪われ、生活の満足度が下がることになる。私たちは、女性と男性が、家庭でのケアにおいても平等になることを望んでいる。

(5) 離婚や失業等に伴う女性のリスクについて

　女性は様々な事情で経済的に追い込まれやすい。離婚に伴って、女性は購買力が23％下がるが、男性の購買力は7％上がる。これは男性のほうが女性よりも収入の多いケースが多いためである。パートナーと死別した場合も女性の方が経済的独立性が低いため、購買力が下がるケースが多い。解雇、障害、病気などで失業した場合、制度的には男女差はないが、女性の場合には短時間勤務のため受給期間が短くなるなど、不利益を受ける。手当支給の要件として、これまでの労働期間、労働時間が重要になっているため、女性は給付をもらえなかったり、給付額が低かったりする。退職後の年金についても、女性のほうが受給額は低くなる。一般年金は同額だが、女性の場合、たとえ男性と同じ時間働いていても賃金が18％低いので、企業年金がそれだけ低くなってしまう。

(6) 離婚したときの生活保障について

　オランダでは、3組のカップルのうち1組が離婚する。離婚すると「partner alimony（元パートナーに対する生活保障）」の支払義務が決まる。これは子どもの養育費ではなく、経済力のあるほうが経済力のなかった方に支払うもので、裁判官が認定する。1994年7月1日までは期間制限がなかったが、今は女性も働く機会が増えているので、裁判所は、一定期間の支払を命じ、受領者側には就職活動を義務付ける。元パートナーに対する生活保障は、婚姻期間が5年以上の場合は最長12年間である。婚姻期間が5年未満のときは、婚

姻期間と同じ期間までしかもらえない。ただ、12年間も払う必要がないという意見も出ている。元パートナーに対する生活保障以外に、子どもの養育費もある。優先順位は、まずは養育費で、その次に元パートナーに対する生活保障である。経済力のあった側が養育費を支払うと、元パートナーに対する生活保障まではできないケースも出てくる。そのような場合、女性は手当を申請できる。

(7) 女性の危機意識を妨げているもの

これからは女性も経済的な自立が大事になる。なんらかの収入を得て働いていると、何かあっても独立できるという感情をもつことができるが、それは、リスクに対して強い関心を持たないことにもつながっている。パートタイムで少し仕事しているだけで、いざとなったらなんとかなると思い込み、夫婦間できちんと話していないケースが多い。

(8) 女性の不利を克服するための課題

オランダの場合、結婚により退職したり、パートタイムに転換したりする女性が多い。離婚時には相手方からの生活保障または国からの補助金で一定期間は生活が保障されるが、再就職に当たっては労働経験が少ないことが不利になる。

ナンシー・フレイザーさん（アメリカ）は女性のほうが結婚で不利になることを変えて、平等にしていくためには、権力、収入、労働、家庭内の地位の四つについて、男女間のバランス、平等が必要だと提唱している。基本的にはメンタリティの問題になるが、男性であれ女性であれ、同じように働き、社会的な関与も同じようにすべきである。社会や労働に関する機能を男女で分けること自体を変えていく必要がある。このモデルは、現在、オランダが志向している、家庭内の介護や育児と、労働のバランスをめざす方向に適合すると考えられている。

アトリアとしては、女性をエンパワーメントすることによって、男女の経済的差異をなくしていきたいし、男性が介護や育児などの家庭内のケアに女性と同じように関与していくようにしていきたい。また、男女間の離婚等を通じて生じる差をなくしていきたいと考えている。

【質疑応答】

Q オランダでは同一価値労働同一賃金なのに、なぜ男女間の給料に18％の差が生じるのか？

A 同じ仕事で賃金差があるわけではない。性別職域分離の問題がある。同じ学歴でも、女性の労働者が多い職種のほうが低収入である。

Q 現在でも女性がつきやすい仕事と男性がつきやすい仕事があるということか？

A 男性がつく職業、女性がつく職業ははっきり分かれている。小学校の先生はほとんど女性だが、それはパートタイムで働きやすいから。運転手やIT関係等は、男性のほうがその分野に強いというイメージがあり、雇うほうも男性を中心に雇う傾向がある。

Q 日本では、女性が従事しやすいのがケア労働で、この職種が全体的に低賃金のため、女性の貧困の一因になっていると言われている。オランダではどうか？

A オランダでも医療や看護等に女性が多い。ただ、時間管理が厳しいので女性にとって働きやすい職場であり、夜勤などは賃金も良い。だからネガティブな評価ではない。

Q 労働分野によって賃金体系の金額は違うと思うが、出発点の金額はケア労働のほうが低いのか？

A 当然、介護関係のセクターと銀行に勤めるのでは大きく違う。ただ、介護関係に入る若者たちは、学歴、学校の成績も比較的低い。中学校が4年で、続く3、4年間に訓練を受けて仕事に就く。オランダでは訓練を始められるのが16歳からで、18歳までは部分的就学義務があり、週に3〜4日は学校に行く必要がある。16歳の初任給は低いが、学校に行きながらなので、それほど低いとは感じられない。

Q オランダでは、元パートナーが離婚後の生活保障や養育費を払わなかったときに、国が代わりに取り立てる仕組みはあるのか？

A オランダの場合、結婚すると名義が二人一緒の銀行口座を開設することになるので、透明性がある。離婚する場合は両方とも弁護士をつけな

いといけない。養育費はほとんどの場合きちんと支払われている。男性、女性の経済力の差にもよるが、ある程度のバランスがあるときには、養育費を支払う代わりに週3日は父親が、週4日は母親が育てる、という方法でバランスをとることもある。支払を滞ると、弁護士が相手方に請求することになる。すぐに国が介入するわけではない。弁護士は、相手方の銀行口座を差し押さえることもできるが、そのようなケースは1000件のうち1件くらいしかない。請求されても支払わなければ、裁判官の権限で罰金の支払が命じられる。罰金が1日250ユーロとか、とにかく高いので、養育費を支払っていく方が良いと考えられている。

Q 元パートナーに経済力がなくて生活費を払えないときの給付金とはWWB（生活保護）か？　それとは別の仕組みがあるのか？

A パートナーに資力がないときはWWBにより最低限の960ユーロは確保できる。別にすべての子どもに児童手当もある。養育費の支払ができない場合の手当もある。

調査報告⑭

ストリートコーナーワーク
Streetcornerwork

【訪問日】2015年4月14日
【対応者】キース・ヴォンセルさん

【概　要】

　ホームレスや精神障害者、困難な状況にある青少年の支援活動を行なっているNPO。とくに、問題行動を起こしている子どもたちを社会に戻すための活動をしている。

【聴取内容】

(1)　活動目的

　ストリートコーナーワークは、ホームレス、精神障害者、困難な状況にある青少年の支援活動を行なっているNPOで、高等専門学校で訓練を受けた専門家で構成されている。アムステルダム市、政府、EUからの補助金を活動資金として、学校にも行かず、仕事にもつかないで道端でたむろしている子どもたちを社会に戻すための活動をしている。

(2)　組織の概要

　専門家で構成したいのでボランティアはおらず、110人の有給スタッフで活動している。フルタイムのスタッフはおらず、最大でも週4日勤務。ソー

シャルワーカーの資格、心理学の学位を持っている人もいる。

(3) 活動内容

　街に出て行って、通りにいる子どもの話を聞きながら、彼らの気持ちを刺激することが活動の中心。子どもたちがどこにいるかを常に確認しながら活動している。家庭訪問もするし、ほかの組織と連携しての支援活動もする。子どもと面談するのは道端や自宅、カフェなどが多いが、事務所で行なうこともある。就職の支援もするが、障害や犯罪歴、社会全体の失業率が高いことから非常に難しい。18歳未満の子どもを支援するときには保護者の承諾が必要となる。スタッフ一人当たり、25人くらいを担当している。

　ある20代後半のスリナム人の青年は、両親は麻薬中毒で、本人には精神的な障害があり、窃盗などで何度も少年院に行った経験があり、当時は無職で借金もあった。彼に生活の様々なことを指導した。彼は精神セラピーを受けることを条件に市から補助金（WWB）を受けることができるようになり、借金も返済することができた。金銭管理ができない子については、国が管理をすることになるが、自治体の補助を受けた援助協会による予算管理のトレーニングもある。

　女子は、男子と違って、外に出てこないことが多いので、家やどこか落ち着けるところで話を聞くことが多い。男の子の面談は1時間くらいだが、女子には90分くらいかける。

　ある22歳の女性は学校を中退し、無収入でホームレスになっていた。市から手当を受けられるようになったが、精神的な問題を抱えており監督付きの住宅で生活しなければならないリストにのっている。ホームレスといっても、通りで寝起きしているのではなく、あちこちの家を転々としている。これまで厳しい経験をしてきており、現状を乗り越えていくことはとても大変である。

(4) 子どもたちを取り巻く状況

　18歳以上の子どもたちの約90％が借金を抱えており、5000〜6000ユーロぐらいの額が平均的である。保険の掛け金、家賃、罰金、奨学金などが原因である。

オランダは自由度が高いけれどシステムが複雑で、法律もすぐに変わる。一つ失敗すると、船から落ちてしまう、という感じだ。子どもたちの問題の背景には親が養育を怠っているということがある。18歳からは自己管理が原則だが、21歳までは親に管理責任がある。ただ、この地域は移民が多く、文化の違いやオランダ語の能力の問題があり、親自身が情報にアクセスできないという問題もある。だから、親に対するトレーニングも必要である。学校については、15歳以上の子らの一クラスの人数は多すぎる。また、社会が変化してしまったため、現状にあったロールモデルが親も子も見つけられないことも問題だろう。また、知的に問題のある人がトラブルを抱えやすい。機械化に対応できず、就職することができずに手当で暮らすことが多いが、そのような状況に疑問を感じることもなく、問題が集中していってしまう。

(5) 貧困問題

　オランダでも子どもの貧困、貧困の連鎖が問題となっている。アムステルダムでは貧困層と富裕層が混じるように住宅を作ることになっており、その結果、学校も一緒になる。分離させないということだろうが、この政策が個人的には貧困問題の解決につながるのか個人的には疑問を持っている。作られた住宅の65％は低所得者層が優先的に入居できるのだが、収入上限は400万円（日本円）くらいで結構高く、入居できた人は退去しない。だから、本当の弱者が住居に入ることができていない。

(6) ＮＰＯスタッフとして働くことについて

　ＮＰＯへの就職は特別なことではなく、好きな仕事を普通に選んだ。企業に勤めることが幸せとは限らない。責任は重いが、フレキシブルに、独立性をもって働くことができ、家族的責任と両立しやすい。ただ、実績のないＮＰＯが潰れてしまうこともある。組合はあるが、運動に偏りが見られるようになり、参加しにくい。協定は組合に加入していなくても適用されるので、自分たちは加入していない。勤務時間外は基本的に対応しないことにしている。
　地方自治体に福祉関連の権限が委譲されたばかりで、地方自治体は小さなＮＰＯの活用を考えているようだが、今はまだ様子見の段階である。

調査報告⑮
保険医へのインタビュー

【訪問日】2015 年 4 月 14 日
【場　　所】ユトレヒト
【対応者】リヒテルズ医師

【概　要】

　所得保障の仕組みである、WW（失業保険）、ZW（疾病保険）、IVA（労働不能者完全収入保障）、WWB（労働および社会的扶助制度）について、医師として労働能力の判断を行なっていた元保険医に尋ねた。

【聴取内容】

(1)　働いた経験がない場合――WWB（労働および社会的扶助制度）

　WWB（Wet werk en bijstand　労働および社会的扶助制度）が支給される。日本の生活保護に当たるものである。次のWWやZWと違って、働いた経験がない場合に支給されるもので、健康診査の必要はない。自治体が支払う。
　働く努力をしていないという理由で、給付を削減ないし不支給とするための判定をするということはないが、WWBを受給している人も健康である限りは就職活動をしなければならない。就職活動をしていないと支給が打ち切られる。WWBを受給している人が病気になった場合または病気療養中や疾病中にWWBを受給した場合、回復の努力をしなければならない。2 年経っても治らない場合は医師が労働能力を判断し、その能力の範囲で就職活動を

しなければならない。労働専門家が医師の判断を基に就労可能な仕事を判断する。

(2) 使用者（雇用者）がいる場合

使用者がいる場合、つまり働いている期間に病気になった場合、使用者は労働者を辞めさせることはできず、労働者は使用者から継続して給与を受けられる。

使用者は労働者を就労環境に再統合する努力をしなければならず、契約している医師（産業医）の指示に従わなければならない。使用者が十分な努力をしたことが認められれば、2年後からは使用者は給与を負担しなくてもよくなり、労働者の所得保障はＷＩＡ(Wet werk en inkomen naar arbeidsvermogen 労働能力準拠就労・収入法）の枠組みによる。使用者が十分な努力をしていると認められなければ、罰則がある。

(3) 失業した場合──ＷＷ（失業保険）

失業した場合には、ＷＷ（Werklooscheidswet 失業保険）が支給される。

(4) 無職の期間に疾病を患った場合──ＺＷ（疾病保険）

働いた経験はあるが、無職の期間に病気になった場合はＺＷ（疾病保障）が支給される。

第一段階で、医師が、対象者には何ができ、何ができないか、機能的能力の判定を行なう。第二段階で、労働専門家が労働能力の判定を行なう。この判定で35％以上の労働能力喪失（65％以下の収入）が認定されれば、ＷＩＡ（労働能力準拠就労・収入法）の枠組みのＺＷ（疾病保障）となるが、それ以下と認定されれば、ＷＩＡの枠組みには入らず、ＷＷ（失業保険）となる。35～80％の労働能力喪失が認定されれば、ＷＩＡの枠組みで、それぞれのクラス（カテゴリー）に従った保障が受けられる。80～100％の労働能力喪失が認定され、それが長期にならないと判断された場合には、ＷＧＡ（Werkhervatting Gedeeltelijk Arbeidsgeschikten 部分的労働可能者再就労）となり、一定時期（2年後）に診断を受ける必要がある。80～100％の労働能力喪失が認定され、そ

れが長期（慢性的）になると判断された場合には、ＩＶＡ（Inkomensvoorzieningnvolledig Arbeidsongeschikten　労働不能者完全収入保障）となり、ＡＯＷ（Algemene ouderdomswet　一般国民年金）受給年齢まで、最後に得た給与の75％を受給できる。

　疾病保険を受けて2年経った時点で、第一段階で医師、第二段階で労働専門家によって判定が行なわれ、35％以上の労働能力喪失（65％以下の収入）が認定されれば、ＷＩＡ（労働能力準拠就労・収入法）の枠組みのＺＷ（疾病保障）となるが、それ以下と認定されれば、ＷＩＡの枠組みには入らず、ＷＷ（失業保険）となる。

調査報告⑯
リーヒゥンボーヒ小学校
DE REGENBOOG

【訪問日】2015 年 4 月 15 日
【場　所】リーヒゥンボーヒ小学校（デンハーグ）
【対応者】ジェシカ ヘンドリクスさん（教員）

【概　要】

　移民の多い地域で、オランダ語教育や学習障害の子に対応した教育等の特色を持って教育に当たっている小学校である。オランダの特色である個別教育や移民対策等が表れており、オランダの中でもより特徴的な小学校であった。

【聴取内容】

　当校はハーグ市南部の移民が多い地区にある小学校である。現在 640 人の生徒が在籍している。オランダの小学校の生徒数は平均約 250 人なので、かなりの大規模校である。

　オランダでは、16 歳までが義務教育であり、教育費は国家負担であるため無償である。各学校に教育の自由が保障されており、学校ごとに特色ある教育方針が採られている。当校では、学習障害のある子ども、難しい環境にある子どもを積極的に受け入れている。移民の子が多い。不法滞在の子でも教育を受ける権利はある。そのようなニーズがあるため、全児童の 3 分の 1 は通常の通学範囲（4〜5 km）より遠いところから通学している。遠くからでも通学させたいと思う保護者が多い人気の学校なので、規模も大きくなっている。

　オランダへ来て 1 年未満の子どもなど、オランダ語がわからない子どもに

対しては、特別な支援も行なっている。

　不登校の場合、学校から親に対し子どもを通学させるよう求める。親が子どもを学校に行かせなかった場合には罰金の規定もある。親がその罰金を支払えない場合は代替の労役義務もある。不登校がある場合、学校はその状況を自治体にも通報する必要がある。しかし、移民の子については在留資格の問題等の個人情報に関わる情報もあり、どこまで自治体に伝えていいか対応の難しいところもある。不登校の子の抱えている問題は、通学しないという事実自体でだけでなくその背景を含めた総合的な対策が必要である。そのため、スクールドクターやカウンセラーと連携して対応に当たっている。

　今年1月から福祉の権限が自治体に移譲され、各地域に応じたシステムができるようになった。子どもの問題を家族の問題としてアプローチし、従前の青少年ファミリーセンターに学校が加わって連携していくようになった。もっとも、このような取り組みはまだ始まったばかりで評価はこれからである。

　学校は、親にも身近な存在なので問題を相談しやすい場所であり、子どもの問題も把握しやすいので、積極的な役割を果たす必要がある。ただし、問題解決のためのソーシャルワークは学校本来の役割ではないので、その役割分担がこれからの課題となる。

　当校では、各児童それぞれの発達、能力に応じた教育を実施している。学習目標は個人ごとに設定し、全体で一律に学習目標を設定するわけではない。成績はそれぞれの児童の目標に対し達成度を測る。半年ごとに学力状況の判定を行ない、親にも開示する。この分析ツールは全国で共有できるシステムがある。達成できないときは、原因や分析を議論する。

　親とも協議する。それでも解決が難しいときは他の学校等、外部とも連携しながら解決策を検討する。特別なトレーニングプログラムやスポーツに参加させることもある。学校内でもテーマを決めたクラブ活動もある。以前はオランダでも画一的な教育が行なわれていた。近年は専門家として子ども一人ひとりのための教育をめざすことが重要となっている。

調査報告⑰
ダク保育園
DAK

【訪問日】2015年4月15日
【場　所】ダク保育園（デンハーグ）
【対応者】カレン・ヴァンシンクさん（教育主任）
　　　　　マリョレイン・グレンベルトさん（園長）

【概　要】

　近郊に60か所の保育施設を有する大規模な社会福祉法人が運営している保育園である。移民の多い地域に保育園を設置しているが、規模を生かして意欲的な取り組みを行なっている。

【聴取内容】

　ハーグ市とその近郊に60か所の保育施設を有する社会福祉法人であるDAKが設置している保育園の一つである。職員数は13人であり、うち1人が男性である。ほとんどがパートタイムで働いている。出勤している職員数は、1日平均8人くらいである。園児もだいたい週3日くらい預けられることが多い。あるクラスでは園児14人中5人が週5日来ている。これは平均よりも多いほうである。シングルマザーや貧困層が多いためだと考えている。

　この地域は移民が多く文化的多様性ある。また、貧困層、難民、シングルマザーなども多い地域である。園児はほぼ外国人であり、職員も移民系が多い。そのため、市から特別な支援も受けている。生活保護受給者は、スポーツ施設利用料や子ども用品の購入費用等の補助もある。週4日の半日保育を無償で受けることもでき、その施設も併設している。保育料はいったん徴収

するが、低所得の人には所得に応じた還付がある。保育士の配置基準は国で定められている。

　貧困家庭では、家が狭いなど居住環境が悪いことも多い。そのため、せめて保育園では広々とした空間で過ごせるようにしたいと思っている。学童保育も併設しており、保育園から小学校まで一貫したケアができる。オランダ語能力が不十分な子には、小学校に入るまでにオランダ語ができるようになるようにプログラムを実施している。そのため職員にも一定のオランダ語能力要求される。以前、大きな問題が起きたため、保育士の資格の他、司法省が発行する子どもに関する犯罪歴等がないことの証明も必要とされる。常に二人以上の職員で子どもをみるようになり、施設はガラス張りにして目が届きやすくしてある。

　午前7時30分から午後6時まで開いているが、職員の勤務時間は最長9時間で、うち1時間は休憩時間である。5時間以上の連続勤務は禁止されている。労働条件を順守してもなお疾病等を発症したら、雇用者側に労働環境を調整する義務がある。労働者は疾病保険（ＺＷ）等の保険金給付が得られる。疾病の認定は産業医が行なう。疾病保険の対象になると、2年間は雇用者がその人を働けるように努力しないといけない。もしその人が組織内で働けそうな場合には、時間数を減らしたり、あるいは、子どもとは関わらない事務的な仕事に回ってもらったりする。保育士として働ける見込みがなくて組織内で対応できない場合には、組織から費用を出して、他の仕事ができるようにキャリアコーチングのような研修の機会を与える。その努力を2年間しておかないと、罰金を支払わなくてはいけなくなる。そのような努力を2年間続けることで、その人が次の仕事を見つけたり、ＷＩＡの対象になって他の仕事を見つけられたりする。そのような問題が起きたときの解決のプロセスは、本部の人事課に専門の担当者がいて、アドバイスしてくれる。あるいは、組織として産業医と契約しており、産業医がケースごとにどういう対応をすべきかアドバイスしてくれる。

　オランダには営利企業が設置している保育園もある。2005年から保育分野への営利企業の参画が進められた。営利企業が運営している保育園は小規模な施設が多い。全国組織でやっている大きなところもあるが、そのうちの一

つは近時経営難でつぶれた。保育の質は悪くて保育料が高いという弊害があるように見える。

> 調査報告⑱
> ゼブラ福祉財団
> Stichting Zebra Welzyn
>
> 【訪問日】2015 年 4 月 15 日
> 【場　所】ハーグ市公民館 OCTPUS1 階会議室
> 【対応者】コンスタンセ・ドールソンさん（ゼブラ高齢者サポート事業担当）
> 　　　　　アリエ・スパーンスさん（ゼブラボランティア担当）
> 　　　　　エルス・ベークハイスさん（モーイ高齢者サポート事業担当）
> 　　　　　セルピル・バッテムさん（フォール高齢者サポート事業担当）

【概　要】

　オランダでは福祉型社会から参加型社会へと変革が進められている。新たな法律のもとで、草の根の活動を展開する民間団体は、この変革の方向性を前向きに捉えて、自治体や他の民間団体との連携を強めながら、変革を実現しようとしている。

【聴取内容】

(1)　介護に関わる制度改正について

　特別医療介護保険法（AWBZ）は国が面倒をみるというものだったが、それが去年まででなくなり、社会支援法（WMO）の対象が今年からぐっと広がった。WMOは、地方自治体が参加型福祉を推進しなさい、というもので、補助金を与えるためだけの法律ではない。病気で長期間寝たきりの人については、国が施設での介護を保障する。オランダは高齢化が進み、失業率の増加もあって福祉がパンクするというニュースが報じられてきた。一般市民も参加型社会にしていかなくてはもうダメだとわかってきた。そして、WMOにいろいろなものが入り込んだ。WMOのもとでは、自治体が福祉を決めて

いくことになる。ただ、従前のＡＷＢＺがそのままＷＭＯに入ったわけではない。全国的に保障されていたものも、どこまで保障するのかが自治体に任され、少しずつ違ってきた。ボランティアが何をやるのか、どこまでやるのかも自治体によって違いが出ている。

(2) ハーグ市との連携について

　ハーグ市には自治体の管理のもとで福祉を行なうための理事会があり、その理事会のもとに就学前教育関係、子ども関係、女性解放関係、高齢者関係などのセクターが分かれて存在している。高齢者のセクターで働いている人数は、正規雇用で働いているプロフェッショナルが20人ほど、私たち（3名の女性たち）もその一員で、高齢者のためのコンサルタント、ソーシャルワークの仕事をしている。約500人のボランティアもいる。

　高齢者セクターも、各部門に分かれていて、そこにゼブラなどの団体が入っている。いくつかの市民組織、団体が市の福祉政策を請け負っていて、高齢者の福祉を実践している。ゼブラは、高齢者だけではなく青少年の関係等他のセクターにも関わっている。ゼブラには有給職員が約300名、ボランティアが500〜700人いて、自治体を中心とした福祉の担い手になっている。ほかに職業訓練の実習生も労働力として関わっている。

(3) 民間団体間の役割分担について

　私たちは、それぞれゼブラ、モーイ、フォールという異なる団体に所属しているが、それぞれ団体に沿革があり、地域的な持ち場がある。もともとハーグ市は政府の所在地で、国に先行して実験的に事業をやっている。高齢者福祉についても5年前からハーグ独自の実験的な組織をつくっていて、そのころから一緒にやっていた。年に1回、市の施策が決まると、どの団体がどの事業を請け負うか、地域的な特性や得意分野などを話し合って決めている。

(4) 団体の活動資金について

　それぞれの職員の給料は、それぞれの所属組織から支払われている。これまで各団体の収入源は国の補助金と市の補助金で、それらの補助金を使って

事業をやっていた。しかし、新しい法律では、お金が国から自治体に交付され、高齢者の自立は各地域で支援することになった。ハーグのような資金が豊かなところでは充実した福祉ができるが、そうではない地域では自治体の持っているお金が少ないので、自治体間の差も出てくる。また、移民の問題とか、福祉の問題が複雑だったりする地域でも差が出てくる。活動参加費の自己負担分もあるが、所得の低い人でも自分で払えるくらいのお金で参加できるようにしている。年に2回くらい大きめのイベントをやるが、その場合には前から計画しておいて、みんなで積み立てておいたり、組織から寄付をしたりしてやっている。心臓病の予防、ガン予防など、活動の種類によっては、基金もある。王室の女王様のファンドとか、寄付金を集める団体がオランダにはたくさんある。それを資金源にすることもできる。

(5) 活動の内容について

　活動としては、まずデイケアセンターが挙げられる。楽しみのあるアクティビティを組織している。もう一つは出会いの場をつくる活動がある。みんなで使えるリビングルームを用意しておいて、そこでお茶を飲んだり、フィットネス体操をしたり、記憶トレーニングしたり、一緒に料理して食べたりする。参加者自身が考えたアイディアを基に組織していって、サポートするのが私たちの役割で、高齢者の願望を聞いて展開していくやり方をしている。糖尿病の人向けの食事や、窃盗が起きないようにする戸締まりの管理などの情報提供なども行なっている。大事なことは、高齢者を孤立させず、社会的なネットワークを維持できるようにすること。それを自分たちがやっている。高齢者が最終的に病気になって医療が必要となれば、それは国が保障している。

(6) ボランティアの活用について

　ボランティアの活動は、誰にとっても、好ましい、気持ちのよい仕事として行なわれるべきものと考えている。ボランティアは、いわゆる学歴とは別に、新しい道を発見したり、新たな仕事につながるステップになったりすることもある。

　ゼブラがボランティアを増やすためにやっていることが二つある。一つは、

仕事のように、「○○をやってほしい人がいますが、やりませんか。」という求人広告のような案内を出す。もう一つは、学生を使って、地域に入って住民にインタビューしながら、「やってみたいことありませんか」、「社会に対してできると思っていることはありませんか」と尋ねて回って、地域の人の潜在的な力を発掘し、引き出していく。たとえば、「励ましオーケストラ」というグループを作り、地域にいる音楽家を集めて、ホスピスなど高齢者のいるところで音楽会を開いた。今までのボランティア活動は「助けてあげる」という発想に縛られていた。学生たちがインタビューに行った結果、50％の人たちは何かしたいと回答し、それでボランティアが集まった。人々は社会に対して何かしたいという気持ちはあるが、どうしたらいいかわからない。地域の潜在的な力を引き出すことで、新しい時代に沿ったボランティアの活動が出てきており、良いやり方だとわかった。ボランティアの数が集まったら、ただ受け入れるだけではなく、その人たちを上手に配置していき、オーガナイズしていく力が大事になる。そのためのハンドブックを作っている。国内にあるボランティアを組織している団体に認定証を出す「MOVESEA」という団体があって、そこがゼブラのやり方にお墨付きを与えてくれている。ボランティアのやることは方向づけが必要で、活動がその人たちにとって意味のあるものでなければいけない。また、犯罪の経歴や危険性がないかも証明書を提出してもらう必要がある。テーマごとにボランティアの人たちを訓練するための研修のようなものを組織することもある。

(7) 介護サービスとの違いについて

私たちの活動では身の回りの介護はしていない。それはお金を払ってやってもらう仕事で、ケアをする訓練を受けた人たちが担うべきもの。それらの費用は市が払ってくれる。私たちは困っている人がいたら、支援を受けられるように支援を手伝っている。たとえば、夫婦がいて、奥さんが認知症だとする。その状態で夫が市に相談に行くと「あなたは健康なのだから、あなたがやりなさい」と言われてしまう。介護サービスは厳しくなっていて、健康な家族がいると受けられない。健康な家族がいても支援が必要という場合、私たちが一緒に行って介護を受けられるように手続きをする。ただ、WMO

の家事支援に関しては、掃除をするとか、着衣の手伝いをすることは入っているが、調理は入っていない。調理はケアではなく、ボランティアが入る参加型福祉の一環として提供されている。また、一人暮らしで家計をやりくりする能力がなくなっているとする。WMOを通して専門家に頼むこともあるが、ボランティアでそれをやってくれる人がいたら、専門家を雇う必要はない。そういう点でも、WMOに近いところで仕事をしていることになり、私たちの活動は、広い意味では、WMOの法律に含まれていると言える。

(8) 活動の対象者について

私たちが支援の対象としているのは55歳以上の人たちである。文化的な違いもあって、ある民族グループでは、55歳でもかなりな高齢者といえる状況になっている。出身国での若いころの生活状況によっては、オランダで暮らすようになっても老化が早いことが調査でわかっている。45歳から相談を受け付けている民族グループもある。

(9) 活動の意義について

アルツハイマー、認知症の問題が多くなっており、その発見や予防が必要になっている。家庭訪問をしたときに認知症の傾向が見られたら、放置されないように、ホームドクターに行きなさい、と助言したりする。家にこもっている人のところを訪ねて、助けが必要ではないか様子をみたりもしている。病気をしていたり、お金の管理ができなかったり、借金があったり、いろんな問題がある。問題があった場合には、しかるべきところにつなぎ、ソーシャルワーク的な仕事をする。

(10) 参加型福祉に対する評価について

オランダでは、福祉型社会から参加型社会への移行が言われており、今年、WMOが変わったのも、そういう大きな変革の流れによる。ハーグ市も、ゼブラに対して、今以上にたくさんの人たちがボランティア活動に参加するような活動を求めてきている。ここ10年くらいの間に、国が福祉を全部担うことは経済的に不能になってきており、人々がお互いに助け合うように社会を

刺激していくしかない。今までは、別々の団体がそれぞれ活動していて統合されていなかった。今回、自治体という一つの傘のもと、協働して動けるようになった。いろいろな団体の力を生かそうとすると、協働するような組織の形にならざるを得ない。これによって情報交換や人材の流通ができるようになった。一人が抱えている問題をみんなが統合的に見ながらできる。チームとして関わるが、必ずひとり代表者がいて、上から監督しながら、その人のどこにどんな問題があるかポートフォリオのように記録していくシステムになっている。現場に近い自治体が活動の主体となったことは良かったと思っている。

調査報告⑲
児童虐待防止センター

【訪問日】2015年4月16日
【対応者】マーク・ディングリーヴさん

【概　要】

　日本の児童相談所のような機能を持つ児童虐待防止センターのアムステルダム支部。すべての子どもは安全を保障されるべき、という考えで活動している。

【聴取内容】

(1)　組織の概要

　アムステルダムと周辺の地域、合計で16の人口密度の高い自治体を担当している。昨年までは政府が母体だったが、今年から非営利の法人（福祉法人）になった。スタッフは20人の心理学者、15人のチームマネージャーがいて、職員全体では500人ほどになる。私は発達心理学者として高齢者を専門に活動してきたが、2002年から児童虐待支援センターで働き、子どもの支援をするようになった。今は4000家族、成人1万人と子どもの支援をしている。

(2)　活動内容

　この組織が担当しているのは難しいケースが多い。これまでのやり方を改

善し、今は子どもだけでなく、家族ごとケアするようにしている。家族に付き添う、というイメージ。全国に相談、通報のホットラインがあり、問題があれば相談できる。2015年1月に様々な福祉関連の権限が地方に委譲されたため、何か問題があれば自治体の担当チームと一緒に活動する。今まではすぐに裁判所に行っていたが、家族が子どもを守れるならそのほうがいい、という方向に変わって来た。ただし、家族が協力的でない場合は児童保護委員会に報告し、裁判所に行くことになる。裁判所は、保護監督者の決定、里親に託すなどの措置をする。施設よりは里親に託すことが多い。親子間の交流はとても大事なことなのでいったんは親子を引き離すが、とても危険な場合以外は親とのコンタクトをとり続ける。

(3) 子どもを取り巻く問題

親や親族らのアルコール・薬物中毒や犯罪歴などの問題、学校の問題、親の離婚問題、また、社会そのものが達成主義的になっていることも問題である。高学歴の夫婦でも離婚の争いに子どもをつかうことがある。一人の子どもを育てるためには周囲の環境が、社会の支援が必要という視点が失われてきている。

(4) 支援活動における問題点

家族の協力が必要だが、親にやる気がない場合、家族を巻き込むのはとても難しい。このような場合は親族や関係者も支援をしない傾向が強い。オランダでも、コソボの様な混乱した場所でも、どこにでも同じような問題がある。

(5) 団体独自のプログラムについて

この組織は2008年ごろには破産しかかっていて、子どもの安全も守れていなかった。支援の結果、到達目標が不明確で、その場しのぎの対応で、職員の安全も守られていなかった。リーダーシップをとろうとする人もおらず、関係者からのサポートもなく、代表者は解雇されてしまった。2009年に新しいCEOらと問題を洗い直し、新しい方法を考え、管理職者を入れ替えていった。そして、人を月に送るのと同じくらいに困難なことだが、「すべての子ど

もがずっと安全にいられるように」という目標を掲げた。そして、システムアプローチを採用し、これまでは複数のワーカーが関与する方法だったが、ワンファミリー、ワンプラン、ワンワーカーで進めるようにした。今、支援プログラムはほぼ完成し、以前に比べて保護観察は50％、家庭からの保護は60％、非行は45％の減少をみせた。職員の離職率も7.8％から5.7％に減少した。活動への評価も5.5から7.8に上昇した。トヨタ生産方式で知られる大野耐一氏の理論をジョン・セドン氏が心理学に応用しており、これを参考にした。ワーカーには自分のしていることを理解させ、「法にチャレンジしろ。」と伝えている。チャレンジとは違法なことをしろ、ということではない。そして、法が人を作っているのではないのだ。65％の不必要なプランを破棄し、不必要なものは削減した。それでも同じ効果を生むことはできる。確認、計画、実行、これが重要だ。ソーシャルワーカーそれぞれが実施できることを確認し、成果を生めるようにし、コーディネーターを介入させず家族自身の力で立ち直れるように支援することにした。危険なポイントを絞り、そこに焦点をあてるようにした。1000あった確認項目を150くらいに減らすなどした。ワークフローは単純化され、分厚いマニュアルを読む必要はなくなった。危険度の計測方法なども変えてきた。

　2011年にはこれから何をするのか、新しい方法を検討した。この時は非常に大きな変更だったので関係者に補助を求め、政府から5300万ユーロ、自治体から300万ユーロ、200万ユーロは経費の削減で捻出した。

　初めの6週間は状況確認のために頻繁に訪問し、問題を把握する。医師やセラピスト、お金も必要になる。家族はいろいろな知識を得て、変わることができる、ということを経験する。そして、次のその状態を維持し、元に戻らないようにするためのプランを作成する。そして、自治体にケースを戻すという流れが多い。どんなに変わった家族に見えても、人として尊重することが大事。そして、周囲を巻き込みながら、小さな課題を解決していくことが大切。一番大事なことは問題点を見るだけでなく、そこにある資源を見付けて活かすこと。そして、その状況に応じた方法を考えること。ある国では生存に必要なことだけ支援するのかもしれないが、自分たちは愛情、社会への包摂まで支援するべきだと思っている。プログラムが終了して1年後も訪

問し、状況を確認している。

(6) 地方自治体への権限委譲の影響

2015年1月から送られてくるケースが半減しており、心配している。官僚的なやり方が戻ってしまい、問題が再び過小評価されてしまっているのではないかと思う。密接な関係をもつ自治体が責任をもって問題を管理するようになることは良いことだが、方法を変える必要がある。

(7) 今後の課題

2007年、2013年の調査ではオランダの子どもは幸福だと言われている。しかし、これに満足するのではなく、残り5％の幸福と回答していない子どものことを考えねばならない。今、私たちが採用しているプログラムを広めていきたいと思う。アメリカやシンガポール、ニュージーランドで同じプログラムが採用されている。それから、親から引き離す場合、親が承諾すれば里親の元にいくが、里親は一時的に預かるということには消極的。親族は、一時的には預かれても長期的には難しい、ということも多い。この問題にも取り組まなくてはいけないと考えている。

調査報告⑳
元ホームレスのガイドによるアムステルダムツアー

【訪問日】2015 年 4 月 16 日
【場　所】アムステルダムの町の中
【対応者】元ホームレスで麻薬依存症だった男性

【概　要】

　元ホームレスの人が、オランダにおける麻薬（マリファナ）の歴史と現在の状況について説明した後、アムステルダムの町の中にある、救世軍の建物、麻薬売買が行なわれているコーヒーショップ、「飾り窓」（売春宿、オランダ語では「窓売春」）の集中する場所などを紹介してくれた。「飾り窓」で働く女性の背景（プエルトリコ、ロシア、東欧などの貧しい国から来ていること）についても説明してくれた。ツアーガイド自身は、ドラッグ中毒になり、かつては富を成し、南フランスに別荘を持つほどだったが、逮捕され、家族を失い、ホームレスになり、我が子からの厳しい言葉を受けて立ち直った人物である。
　オランダの光と影を知った。

調査報告㉑
ボランティア・アカデミー

【訪問日】2015 年 4 月 16 日
【対応者】エレンさん（代表者）

【概　要】

　ボランティア・アカデミーは、社会的弱者（貧者や孤独者など）に対するボランティアをする人に、ボランティアのスキルをトレーニングするためのNGOで、8年前にそれまでバラバラに活動していた五つのボランティア組織を結合してできた組織である。ボランティア活動を組織化し、個々のボランティアの質を上げ、ボランティアの地位を向上させることをめざしている。日本におけるボランティアの状況を知りたい、という希望があったため、簡単な説明とフリーディスカッションを行なった。

　訪問先はＮＡＬＣ（ニッポン・アクティブライク・クラブ）の時間預託制度についてとても興味を持っていた。ボランティア自身のモチベーション維持、有償労働との境界の問題、仕事とボランティアの時間配分などについて話題となった。活動資金は、カトリック教会や市から援助が主なようであった。

調査報告㉒
社会文化局
Social en Cultureel Planbureau

【訪問日】2015 年 4 月 17 日
【対応者】アンス・メレンスさん

【概　要】

　厚生省に所属する組織であるが、独立の調査機関である。オランダ国民の社会的文化的位置づけについて調べている。あらゆる省からの依頼による調査に加え、自主的な調査もしている。対象領域は幅広く、健康・教育・労働・社会保障等、オランダ政府がめざす政策に関係する調査を行なう。社会文化局が独自のアンケート等により集めたデータ、もしくは統計局のデータを使用して分析を行なっている。分析調査をまとめた報告書を 2 年に 1 回発行している。ホームページで公表しており、英語版もある。

【聴取内容】

(1)　オランダの教育事情について

　多くの国に共通することであるが、1990 年の終わりごろから女性のほうが学校の成績の良さが目立っている。中等教育以上、大学進学率まで女の子の方が高い。女性は留年や中退が少ないので男性よりも早く大学を卒業する傾向にある。45 歳までは女性のほうが男性より学歴が高い。65 歳以上は男性のほうが学歴は高い。45 歳から 65 歳まではほぼ同じである。

（2） 女性の労働参加について

　1970年代から女性の就業率が増加している。それ以前は女性の就業率は10％程度であった。女性の就業率はこの数年の経済危機にもかかわらずほとんど減っていない。その理由は経済危機が打撃を与えたのは工場、建設部門など男性の職場だったからであると考えられる。

　オランダの女性の労働で特徴的なのはパートタイムで就業する人が多いことである。政府は戦争復興期を終えた1950年代の後半から労働力不足を補うために労働市場に女性をとりこむ施策をとっている。最初の頃はパートタイム労働を導入している企業は一部にすぎなかったが、徐々に増えた。現在では4分の3がパートタイム労働を導入している。

　1週間に35時間勤務するのがフルタイムで、それ以下をパートタイムと定義している。女性の51％が28時間以下のパートタイム労働者である。国としては女性にもっと長時間働いてほしいと思っている。低学歴の女性は短い時間のパートタイム労働者が多い。一方男性のパートタイム労働者は全体の20％で、内訳は学生や年金受給者が多い。

　仕事をしている女性の88％に子どもがいる。しかし、子どもが12歳を過ぎている母親の83％、子どもが独立している母親の73％がパートタイム労働者である。すなわち子どものためだけにパートタイム労働を選択しているわけではないようである。高学歴女性の55％はパートタイムである。

　パートタイム労働の短所といえば経済的独立が困難なことであろう。オランダ政府は女性に1か月900ユーロの収入が得られるよう奨励しているが達成している女性は50％程度にすぎない。しかも最近の経済危機を反映してか、男性も72％に落ちている。

（3） 有償労働とケア労働（家事などの無償労働）のバランス

　社会文化局では1週間の時間の使い方を調査した。調査対象には就職していない人もいれている。その結果、男性は女性の2倍有償労働をしていることがわかった。そして女性は男性の2倍の時間をケア労働にかけていることも判明した。

男性と女性の家庭内における仕事の分担として、オランダ国民は、女性は1週間に2～3日、男性は4～5日、有償労働することが望ましいと考えている。これは現状に近い状態であるため、オランダでは国民が理想と考える労働の分担が行なわれているといえるだろう。
　子どもを育てるのに適しているのは女性である、と考えているのは、女性が25％、男性の42％である。子どもを専門的託児期間に預けるのがよいと考えているのは男女ともに30％である。子どもの3分の2は託児所に行っている。学歴の低い女性のほうが子どもを家庭で面倒をみる傾向にある。

(4) 管理職の女性

　管理職の中でも、たとえば社長や理事等において女性が占める割合は、大企業では15％、弁護士業界は15％、政府機関は28％、医療関係は35％、大学教授職は16％であり、現在は上昇傾向にある。

【質疑応答】

Q 離婚している母親の公的保育率の利用率は高いか？

A ほとんどない。パートタイムをしながら生活保護費をもらって生活することができるため、婚姻していた時と変わらずに保育所に預けるのを2～3日にすることができる。

Q 一人親を労働市場に出すための政策にどのようなものがあるか？

A 一つの方策として、一人親には所得税を減税している。

Q 介護労働を自治体に委託すると聞いた。どれくらいのサービスを与えるのか？　地方自治体に委ねると地域差が出るだろうが、地域差が出ないようにする施策はあるのか？

A 自治体にばらつきがでることが政治の意図でもある。市民ができることは自治体に苦情を申し立てることくらいかもしれないが、ある地域では裁判が起きた。ある自治体は家事負担をほとんど家庭にさせるとしたこと

から、その地域の女性が自治体の方針を争って提訴した。判決は「自治体はもっと負担を減らすように」という内容だった。

Q 理想の労働時間（女性2〜3日、男性4〜5日）は男女ともにそう考えているのか？

A そうである。

Q 政府がめざす男女平等は、男女ともに2〜3日なのか？

A 何日というのではない。男女とも同じように働くことである。

Q 高齢者に係る費用の負担はあるのか？

A 高齢者介護や生涯ＡＷＰＺ（社会保障費負担）から支払われている。

Q 生活保護費は女性のほうが多く受給しているのか？

A 女性のほうが多い。子どもをもって一人で暮らしている人は経済的に厳しいからである。失業手当は男女の差はあまりない。

> 調査報告㉓
> P&G292
> The Prostitution & Health Centre
>
> 【訪問日】2015年4月17日
> 【場　所】P&G292事務所
> 【対応者】キティ・サックス氏（アムステルダム市職員）
> 　　　　　アンネリース・ファン・デイク氏（看護士）
> 　　　　　ヴェンデル・シャーフェール氏（ソーシャルワーカー）
> 　　　　　バーニス・セヴェリン氏（ソーシャルワーカー）

【概　要】

　アムステルダム市ではセックスワーカーの権利に配慮しながら、市、警察、支援団体などが連携して非合法な活動の取り締まり、セックスワーカーの支援・救済を行なっている。P&G292事務所は、セックスワーカー支援活動の中心的な存在である。

【聴取内容】

(1)　アムステルダム市の売春政策について

　アムステルダム市は2012年に5年間継続のプログラムを開始した。アムステルダムの売春政策には、①合法的な売春をノーマル化すること、②非合法の売春を察知すること、③ワーカーのエンパワーメントとケア、④予防という四つの目的がある。予防というのは、セックスワーカーになることを望まない人がセックスワーカーにならないようにすること。若い人たちが望まないセックスワークに進出することを防ぐため、小学校や中学校で性教育をしている。教師も問題を早く見極められるようにするための研修を受けている。

(2) アムステルダム市のライセンスシステムについて

　オランダでは2000年までは売春は禁止されていた。しかし、実際には売春宿があり、大きな問題が起きない限り警察も見て見ぬふりであった。2000年に売春宿についての扱いは自治体の選択に任せるとの法律が制定され、アムステルダム市を含め、大半の自治体はライセンスシステムを取り入れた。ただし、ライセンスがなくても、自宅で週に何回か売春することは合法扱いされている。

(3) アムステルダム市における売春の実情について

　アムステルダムのセックスワーカーの数は5000人から8000人と推定されている。そのうち約2000人が飾り窓地域で働いている。セックスワーカーの出身国は、時代とともに変化しており、現在は東欧出身の人が多い。かつては東南アジア、ラテンアメリカ、ヨーロッパの中央東部の出身の人たちが多かった。外国から来た多くのセックスワーカーは自国の家族の生計を支えている。顧客は年間19万5000人に及ぶと推計されている。そのうちアムステルダム在住者は3分の1以下で、他はアムステルダム市外や外国から来ている。半分以上が独身で、5人のうち2人はパートナーがいると推計されている。

(4) セックスワーク・セックスワーカーに対する規制について

　オランダでは18歳以下の子どもがセックスワーカーになるのは非合法で禁止されている。18歳以下の子どもにセックスワークを強制した場合は刑罰の対象となる。なお、アムステルダムでは18歳では選択には早すぎることから、基準を引上げ、21歳以下の人がセックスワークにつくことを禁止している。2007年に人身取引について大きな問題が生じ、法律を引き締めようとの動きが起きた。しかし、当事者からのセックスワーカーとしての登録はプライバシーに関わるとの反対もあり、法案は可決されなかった。

　アムステルダムでは売春場所となる飾り窓のオーナーに対しポリシープランの作成を義務づけることにした。衛生問題、安全問題、トラブルになったときのための警報システム等について、プランを作成しないとライセンスを

得られないようになった。オーナーが飾り窓を「1週間毎日貸している。」と言った場合、仮に一人のセックスワーカーがずっと仕事をしているとすれば、労働時間の上限を超えている可能性が高い。これについてオーナーが「一定期間ごとに休みをとっている」等の合理的な説明ができなければライセンスが取れなくなった。しかし、オーナーたちは、勝手に仕事をしているのだから自分たちの責任ではない、と言うこともあり、難しい問題である。アムステルダム市でライセンスが引き締められたことでビジネスとしてやっていくことの難しさも見えてきた。

(5) 非合法の売春宿の取り締まりについて

　アムステルダムでは、市の監査員が問題ないかを巡回して見回っている。また、警察は、犯罪が起きていないか、ライセンスを取得しているかを見ている。売春宿のライセンスは非常に重要で、警察は摘発のために立ち入ることができる。警察もセックスワーカーとコンタクトを取るチャンスが増えるので、信頼関係を築くのにも大事な意味がある。そして、巡回で問題が発見されたときには、市に報告しなければならない。条例に従っていないと、罰金ないし閉鎖指令が出ることになる。ただし、ライセンス違反で閉鎖になると、そこで仕事をしているセックスワーカーも仕事を失うことになるので、非常に難しい選択になる。

　市のライセンス、警察による犯罪摘発、金銭に関する報告の確認という三つのアプローチを併せてやることが大事。警察が取り締まれない場合には別のアプローチから見えてくるものもある。市の施策実行者がケアをやっている人たちと協働して仕事をする、あるいは情報交換をすることも非常に重要。ただ、一緒に仕事をするのは興味深いけれども、お互いの立場やアプローチを理解しないといけないので大変難しいことでもある。

(6) P&G292の活動内容について

　P&G292は、8年前にできた。セックスワーカーがそこにいるということはわかっていたが、セックスワーカーとのコンタクトがほとんどなかった。コンタクトを増やしていこうということで始まった。P&Gのもう一つの目

的は、売春婦たちをエンパワーメントすること。ここに来ている人たちは人身売買の犠牲者の可能性がある。正式な仕事としてやっていくためのエンパワーメントと、もう一つは仕事を辞める決意をするためのエンパワーメントがある。エンパワーメントの方法としては、具体的には健康状態を良くすること、労働条件をよくすること、人身売買の犠牲者を救い出すこと、そして、セックスワークのなかでの虐待や搾取から救っていくことが挙げられる。ワークショップや情報提供を通して、セックスワーカーたちの解放をもたらすことは重要である。ここでは、いろいろな研修があるが、すべて無料で提供されている。東欧、ラテンアメリカなどから来ている人たちは英語もオランダ語もできないケースが多い。そういう人たちに早く英語またはオランダ語を覚えることによって、交渉ができるようになってもらう。オランダ語が有効だが、英語も有効と考えている。自己防衛のクラスもある。心理学的な自己防衛と、体の物理的な自己防衛がある。こうしたコースは、ここの職員だけではなく、専門家を講師に呼んでやることもある。この場所を使うと、よく知っている慣れた場所でできるメリットがある。コンピュータコースもある。インターネットを使えるようになれば別の職業に就けるかもしれないし、安価に、母国の家族とコミュニケーションできるようになるかもしれない。お金の使い方を学ぶコースもある。こういう仕事をしている人はお金の使い道がうまくない。本人たちが必要としている部分に、テイラーメイドで指導している。もちろん、別の仕事を求めたいと言っているときには、あっせん、支援、申請書の書き方を教えたりしている。

(7) P&G292における支援の連携について

　P&Gの活動については、すべてアムステルダム市が資金を出している。各地の保健局とHVOQueridと協働でやっている。公衆衛生の看護師が6人と、ソーシャルワーカーが5人いる。表の看板は医療支援で、看護師の支援を求めてやってくるが、それをきっかけに複雑な問題についてソーシャルワーカーがアドバイスする。そのほかに、ピア・エデュケーターを雇っている。特別な資格があるわけではなく、ルーマニアなど、セックスワーカーと同じ国の出身者で、少し学歴があってこっちに暮らしている人に翻訳、通訳をし

てもらっている。この人たちも、お金をもらって仕事をしている。また、警察、人身売買に対抗する仕事をしている人たち、弁護士とも一緒に仕事をしている。それから、売春婦たちが組織している組合とも一緒に仕事をしている。看護師の仕事としては、性病の検査、エイズの検査もやる。特殊な治療が必要なら、そういう治療ができるクリニックにつないでいる。ここで行なっているテストは無償で受けられるし、誰が陽性だったかについて秘密を守ることもできる。実際にセックスワーカーたちのいる地域、場所で受けることもできる。もちろん、これは義務づけているわけではなくて、そのセックスワーカーの自由意思で受けたいときに受ける。多くのセックスワーカーたちは、ここの存在を知らなかったり、ここに来ることもできなかったりすることもあるので、こちらから出向いていってテストをする。ソーシャルワーカーがもっとも多く受ける質問は、どうやったらセックスワーカーをやめられるかというもの。ただ、それはすべてのセックスワーカーではないので誤解しないで欲しい。たくさんのセックスワーカーが満足してやっている。P&G292で受けている質問のなかで、セックス産業から手を引きたいという人が多いということにすぎない。また、やめたがっている60～70％の中にも二通りあって、すぐにでもやめたいという緊迫した人もいるし、通常の他の仕事をしている人と同じように別の仕事をしてみたいと思っている人もいる。

　P&G292のスタッフは、市、売春宿のオーナー、警察などのいろいろな関係者から、どこで何が起こっているか情報を集めている人であり、同時に、セックスワーカーたちが気になっていることを信頼して告げることができる人でもある。そして、セックスワークに関わるあらゆる問題の一番センシティブな部分を把握している。

　私たちはクモの巣のなかにいるクモのように、いろいろなネットワークをもっている。とくにアムステルダム市には、こういう対策のために持っているお金がある。ここに委託してお金を出すことで、心理学者とかこうした問題に関わっている人たちが直接近づけない人たちに、自分たちが接近していく。要するに、いろいろな質問を受け止めて、その解決方法を探るのが私たちの仕事であると考えている。

(8) P&G292におけるアウトリーチの工夫について

アウトリーチの手法にも大きな変化が出ている。今までは伝統的な売春宿があったが、いまはセックス産業でもインターネットを利用するケースが増えている。いくつかのセックス関係のウェブサイトがあるが、私たちがそこのメンバーになって、売春宿に行くのと同じようにアウトリーチングをしている。私たちのウェブサイトについてもアクセスしやすいものに変えてきている。ウェブサイトにEメールアドレス、ソーシャルメディア、電話番号、広告バナーも出してアクセスしやすいようにしている。ただ、支援できる範囲については、はっきりとアムステルダムとその近郊と書いてある。

(9) 「人身売買アムステルダムコーディネーションポイント」の活動について

「人身売買アムステルダムコーディネーションポイント」（Amsterdam Coordination Point for Human Trafficking）は、厚生省とアムステルダム市の両方から資金が出ている。名前だけみても活動がわからないと思うが、避難所を運営しており、18歳以上の女性たちを対象として40ベッドを提供している。大半の人たちは、警察の通報でやってくる。人身売買の犠牲者については「B8」という法律があって、避難所を与えられ、無料で医療手当を受け、収入が保障されることになっている。「B8」の法律に特化した数人の弁護士がパートナーとして協力している。同時に、入国審査局、医者、助産士ともいっしょに仕事をしている。こうしたパートナーと協力することによって、犠牲になっている女性たちを最大限に支援している。ただ、支援をするにあたり、警察がこの人たちを犠牲者と確定してないといけない。ソーシャルワークのためのチームもある。多くの人たちは財政的な問題を抱えているので、アドバイスしたり、ガイダンスをしたりする。多くの場合、子どものいる母親なので、社会生活へのアドバイスもしている。また、トラウマセラピーも実施しており、心理社会士が関わっている。P&G292でやっている研修との違いは、避難所に滞在している人のためのコースであるという点で、オランダ語での研修を義務付けている点である。昼間に寝て、夜に仕事をしていた人が多いが、そこから脱却するにはオランダ語が重要となる。なかにはセックスワーカーを続けたい人もいる

が、そういう場合は安全な働き方ができるようにアドバイスをするようにしている。ただ、大半は、今後はセックスワーカーとして働きたくないと言う。Coordination Pointの仕事は危機管理なので、犠牲者の緊急滞在場所として3～6か月間の滞在場所を提供しており、期間終了後は次の居住地を選ぶことになる。そういう女性たちが次に住む場所として、七つの家を持っている。二人の女性が一つの家で生活をすることになっており、定員は14名になる。アムステルダムとその周辺にある。そこから別の仕事を選んだり、定住のための対策を取ったりする。なかには自分の国に帰りたいと考えている女性もいる。その場合、別の法律で資金が出ることになっていて、別の組織がその資金を提供してくれる。自分で部屋を探して住み始めてからも、何か問題があったときには緊急で支援する仕組みもある。

【質疑応答】

Q　オランダは自己選択ができるようにしている国で、そのための教育もしていると聞く。セックスワーカーは自分の選択でその仕事を選んでいるのか？　人身売買の犠牲者はもちろん、そうではないとしても、社会の中で自分が使える制度を知らずにいるとしたら、自己選択と言えるのか？　支援をしているなかで、「私は支援はいらない」と言われたときに、どのように距離を取って接するのか？　自己選択かどうかの境界線をどこに引いているのか？

A　自国の問題とか、本人自身の個人的な理由ではなく社会的な要因が影響しているケースがあることは私たちもよくわかっている。別の未来を考えてみてもらうために、いろいろな研修をしたり、オランダ語を学んでもらったり、話し合いをしたりして、自分が置かれている位置に対して心を開いて視野を広げてもらうことを期待している。そのうえで選んでもらいたいと考えている。とくに、財政管理ができるようになると、それを通して、今自分がやっていることに交渉術ができてきたり、今のやり方ではない別の儲け方があるということに気付きをもたらしたりできる。そういうエンパワーメントをするのが私たちの役割だと思っている。まったく限界のない人生というものがないなかで、現実的に関わることが出発点となる。

Q 日本では、いま軽度の知的障害のある人や10代の若者たちがセックス産業に取り込まれることが問題になっている。この二つのグループの人々を対象にオランダではどのようなアプローチをしているか？

A かなり難しい問題で、オランダでも同じ状況に直面している。とくに若い人たちのメンタルケアに専門化した人が関わっている。そのほか、お話したとおり、予防プログラムとして学校でセックスや健康プログラムをもっていて、子どもたちに直接教育している。教師たち、大人たちが一線を超えようとしている子を早く発見できるように指導している。やらせようとしている側と、やろうとしている側が、そういう傾向について早く見極められるように指導している。未成年の場合は特別の支援があるが警察の仕事である。

知的障害については、健康管理だけではなく、警察もとくに注意してみている。お金を取られても、自分ではわからない。未成年でもやらされる。警察が早く摘発して見つけないといけないと考えられる。人身売買の犠牲者には、若くて知的障害を持っているケースが多い。最初はボーイフレンドとして接近してきて、人身売買になるケースが多い。知的な問題のある人の支援のため別の組織もあって、活動をしている。

Q 人身売買は組織的な犯罪で、本国側の加害者を取り締まらないとなくならない。加害者を取り締まることでペイしないことをわからせないといけない。被害者が加害者に関する情報を持っているが、被害者だけでは難しいので支援者の協力が必要になる。日本では、警察がとても及び腰であるし、本人も本国にいる家族の身の安全を心配する。オランダではどのように対応しているのか？

A オランダでは、地域毎の検察の長官が実態の把握に役割を果たしている。警察やコメンザという組織もあって、この問題について情報を集めている。また、司法省には人身売買についての特別の部門があって、裁判官に専門的に関わる人がいる。裁判に被害者が出てきたときに、なかには正しい発言をしない人もいる。それがわかるように専門化されている。検挙されたときには30万ユーロとか40万ユーロといった非常に高い罰金が科される。人身売買の被害者の保護については、データベースでいろいろなところからシグナルを集めて情報を固めていて、誰が犠牲者か公表しないで済むようにして気を付けている。

日本弁護士連合会第58回人権擁護大会シンポジウム
第1分科会実行委員会

委員長　　　　中村　和雄（京都）

副委員長　　　滝沢　香（東京）　　　岩重　佳治（東京）
　　　　　　　長谷川弥生（東京）

事務局長　　　丹羽　聡子（静岡県）

事務局員　　　三浦　直子（東京）　　　山崎　新（東京）
　　　　　　　落合　恵子（静岡県）　　阿部　広美（熊本県）
　　　　　　　星野　圭（福岡）　　　　辻　泰弘（佐賀）

委　員（バックアップ委員含む）
　　　　　　　今野　久子（東京）　　　林　紀子（東京）
　　　　　　　相川　裕（東京）　　　　圷　由美子（東京）
　　　　　　　本多　広高（東京）　　　岸　松江（東京）
　　　　　　　菊地　初音（東京）　　　雪丸　暁子（東京）
　　　　　　　加藤　桂子（東京）　　　細永　貴子（東京）
　　　　　　　山崎　新（東京）　　　　中西　俊枝（東京）
　　　　　　　小野山　静（東京）　　　安田まり子（第一東京）
　　　　　　　井上　幸夫（第二東京）　小川　英郎（第二東京）
　　　　　　　猪股　正（埼玉）　　　　清田乃り子（千葉県）
　　　　　　　伊東　達也（千葉県）　　永冶　衣理（千葉県）
　　　　　　　勝俣友紀子（千葉県）　　杉田　明子（栃木県）
　　　　　　　丹羽　崇史（静岡県）　　仲井　敏治（大阪）
　　　　　　　吉田　雄大（京都）　　　糸瀬　美保（京都）
　　　　　　　佐野　就平（京都）　　　塩見　卓也（京都）
　　　　　　　奥見はじめ（兵庫県）　　森　弘典（愛知県）
　　　　　　　堺　啓輔（福井）　　　　寺本　佳代（広島）
　　　　　　　依田有樹恵（広島）　　　船山　暁子（札幌）

女性と労働
──貧困を克服し男女ともに人間らしく豊かに生活するために

2017年4月28日　初版第1刷発行

編著者	日本弁護士連合会第58回人権擁護大会シンポジウム第1分科会実行委員会
装　丁	波多英次
発行者	木内洋育
発行所	株式会社 旬報社

〒112-0015 東京都文京区目白台2-14-13
TEL 03-3943-9911　FAX 03-3943-8396
ホームページ http://www.junposha.com/

印刷製本　シナノ印刷株式会社

©Nichibenren 2017, Printed in Japan
ISBN978-4-8451-1477-1